新版

イチバン親切な パンの教科書

豊富な手順写真で失敗ナシ！

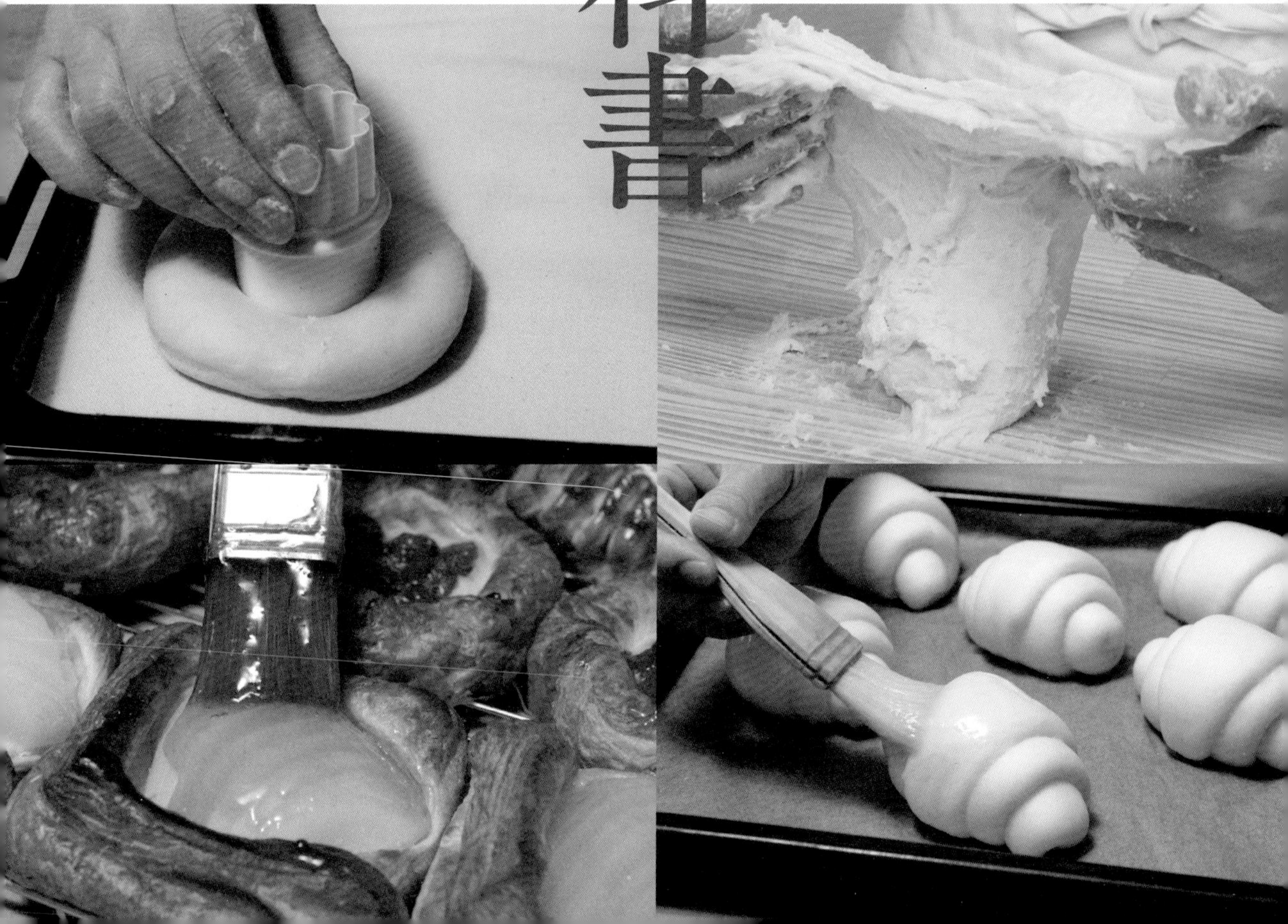

はじめに

本書を手にしてくださり、ありがとうございます。この本は以前刊行いたしました『パンの教科書』に簡単かつ短時間で作ることのできる「発酵いらずのパン」の章を新たに足したものです。

パン作りは時間がかかり難しいイメージがあるかもしれませんが、じっくりと手間暇をかけて作ったパンはやはりおいしいものです。

本書では生イーストを使用し、発酵時間をしっかりとった、ある程度本格的なパンも多く紹介しています。少々時間はかかりますが、たくさんの写真とともに、できるだけやさしく解説していますので、臆することなく、ぜひ試してみてくださ

い。おいしく作るには、生地の状態をみて判断しなければならないことも多いのですが、本書ではそうした、時間や温度はもちろん、状態を見極めるための写真も多く掲載しています。

本書のパンは業務用のオーブンは使わず、普通の家庭にあるレンジオーブンやガスオーブンを使用しています。とくにレンジ・オーブンは実際の表示よりも温度が低くなりやすく、高温になりにくいので、ハード系を焼くときにプレートを熱くするなどの工夫が必要でした。また、イーストを少なめにし、しっかり発酵をとって、ある程度日持ちするパンを目指してレシピを作成しています。あなたのパン作りに本書を役立てていただければ幸いです。

坂本りか

Contents

第1章
発酵いらずの簡単パン

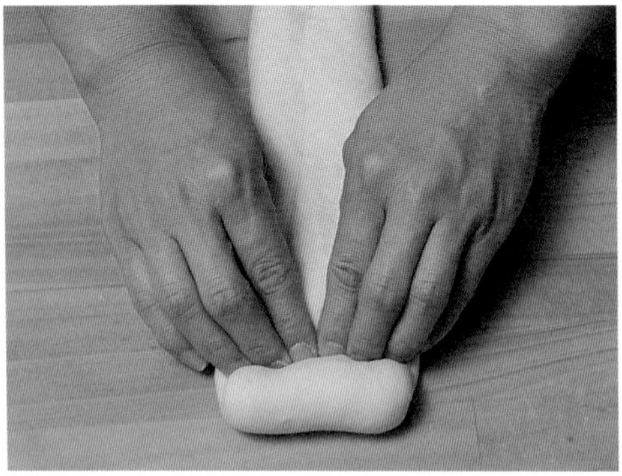

第2章
パン作りの基本

第3章
セミハードなパン

Column

パンブレイク

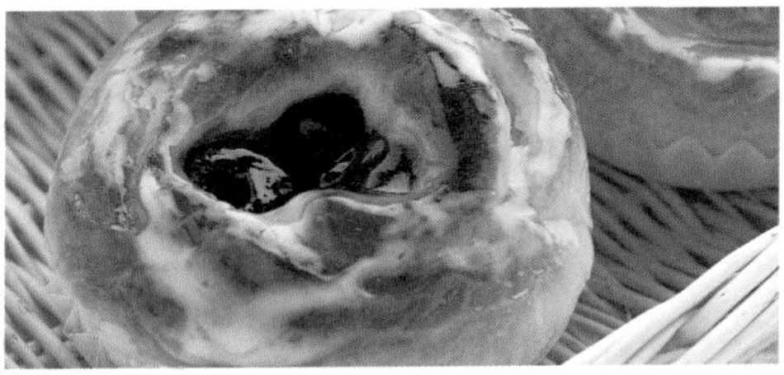

第4章
ソフトなパン

Column

パンブレイク

Contents

第5章
調理&サンドイッチパン

第6章
ハードなパン

第7章

クリスマスのパン

Column

パンブレイク

本書の決まり

- 難易度は★マークで表しています。★…初級、★★…中級、★★★…上級
- 粉の種類は特に問いませんが、おすすめのものをカッコ内に記してあります。
- バターは記載がない限り、無塩バターを使用しています。
- 本書では基本的に生イーストを使用していますが、インスタントドライイーストでも作ることができます。その場合はレシピのカッコ内の分量を参考にしてください。レシピに記載がないものに関しては、生イーストで作るほうがおすすめのパンです。
- レシピに記載したパンデータや所要時間はあくまで目安です。季節や室温などの状況により変わります。
- 打ち粉や、ボウルや型に塗る油脂類は分量外です。
- オーブンは機種により性能が異なるので、焼き時間に合わせて温度のほうを調節してください。

インターネットでも材料が手に入ります

パン材料はスーパーマーケットや製菓材料店で手に入ります。近くに店がなかったり、目当ての材料が売っていなかったりしたら、インターネットの通信販売を利用してみましょう。

おすすめショップ
cuoca
https://www.cuoca.com

強力粉やイーストなどパン作りに必要な材料のほか、型やラッピング用品など道具も販売。8000円以上の購入で送料が無料になる。

おすすめショップ
TOMIZ（富澤商店）
https://tomiz.com

パン作りの材料はすべてそろう。とくに強力粉の種類が多く、国外、国内産ともに豊富な品ぞろえ。解凍させて成形すればパンが焼ける冷凍生地も販売している。

Staff

写真撮影　永山弘子、fort（大木慎太郎・P10～15、18～24）
デザイン　中村たまを
イラスト　森千夏
パン作り協力　大塚恵美子（シュガークラフト教室Santo Sorriso主宰）
鈴木千絵（conacona お菓子・パン教室主宰）
増岡昌代（お菓子教室アトリエ・クリスティーナ主宰）
高橋典子（パン教室Bread&Sweets 生徒）
編集・製作　バブーン株式会社（矢作美和、丸山綾、千葉琴莉）
商品提供　富澤商店　☎042-776-6488

第1章
発酵いらずの簡単パン

所要時間
20～25分

難易度
★☆☆

Mushi-pan
蒸しパン
ほんのり甘い懐かしの味

パン DATA

製法	ストレート製法
グルテン膜	張らない
混ぜる時間	約５分
生地を休ませる	なし
ベンチタイム	なし
ホイロ	なし
蒸し時間	10 ～ 12 分

材料（４個分）
薄力粉…100g
上白糖…65g
塩…ひとつまみ
ベーキングパウダー…3g
サラダ油…大さじ1・1/2
卵…10g
水…60ml

01 卵をボウルに入れ、少しずつサラダ油を入れ泡立て器でしっかり混ぜる。

02 01に塩と上白糖の半量を入れ、すり混ぜてから残りを加えてさらによく混ぜる。

03 02に水を数回に分けて入れ、よくときのばす。

04 薄力粉とベーキングパウダーを合わせてふるう。

05 03に04を入れて粉気がなくなるまでよく混ぜる。

06 固めのアルミケース（直径約7cm）に同じくらいの大きさの紙のグラシンケースを重ねる。

07 型に生地を流し込む。型の8割程度の量を入れる。

08 アルミケースを重ねたまま蒸し器に並べて、沸いた状態から強火で10～12分蒸す。

09 竹ぐしをさして、竹串にパン生地がつかなければ完成。

所要時間
20~25分

難易度
★☆☆

Variation

さつまいも蒸しパン

材料（4個分）

薄力粉…100g
上白糖…65g
塩…ひとつまみ
ベーキングパウダー…3g
サラダ油…大さじ1・1/2
卵…10g
水…60ml
さつまいものシロップ漬け…70g

01 さつまいも70gは1センチの角切りにして少し水をふり、600wの電子レンジで5分加熱。砂糖100gと水100mlを合わせて沸騰させたシロップに1時間漬ける。

02 10～11ページの要領で生地を作り、01のさつまいもを1つにつき10粒ほど押し込み、12～15分蒸す。

所要時間
20～25分

難易度
★☆☆

Variation

黒糖レーズン蒸しパン

01 10～11ページの上白糖を黒砂糖に変えて同じ要領で生地を作る。

02 型に流し込んだ後、レーズンを1つにつき15粒ほど押し込んで10～12分蒸す。

材料（4個分）

薄力粉…100g
黒砂糖…65g
塩…ひとつまみ
ベーキングパウダー…3g
サラダ油…大さじ1・1/2
卵…10g
水…60ml
レーズン…60粒

所要時間
20~25分

難易度
★★★

Variation

肉まん風蒸しパン

01　10～11ページの上白糖を減らし、水を増やして同じ要領で生地を作る。

02　型に流し込んだ後、チルドシュウマイを各1個ずつ押し込んで12～15分蒸す。

材料（4個分）
薄力粉…100g
上白糖…30g
塩…ひとつまみ
ベーキングパウダー…3g
サラダ油…大さじ1・1/2
卵…10g
水…70ml
チルドシュウマイ…4個

所要時間
20~25分

難易度
★☆☆

Variation
カレー蒸しパン

01 10～11ページの薄力粉にカレー粉を加え、上白糖を減らし、水を増やす。後は同じ要領で生地を作る。

02 型に流し込んだ後、バリエーションとして2等分にしたソーセージを各1本分ずつ押し込み、12～15分蒸す。

材料（4個分）
薄力粉…100g
カレー粉…小さじ2
上白糖…30g
塩…ひとつまみ
ベーキングパウダー…3g
サラダ油…大さじ1・1/2
卵…10g
水…70ml
ソーセージ…パン1個に1本

所要時間
1時間30分

難易度
★☆☆

Scone
スコーン
クロテッドクリームやジャムと一緒に

パン DATA

製法	ストレート製法
グルテン膜	張らない
混ぜる時間	約20分
生地を休ませる	30分〜1時間
ベンチタイム	なし
ホイロ	なし
蒸し時間	約200℃で約15分

材料（約9個分）
フランスパン専用粉…125g
薄力粉…125g
※強力粉100g、薄力粉150gでも代用可能だが、フランスパン専用粉の方がよりサクッとした食感になりやすい。
砂糖…20g
塩…ひとつまみ
ベーキングパウダー…10g
バター（冷蔵庫で冷やしておく）…50g
ショートニング（冷凍庫で冷やしておく）…30g
牛乳…115g
牛乳（生地に塗る用）…適量

01 フランスパン専用粉、薄力粉、ベーキングパウダーに冷たいバターを入れ、カードで細かくしながら合わせていく。

02 ショートニングを加えて台に出し、さらにカードで細かくする。両手でこすり合わせながら混ぜていく。

03 粉が黄色っぽくなったら粉の真ん中をあけて土手を作り、そこに砂糖、塩、牛乳を入れる。土手の内側の粉を少しずつ落として粉で埋める。

04 カードで切りながら全体を混ぜ合わせる。こねないよう気をつける。

05 やっとひとかたまりになる程度でできあがり。粉気が少し残っていても OK。まとめすぎるとサクッとした生地にならない。

06 ラップを敷いたバットの上に生地をのせ、形を四角く整える。冷蔵庫で 30 分～1 時間寝かせる。

07 台に打ち粉をして、縦 20cm×横 15cm×厚さ 2 センチになるよう、生地をめん棒でのばす。

08 抜き型（5～6cm）で抜く。6 個分型を抜き、残った生地をまとめて 2cm 厚さにのばし、残り 3 個分抜く。

09 生地の表面に牛乳を塗り、200℃に予熱したオーブンで約 15 分焼く。

所要時間
1時間~30分

難易度
★☆☆

Variation

オレンジスコーン

材料（約9個分）

フランスパン専用粉…125g
薄力粉…125g
カルダモンパウダー…小さじ 1/2
砂糖…20g
塩…ひとつまみ
ベーキングパウダー…10g
バター（冷蔵庫で冷やしておく）…50g
ショートニング（冷凍庫で冷やしておく）…30g
牛乳…115g
オレンジピール…30g
牛乳（生地に塗る用）…適量

01 基本の作り方は 16 ～ 17 ページと同じ。17 ページの 01 のタイミングでカルダモンパウダーも加える。

02 17 ページの 04 のタイミングで細かく刻んだオレンジピールを加える。後は同じ要領で作る。

所要時間
1時間30分

難易度
★★★

Variation

チーズスコーン

材料（約9個分）

フランスパン専用粉…100g
薄力粉…100g
オートミール…50g
砂糖…15g
塩…ひとつまみ
ベーキングパウダー…10g
バター（冷蔵庫で冷やしておく）…50g
ショートニング（冷凍庫で冷やしておく）…30g
牛乳…115g
パルメザンチーズ…40g
牛乳（生地に塗る用）…適量

01 基本の作り方は16～17ページと同じ。フランスパン専用粉と薄力粉の分量を減らし、オートミールを足す。砂糖も減らす

02 17ページの02の作業が終了したタイミングでパルメザンチーズを加える。その後は17ページと同じ要領で作る。

所要時間
20分

難易度
★☆☆

Chapati

チャパティ

フライパンで焼き上げるインドのパン

パン DATA

製法	ストレート製法
グルテン膜	張らない
混ぜてこねる時間	約５分
生地を休ませる	10 分
ベンチタイム	なし
ホイロ	なし
焼き時間	２～３分

材料（約６枚分）
薄力粉…250g
全粒粉…20 g
塩…ひとつまみ
サラダ油…大さじ1・1/2
水…130ml

01 薄力粉、全粒粉、塩をボウルに入れ、水とサラダ油も加える。

02 01 を混ぜていく。粉気がきれたくらいで台に出す。

03 台にこすりつけ、すりつぶすように全体を混ぜる。

04 全体が同じくらいの固さになったら２～３分こねる。

05 ６等分して丸める。この状態で 10 分休ませる。

06 めん棒で生地を円形にのばす。直径 15cm くらい。

07 サラダ油は塗らず、テフロン加工のフライパンに生地を入れ、強火で気泡が出るまで焼く。

08 全体に焦げ目がついたらひっくり返して、両面が同じようになるまで焼く。

09 炒め物などおかずを巻いて食べるとおいしい。焼き上がりに溶かしバターもおすすめ。

所要時間
20分
難易度
★☆☆

Pan cake

パンケーキ

おやつにぴったりのもっちり食感

パン DATA

製法	ストレート製法
グルテン膜	張らない
混ぜる時間	約５分
生地を休ませる	なし
ベンチタイム	なし
ホイロ	なし
焼き時間	約５分

材料（約４枚分）
薄力粉…100g
砂糖…25 g
塩…ひとつまみ
ベーキングパウダー…4g
サラダ油…小さじ2
バニラエッセンス…適量
卵…1/2個
牛乳…75g
サラダ油（フライパンに塗る用）…適量

01 薄力粉とベーキングパウダーを合わせてふるう。砂糖と塩を加えておく。

02 卵をほぐし、牛乳、サラダ油、バニラエッセンスを入れて混ぜる。

03 01の中央をくぼませ、02を流し入れる。

04 泡立て器でダマがなくなるまで混ぜる。

05 ダマがなくなり、写真のような固さになったら生地は完成。

06 テフロン加工のフライパンにサラダ油を塗り、生地を流して中火で２～３分焼く。端が固まってきたらひっくり返し、裏面を約２分焼く。

所要時間
20分
難易度
★☆☆

Variation

ブルーベリーパンケーキ

01 22～23ページの要領で生地を作り、23ページの02のタイミングでヨーグルトを混ぜる。生地が完成したらブルーベリーを加える。

02 フライパンにサラダ油を塗り、両面を焼く。生よりも冷凍のブルーベリーのほうが生地になじみやすい。

材料（約4枚分）
薄力粉…100g
砂糖…25g
塩…ひとつまみ
ベーキングパウダー…4g
サラダ油…小さじ2
バニラエッセンス…適量
卵…1/2個
牛乳…75g
ヨーグルト…25g
ブルーベリー（冷凍）…70g
サラダ油（フライパンに塗る用）…適量

第2章
パン作りの基本

パン作りで使う材料

粉、イースト菌、水、塩…と
パンの材料は意外とシンプルです。
そのほかの材料も、
ほとんどが身近にあるものばかり。
さっそく材料を集めてみましょう！

①イースト

生イースト、ドライイースト、インスタントドライイーストの3種類がある。入手しやすいのはインスタントドライイーストで、ドライイーストは予備発酵が必要になる。生イーストは製菓材料店で販売している

②水

パンに使う水は水道水でかまわない。ただしあらかじめ温度設定が必要

③牛乳

牛乳に含まれている乳糖が、パンの風味をひきたて、焼き色も美しくする

④強力粉

タンパク質の含有量が多く、パン作りには欠かせない。日本にはたくさんの強力粉の種類があるのでパンによって種類を使い分けることもある

⑤薄力粉

強力粉に比べるとタンパク質含有量が少なく、パン生地に使う場合は強力粉と混ぜて使う。クリームなどに加えることも多い

⑥砂糖

おもに使うのは上白糖とグラニュー糖。イーストの栄養となり、発酵がしやすくなる。またパンに香ばしい香りや柔らかさをもたらす

⑦脱脂粉乳

保存期間が長く簡単に粉に加えられることから、牛乳よりも脱脂粉乳を使うことが多い

⑧卵

生地に加えると、風味が増し口当たりがよくなる。焼く前につや出しとしても使用する

⑨バター

風味はもちろん、パン生地ののびもよくなりボリュームのあるパンになる。クロワッサンなどの折り込み生地にも欠かせない

⑩塩

パンの味わいを引き出すほか、グルテン組織を引き締め、生地にコシを出す役割がある

⑪ショートニング

無味無臭で、パンに特徴ある風味をつけずにふっくらと焼き上げる。生地がつかないように焼き型やボウルなどに塗ることも

パン作りで用意する道具

パンを作るためには、
ある程度の道具を
そろえることが必要になります。
できればそろえてほしいもの以外は、
台所にあるもので代用可能です

①はかり

1g単位で、500～1000g計れるデジタル表示のものがおすすめ。風袋対応ならなお便利

②カード

直線の部分では生地や材料を切り、カーブの部分ではボウルや台についた生地をこそげ取るのに使う

③スケッパー

生地を分割するのに使う。そのほか生地に切り込みを入れたりも。ステンレス製と軟鉄製がある

④泡立て器

水に生イーストを溶かしたり、材料を練ったりするときに使う。柄のしっかりしたものが使いやすい

⑤ハケ

毛質がやわらかいものを1本用意しておくと、焼く前に溶き卵を塗るときに便利

⑥温度計

イースト菌が活動しやすい温度を計るために必要。50℃の温度計で十分

⑦めん棒

生地をのばすために使う。だいたい30㎝前後のものでOK。木製と硬質ビニール製がある

⑧ボウル

生地を発酵したり、材料を混ぜたりするのに不可欠。大きめのものと小さめのものを用意しておくと便利

あれば便利なもの

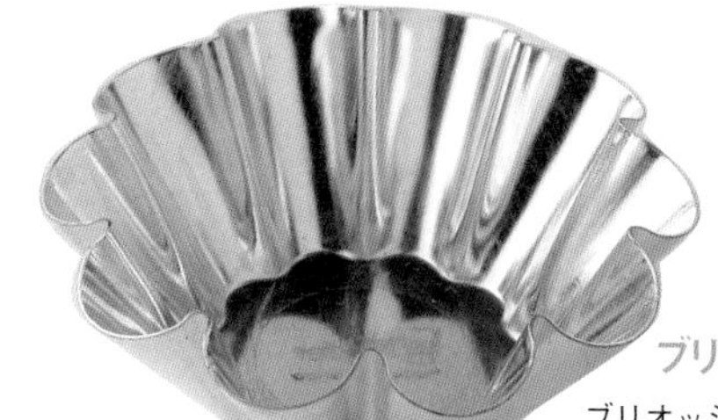

ブリオッシュ型

ブリオッシュの成形に使う型。円筒型の「ムースリーヌ」と呼ばれる型もある

食パン型

1斤、1.5斤、2斤、3斤タイプがある。山型、角型タイプと両方が作れるふたつきがおすすめ

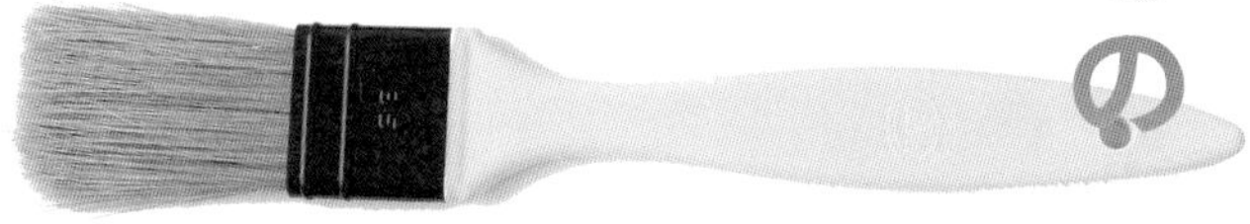

ハケ（毛の硬いもの）

毛質が硬いものは、アプリコットジャムやフォンダンを塗るのに適している

クープナイフ

生地の表面に切り込みを入れるために必要。なければ清潔なカッターナイフで代用できる

発酵用の厚手の布

ハード系のホイロのとき、生地をねかせるのに使う。なければ厚手の布やふきんでもよい

抜き型（ストレート）

本書ではイングリッシュマフィンとスコーンで使用。直径が大きめのものと小さめのものを用意しておくと便利

パン切り包丁（波刃）

できあがったパンを切るときに使う。刃が波形になっているもののほうが切りやすい

ゴムベラ

カスタードやチョコレートクリームなどを混ぜたり、ボウルについた材料を無駄なくすくい取ったりする

めん台

めん棒をかけるための台。パン作業台としても重宝する。厚みがあって重いものがおすすめ

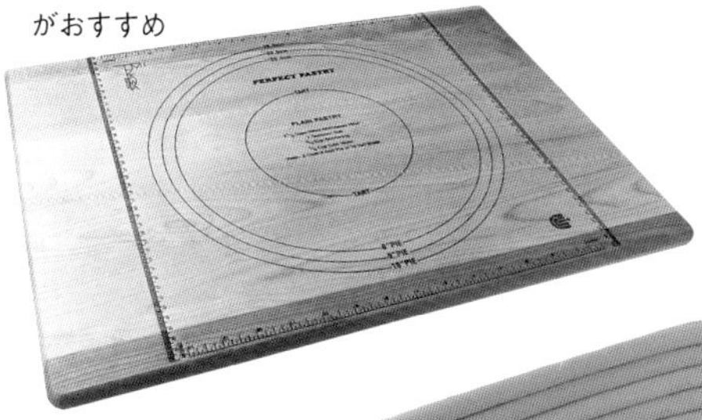

霧吹き

おもにハード系のパンを作るとき、カリッと焼き上げるために霧吹きをする

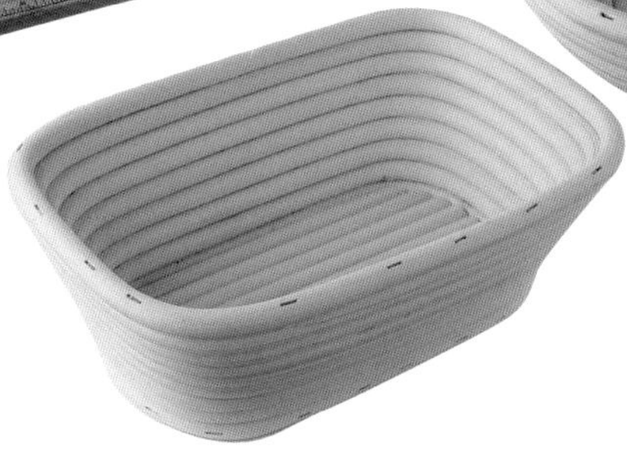

発酵かご

ホイロに使う籐製のかご。パン・ド・カンパーニュやブロート類などに使用する

大丈夫！
基礎知識

自宅でパンを作るというとなんだか難しそうですが、ほとんどのパンは「基本の流れ」さえ覚えれば意外と簡単です。パン作りでは、生地をピンと張らせたらふくらませるという繰り返しの作業がポイント。さっそく流れをつかんで、今日からパン作りにチャレンジしましょう！

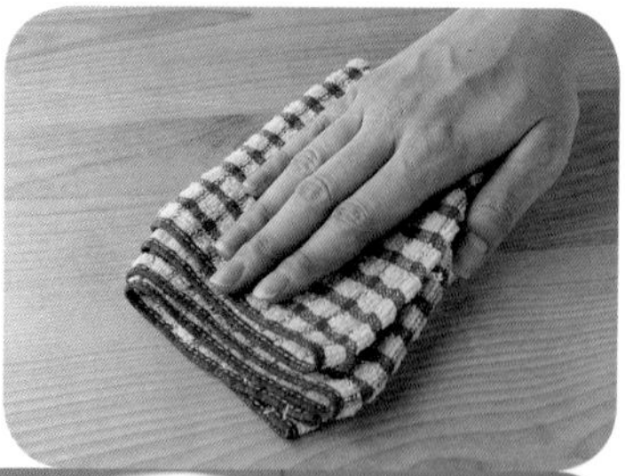

準備&計量

P.32へ

材料を分量どおり正確に用意するのは、パン作りにおいての基本の「き」。きちんと正確に行うことが、成功への第一歩になります

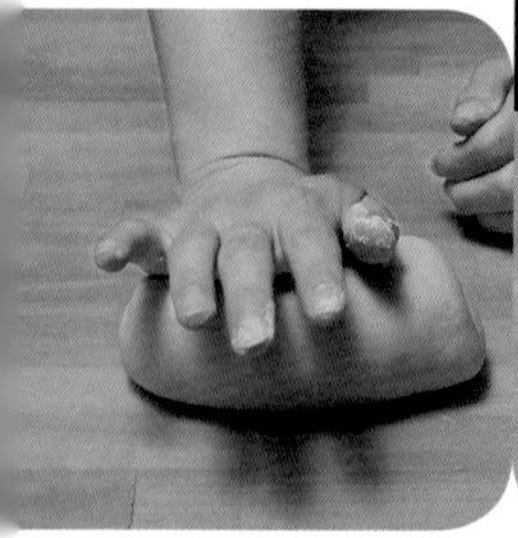

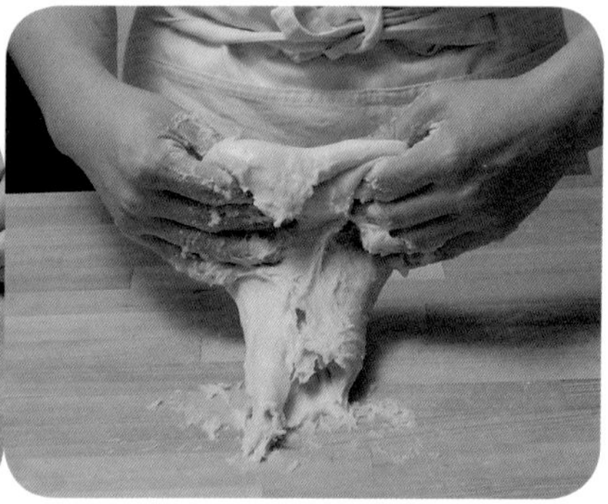

2 こねる&たたく

P.34へ

生地をこねるのは、パンがふんわりと仕上がるための土台作りのような作業です。生地がふくらむ元になるグルテン膜をうまく作るのがポイントです

3 発酵

P.38へ

パンはイースト菌が生地内の糖分を分解して、炭酸ガスに変えることでふくらみます。発酵時は、イースト菌が活動しやすい環境を保つことが大切

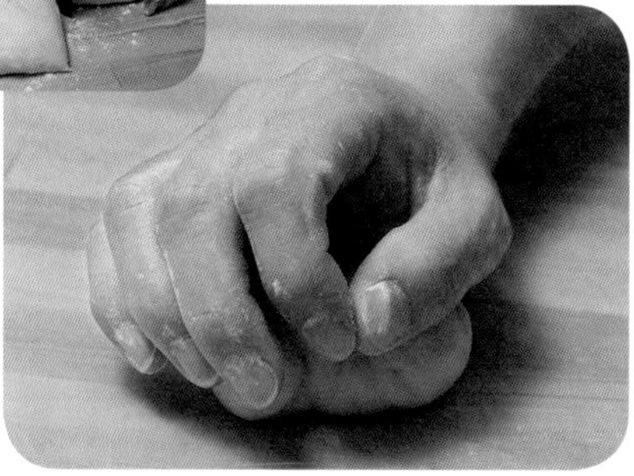

はじめてでも
パン作りの

4 パンチ（ガス抜き）

P.40へ

生地内にたまったガスをつぶして、きれいな気泡を作るための作業をパンチといいます。イースト菌が生地内で活動している息吹を感じられる工程です

5 分割＆丸め＆ベンチタイム

P.42へ

生地を分割したら丸めて表面を張らせ、ベンチタイムで生地を落ちつかせるといった作業が、ハリのあるふんわりとしたパンに仕上げるために必須です

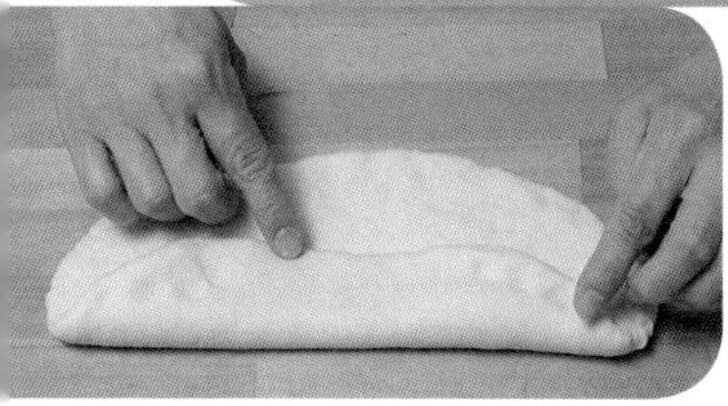

6 成形

P.44へ

生地を最終的な形に仕上げるのが成形です。その種類はさまざまですが、形にかかわらず「やさしくていねいに扱う」ことが原則です

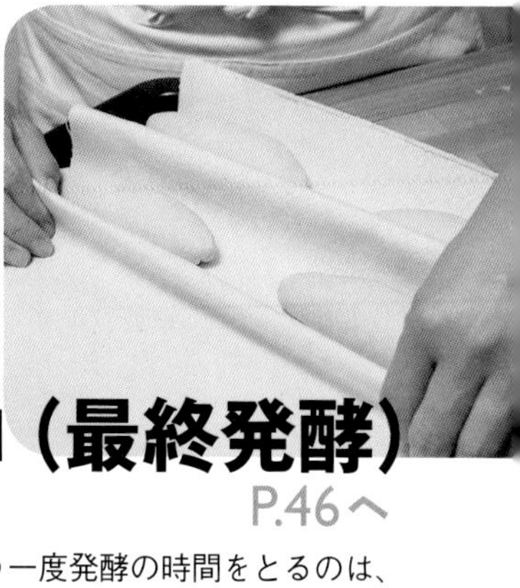

7 ホイロ（最終発酵）

P.46へ

パンを焼く前に、もう一度発酵の時間をとるのは、生地にふくらみをもたせるため。ホイロでは、生地内のガスが最大限になるまで時間をおきます

8 焼く

P.48へ

パン作りにおいて最後の工程が焼くこと。ここで注意することは、自宅のオーブンの焼きグセを把握すること。様子を見ながらベストな仕上げをしましょう

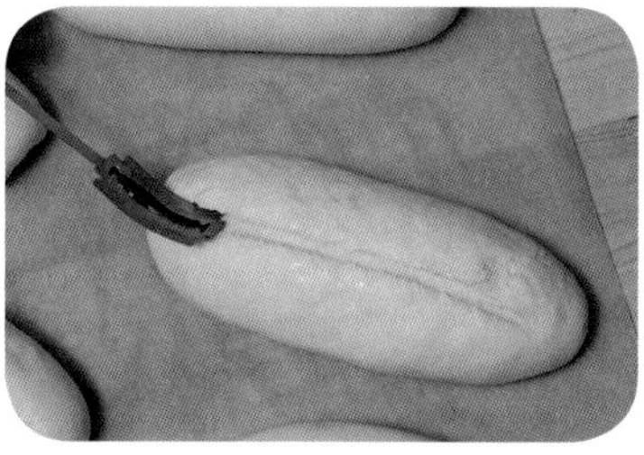

生地の材料はきちんと計りましょう

準備＆計量

パン作りは、材料を用意して計量をするところから始まります。一見何気ない作業と思えても、正確に行うのと行わないのではパンの仕上がりに差が出ます。焼き上がりのパンを想像しながら、さっそく始めてみましょう

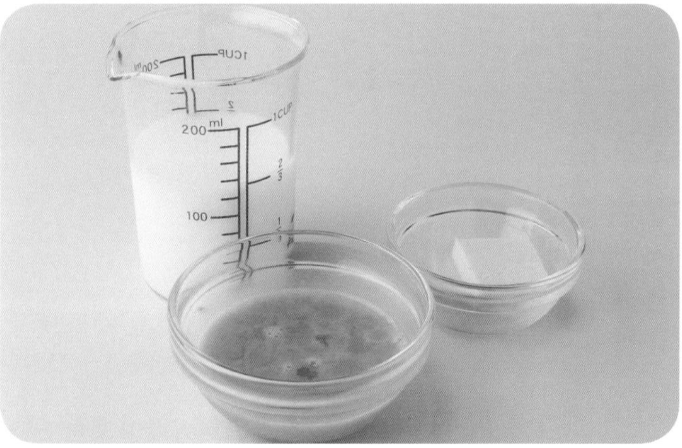

バターや卵、牛乳などの材料は、冷蔵庫から１時間くらい前に常温においておく

まずは準備を始めましょう

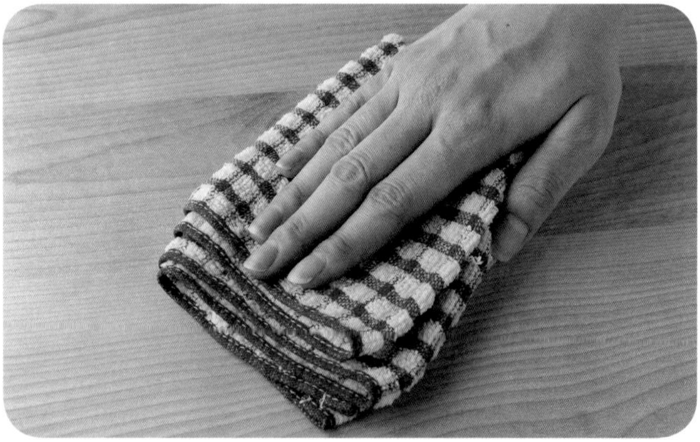

作業台となる机や調理台は、ぬれふきんでふいてきれいにしておく

パン作りの場所を確保し材料は正確に計ります

パン作りを始める前に、必要な材料と道具を準備します。道具は、28ページを参考にそろえましょう。パンをこねる台は、テーブルや台所の空きスペースでかまいません。ただし、生地をたたいたり押したりするので不安定な場所は避けます。つぎに、材料を用意して計量します。きちんとはかりを使って、レシピ通りに計量します。

続いて材料の温度を調節します。イースト菌は、30～40℃くらいの温度が活動しやすいので、使う水はあらかじめ35℃前後に温めておきます。卵やバター、牛乳などの材料も作業に入る1時間前くらいに冷蔵庫から出し、室温に戻しておきます。

ここまで行って、パンを作るための準備がようやく整ったといえます。

材料をボウル内で混ぜる

計量が終わったら、材料をボウルに入れて、水気がなくなるまで混ぜ合わせる。パンの種類によっては材料を入れる順番が異なるので、詳しくはレシピを参考にする

初めのうちは生地がベタついているので、指先で混ぜ、粉気が切れてきたら生地をボウルの中で返しながらこねる。生地が持ち上がるほどまとまったら台に移してこね始める

材料を計る

パン作りでは、材料は正確な分量で計るため、すべてはかりを使うこと。はかりはできれば1g単位まで計量できるデジタルタイプがおすすめ。ただし、お酒などの少量の材料は計量スプーンで計ってもよい

計量は、重量の単位で行います

パン作りでは、材料の計量を容積で計ることはありません。容積はかさのことで、重さは目方のことなので、小麦粉100gと100mℓでは重量に差が出てくるからです。ただし、水については、1mℓ＝1gになっているので、容積で計ることもできます。

COLUMN

パン作りと気温の関係

イーストの活動は温度と湿度で左右されます

イーストが活動するベストな温度は30～40℃といわれています。しかし、真夏や真冬には、温度や湿度で発酵をとってもうまくいかない場合があります。その場合、イーストを溶かす水の温度や室温を調節したりするなど、その日の気温で見極めます。ただし初めのうちは見極めが難しいので、夏場は常温の水を、冬場は35℃前後のぬるま湯を使いましょう。ただし、イースト菌は45℃以上4℃以下の環境では活性を低下させるので注意を。

2

パン作りでもっとも重要なファクター

こねる＆たたく

生地をこねる意味は、単に材料を混ぜ合わせて均一の固さにするだけではありません。パン生地中のグルテン組織を強くして、のびのよいパンにする意味もあります。副材料が多く含まれている生地はとくに根気よくこねましょう

汗がにじみ出る工程ですが がんばって続けましょう

生地をこねる意味はふたつあり、まずひとつめ目は生地を均一の固さにすることです。ふたつ目は、生地の中にあるグルテン組織を強化させて、ふんわりとのびのよいパンに仕上げることです。

こね方にはさまざまな方法がありますが、本書では、まず、ボウル内である程度手で回すようにしてまとめるやり方を紹介しています。つぎに台の上に出し、押し付けるようにして全体の固さを均一にします。続いてこれをひとまとめにしてこねていくという、2つの動作を組み合わせる方法をおすすめしています。詳しいこね方は、36〜37ページを参考にしてください。

手ごねの場合、約15分間こねるのに200〜300回はかかりますが、油脂類や牛乳などの材料がたくさん含まれている場合は、よりこねなくてはいけません。ここで大切なのは、ベタベタしているからといって粉を足さないこと。計量が正確なら、こねていくうちまとまってくるはずです。いつまでもベタつくのは、こねが足りない場合が多いので、少し大変ですが、がんばって根気よくこね続けましょう。

COLUMN

手早くこねたいなら専用ミキサーで

めんどうなこね作業は 専用機器におまかせ！

こねる時間を少しでも短縮したい、生地の量が多くてこねきれないというときは、専用のミキサーを使ってみましょう。一般家庭用として家電メーカーから各種販売されています。材料を入れボタンを押すだけで、めんどうなこね作業をしてくれるので便利です。ただし、パンの種類によって設定を変えたり、最後に仕上げで手でこねるという作業は必要です。

こね作業ができるパンこね機（ニーダー）は、生地をしっかりこね上げてくれる。ほかに餅やクリームを作ることも可能

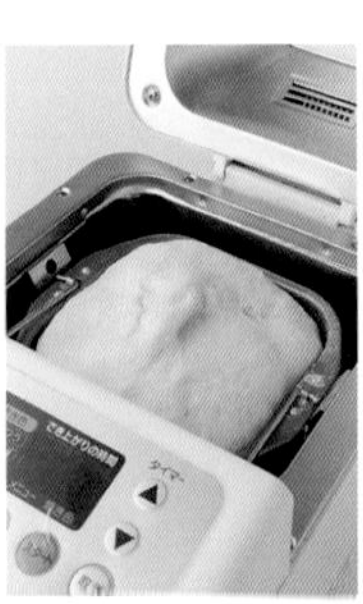

手軽に本格的なパンが作れるホームベーカリー機。食パンなら材料を入れるだけで焼き上がる。ロールパンなどの成形は自分で行う

グルテン膜とはどんなもの？

生地の組織をつなぐグルテン膜の役割

粉をこねると粘りが出てくるのは、生地の組織と組織をつなぐグルテン膜ができるからです。この膜が細かいと、発酵の際にイーストが出す炭酸ガスを逃さずキャッチできるので、ふんわりとしたパンに仕上がります。

ただし、作りたいパンによって膜の強さは異なります。フランスパンのようにハードな生地は、グルテン膜をあまり張らせないほうが仕上がりがよいです。

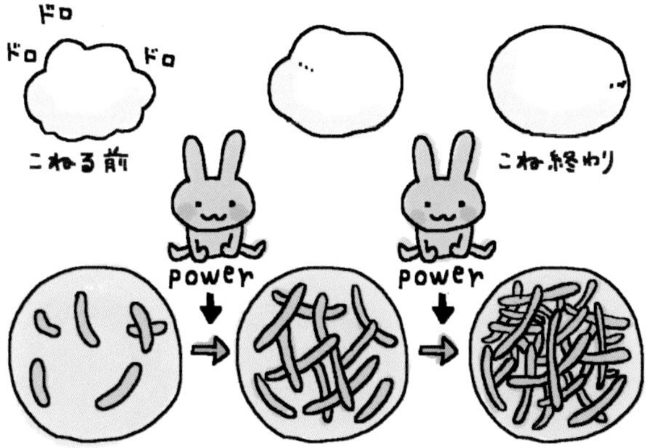

グルテン膜のチェックのしかた

例えば　バターロールのベストな膜はコレ！

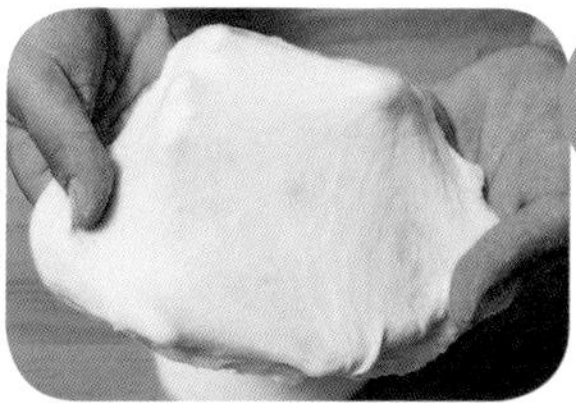

バターロールのようなソフト系のパンは、グルテン膜をしっかり張らせる。ベストなのは透けるように薄い網目が見えること

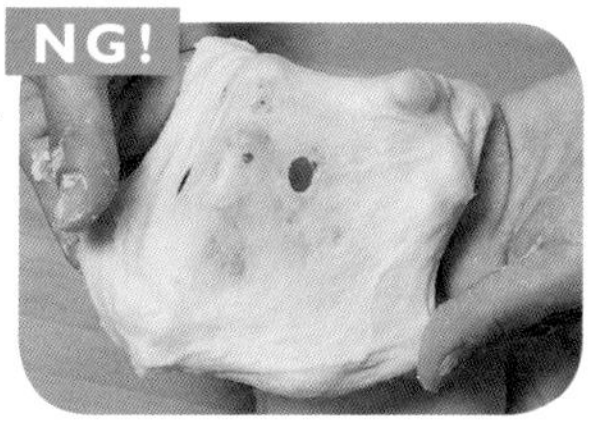

生地を伸ばしたときに切れてしまったり、膜が粗かったりする場合はこねが足りない証拠

ハード系のパンの場合は……

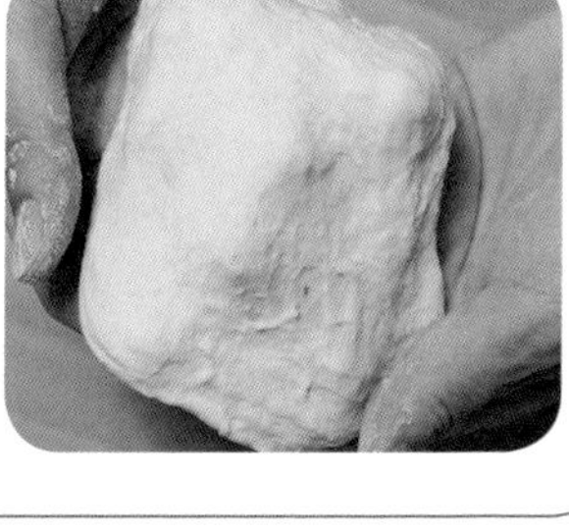

フランスパンやライ麦パンなどのハード系パンは、粉と水、イーストが主体のシンプルなパン。外側は薄く、内側はふんわりとした食感が身上なので、グルテン膜を張らせるのはやや弱めにすること

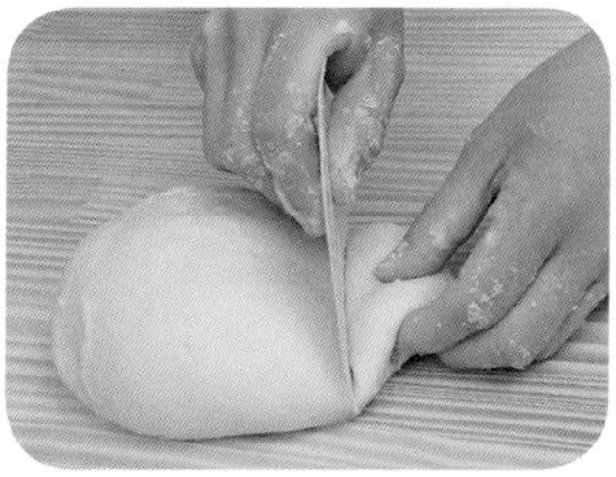

生地がつるんとしてきたら、生地の端をスケッパーやカードなどで少し切り取る

生地の縦と横を交互に少しずつのばしていくと、網目のような膜が張っているのがわかる。これがグルテン膜。パンによって張らせる強さや厚さが異なるので、詳しくはレシピを参考にする

ポイント

ロールパン、メロンパンなど柔らかい生地の場合

油脂類を途中で入れるときは

こねている途中に、ソフト系のパンの場合は油脂類を入れることが多い。この場合、生地の中心に油脂類を置き、四方から包んだら台の上で押しつけながら混ぜていく

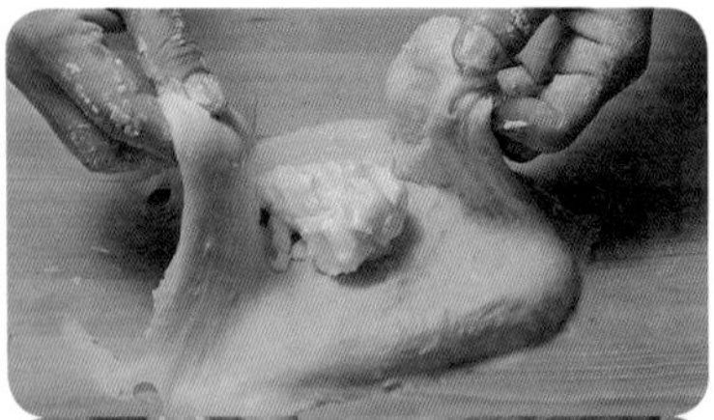

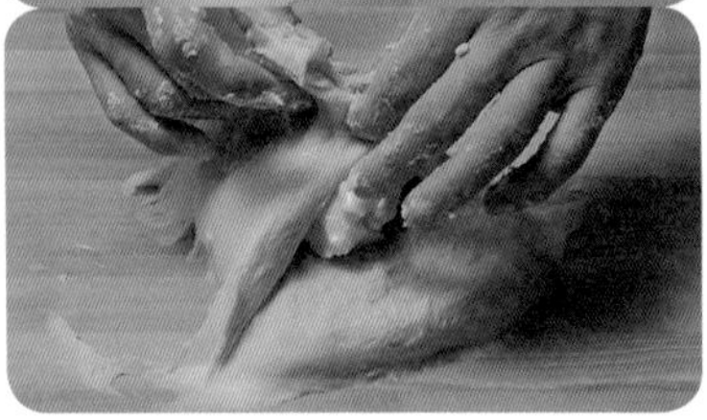

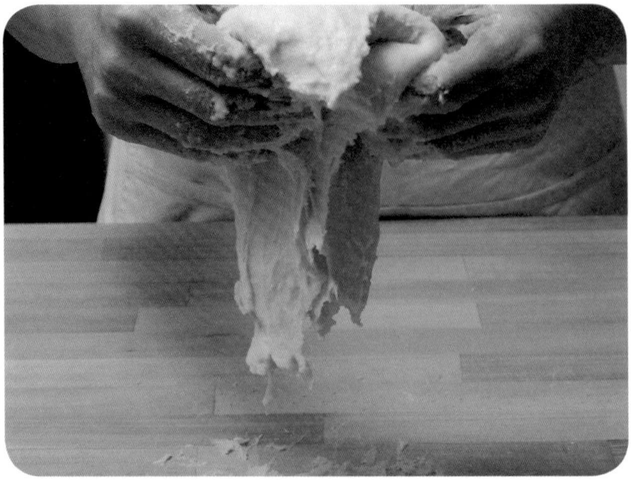

1 ボウルで材料を混ぜ、ある程度ひとまとまりになったら、生地を台に出す。はじめに、生地を両端から指を差し込むように持ち上げる

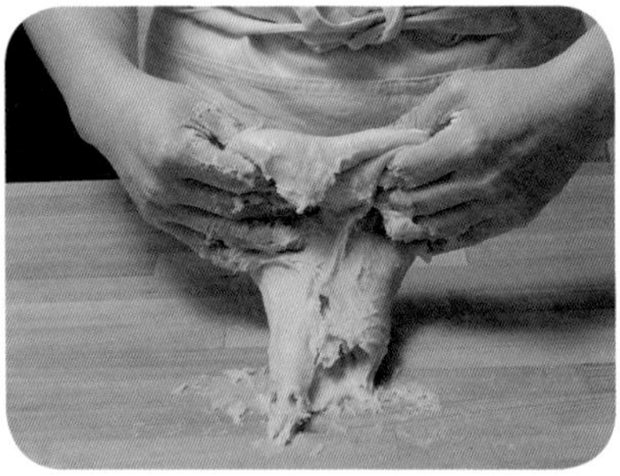

2 手に持っていない下の部分の生地を台にたたきつける。こね始めは生地がベタついているので、つかみにくいが、続けていくうちにまとまりがよくなるので、最後まで打ち粉はしないこと

3 手に持っている生地を、たたいた生地の上にかぶせる。これが基本のこねの流れ。今度は生地の向きを90度変えて、1から3まで繰り返していく。生地がまとまるまでは、ソフト系のパンで最低15分くらいはかかる

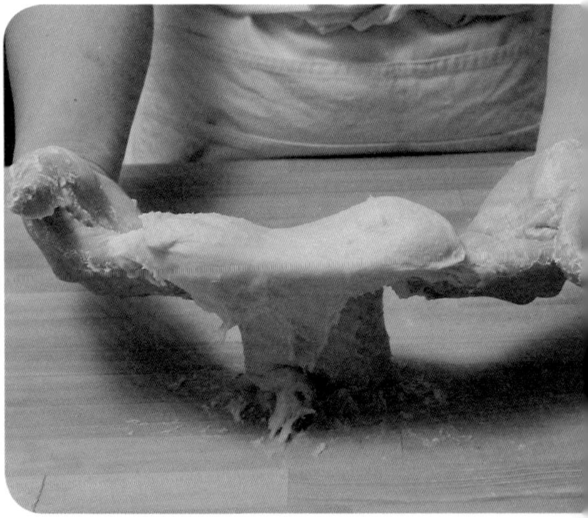

こね続けると状態が変わります

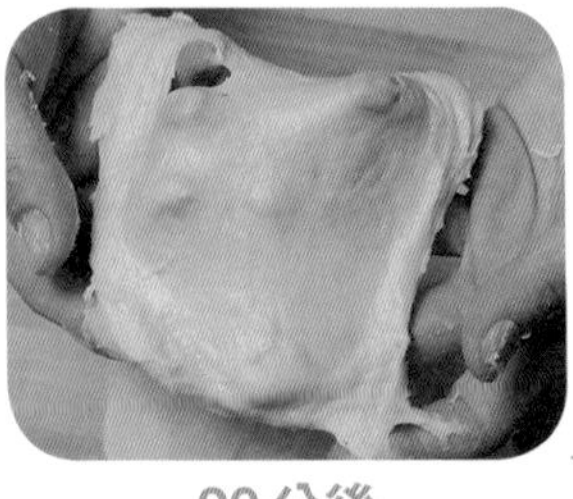

20分後
グルテン膜チェックをすると、膜は張っているが、薄くのばすと切れてしまう。これだとまだまだ

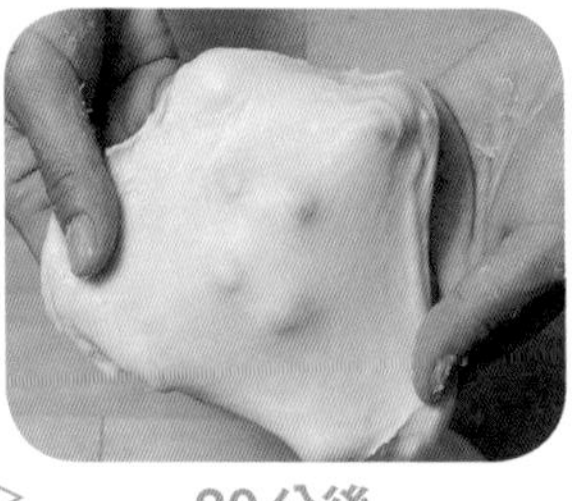

30分後
生地が薄くのばせ、なめらかなグルテン膜が見えるのがわかる

手ごねの

ライ麦パン、フォカッチャなど硬めの生地の場合

1 はじめに生地を2つ折りにする。硬めの生地の場合は、ボウル内で混ぜているときから比較的まとまっている

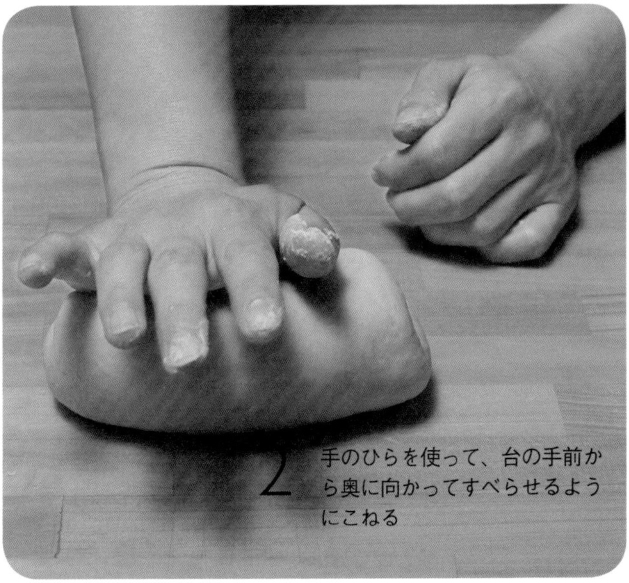

2 手のひらを使って、台の手前から奥に向かってすべらせるようにこねる

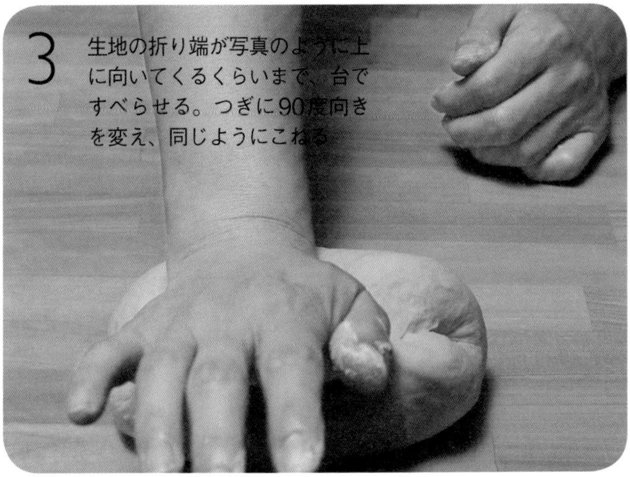

3 生地の折り端が写真のように上に向いてくるくらいまで、台ですべらせる。つぎに90度向きを変え、同じようにこねる

折り目がだんだん下にくるように

最初に折り端が台の下にあったのが、こねていくうちに上向きになるのがベストなこね方です。折り端がわからなくなってしまうほど力を入れすぎてはいけません

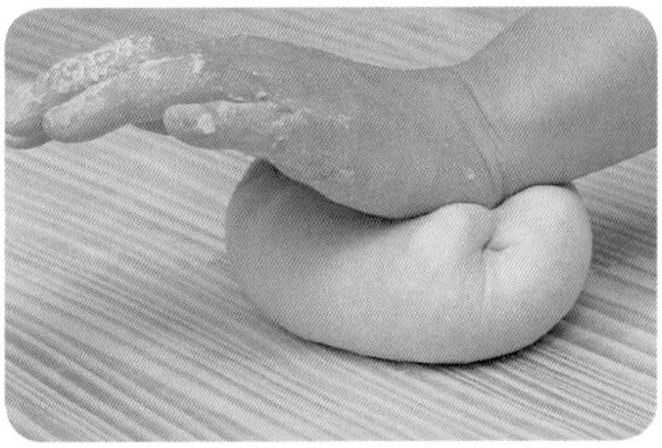

NG! 力まかせで押しつけない！

ハード系のパンはソフト系のパンのように油脂類がたくさん入っていないため、こね始めは生地がちぎれがちになる。だからといってあまり強く押しつけるのはNG。こね続けていくうちにまとまりが出てくるので、あくまでやさしく根気よくこねていくこと

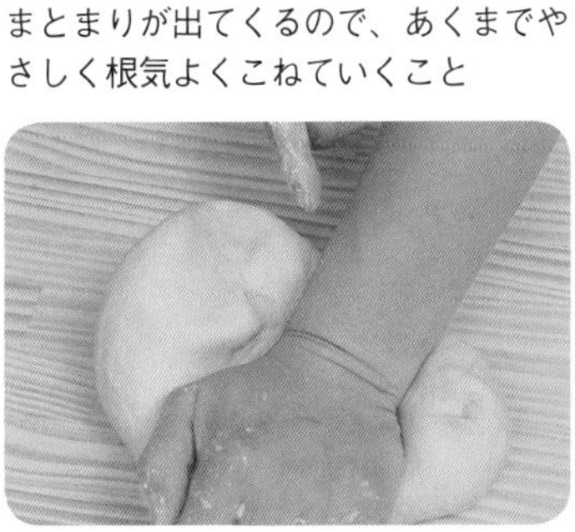

強い力でこねると、台に生地がへばりついてうまくこねることができない。台の上ですべらせるようにしてこねるのがコツ

3

生地をふくらませる大切な工程

発酵

パン生地がふっくらとふくらむのは、生地内の糖分を分解したイースト菌が発するガスのおかげ。発酵中では、イースト菌が活動しやすい環境を作ってあげることがまず大切。そのためには、温度と湿度を管理することが必要です

発酵のシステムとは？

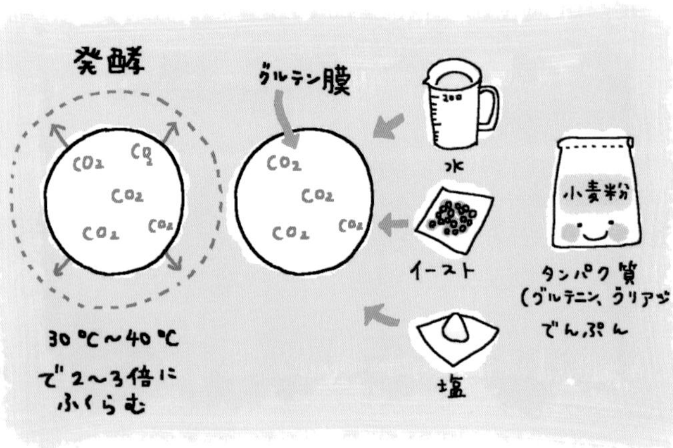

粉の中の糖類を食べてイースト菌が出す炭酸ガスがグルテン膜に入り込むことによって、生地がふくらんでいく。そのためには30〜40℃、湿度80%の環境が必要

生地を乾燥させず温かい場所に置く

発酵とは、イースト菌が活動することで生じたガスが、グルテン膜の網目に入って生地がふくらむことをいいます。発酵には、イースト菌に適した温度と湿度が必要です。イースト菌が活動しやすいのはその日の気温や室温などによって多少左右されますが、基本的には温度30〜40℃、湿度が80％くらいの環境です。この温度と湿度を保つことが発酵では大切です。

工程では、生地をふくらみやすくさせるため丸くしておき、ショートニングなどの油脂類を塗ったひとまわり以上大きなボウルに入れます。ラップやビニールをかけて乾燥を防ぎ、温度30〜40℃、湿度が80％の場所で生地が2〜3倍になるまで待ちます。細かい温度設定はレシピを参考にしてください。

発酵前はつぎのふたつの作業を行います

ボウルに油脂類を塗る

発酵によって、生地の表面がボウルにくっつかないように、ショートニングやバターをハケで薄く塗っておく

オーブンの発酵機能を確認

発酵機能があるオーブンは、温度設定が何度でできるのかあらかじめ確認をしておくこと

発酵についてのQ&A

Q 発酵前に生地を丸くまとめるのはなぜ?

A まずひとつは、丸い形のほうが発酵状態が見きわめやすいということがあります。ふたつめは、丸くすることで生地の表面を張らせ、イーストが放つガスをキャッチしやすくするためでもあります。発酵前に生地を張らせないと、丸く盛り上がらず、表面が荒れたまま発酵してしまいます。

Q 発酵時間は過ぎましたが、高さがありません

A おそらく、こね上げの温度が低かったり、こね足りなかったりするのが原因です。指を差し込んでみて、穴がふさがらないようであれば、発酵は完了しています。そうしたら、つぎの工程に移っても大丈夫です。

Q 発酵をしていることを忘れてしまいました!

A 5～10分くらいなら仕上がりに極端な差が出ることはないでしょう。ただし大幅に発酵時間をオーバーしたものに関しては、焼き上げても風味のよくないパンが出来上がるのは必至。こういうときは思い切って生地から作り直すことをおすすめします。

Q 発酵した生地からアルコール臭がします

A これは発酵のしすぎです。見た目はふっくらと順調に発酵しているように見えても、実は発酵過多だったり、逆に発酵不足だったりします。ただし、発酵種を作るときには長時間の発酵時間をとるので、臭いがして当然。あわてずに発酵を見守りましょう。

発酵の見きわめかた

規定の時間が経ったら、生地の発酵状態を確認します。初めのうちは見た目で判断しにくいので、指に粉をつけ、生地の一部に差し込んでみます。指の穴がほとんど戻らないようだったら発酵は完了です

指を差し込んでみて……

穴はそのままだが気泡が出てくる
↓
発酵過多
↓
発酵のしすぎ。程度によっては生地をそのまま使えることもあるが焼き上がりはアルコール臭がすることも

穴はほとんどそのまま
↓
発酵完了
↓
発酵が無事完了した証拠。つぎの工程へと移る

穴が押し戻され弾力がある
↓
発酵不足
↓
もう一度ボウルにラップをして、まずは10分くらい待つ。それでも発酵不足ならもう10分、と10分単位で様子を見ていく

オーブンに発酵機能がないときは

手持ちのオーブンに発酵機能がない場合でも発酵はできます。冷蔵庫の上や、出窓の隅などの温かい場所に置く、発泡スチロールの容器に、少しのお湯を入れ、その中に生地を入れたボウルを入れてふたをするなどの方法が。工夫をしながら方法を見つけてください。

湯せん

出窓の隅

4

生地がふくらむ力を高めさせる
パンチ（ガス抜き）

発酵によってふくらんだ生地を、たたいてつぶすのがパンチ。なんだか少しもったいない気がしますが、柔らかいパンを作るためにはこの工程は必須なのです。生地の扱いはやさしくていねいに行ないましょう

まずは打ち粉をしておく

ボウルから台に生地を移すときは、打ち粉をして生地のへばりつきを防ぐ

生地をきめ細やかに仕上げる作業のこと

パンチとは、発酵途中の生地を一度平らにたたく作業のこと。ガス抜きともいわれます。パンチをすることで、生地内の空気の気泡を細かくして、生地をきめ細かにします。また、グルテン膜を強くして、パンがよくふくらむようにします。生地の種類によってはパンチがいらないものもあります。

COLUMN

パンチする生地、しない生地

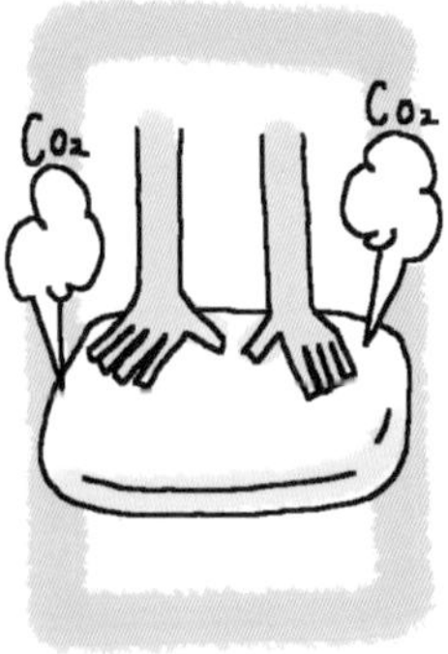

油脂類がたくさん入ったリッチな生地はパンチしないことがあります。パンチをする生地は発酵時間を長くとるので焼き上がりがしっとりしますが、卵や砂糖、バターなどが入ったリッチな生地は、パンチをしなくても副材料がそれをまかなってくれるのです。

パンチのしかた

1 まずは台に打ち粉する。手のひらにも薄く打ち粉をつけておく

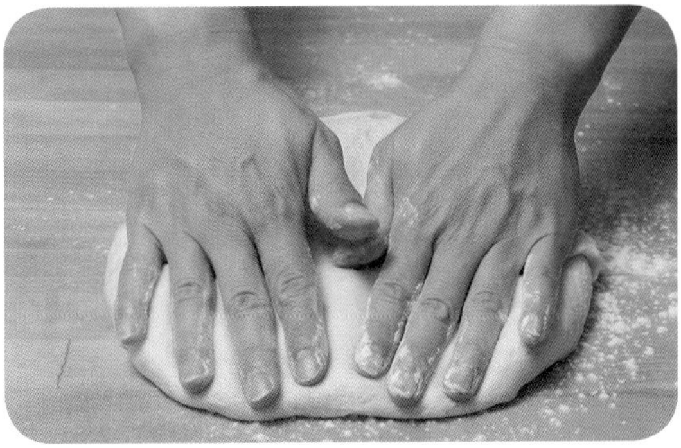

2 手のひらで、生地の中心からていねいに押しつぶしていく

3 力まかせにたたかず、中のガスをまんべんなく抜いていく

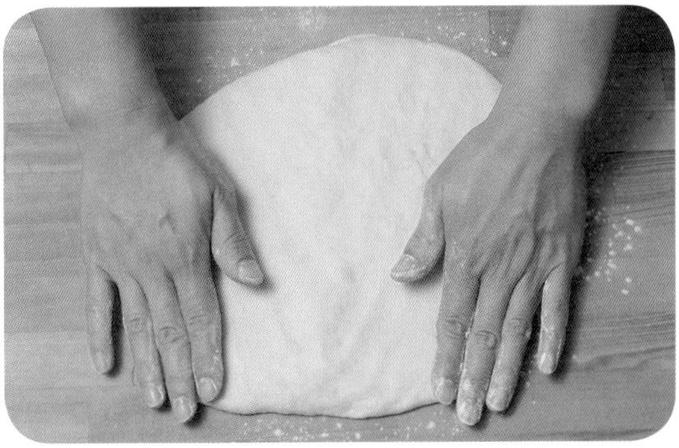

4 ハード系など生地によっては軽めにパンチをするものもある

パンチ後は折りたたむ

まずは左3分の1の生地を折りたたんだあと、右3分の1、下3分の1、上3分の1を折りたたみ、とじ目を下にしてボウルに移す

ボウルに戻して発酵へ

5

成形のための下準備

分割&丸め&ベンチタイム

発酵が完了したら、いよいよ成形へ入ります。その下準備が、分割、丸め、ベンチタイムという作業です。一見単純そうですが、これをていねいに行うと成形がスムースになりますし、なにより仕上がりも美しくなります

分割のしかた

打ち粉をした台にカードで生地を取り出す

そのまま分割してもよいが、生地をスケッパーで棒状に切ったほうが分割しやすい

分割はスケッパーで

分割には専用のスケッパーを使うと便利。ない場合はカードでもOK

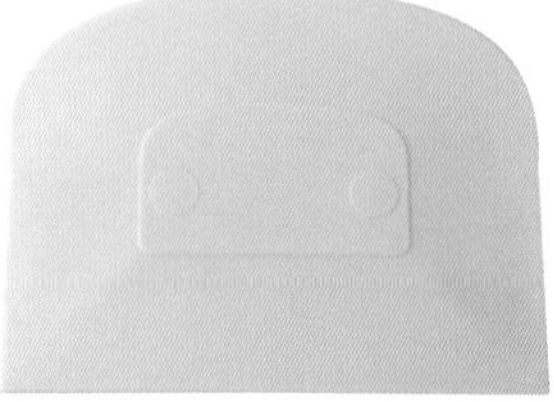

スケッパーやカードはパン作りに欠かせない道具。ぜひそろえたい

きれいに成形するために欠かせない3つの工程

発酵が完了したら、生地を分割します。パンの種類によって分割量は異なります。分割はスケッパーやカードなどでスパッと一気に行います。ちぎったりひっぱったりすると、せっかくできあがったグルテン膜を破壊してしまうので避けましょう。

分割した生地は手でくるくると丸めてまとめます。丸くして生地表面を張らせることは、グルテン膜を強くし、パンにボリュームをもたせるために重要な作業です。

丸めた生地は、とじ目を下にして台の上で15～20分ほどベンチタイムをとります。こうして生地を休ませて成形しやすくするのです。この場合、生地が乾燥しないようにビニールをかけておきましょう。

生地を丸める

小さい生地は手の中で丸める。指と台の間に少し生地をはさみ、右ききの場合は反時計回りに回しながら丸めていく。手の付け根を軸にするとやりやすい

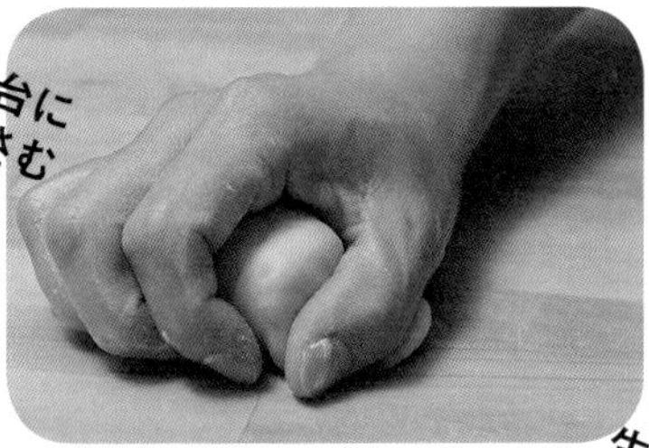

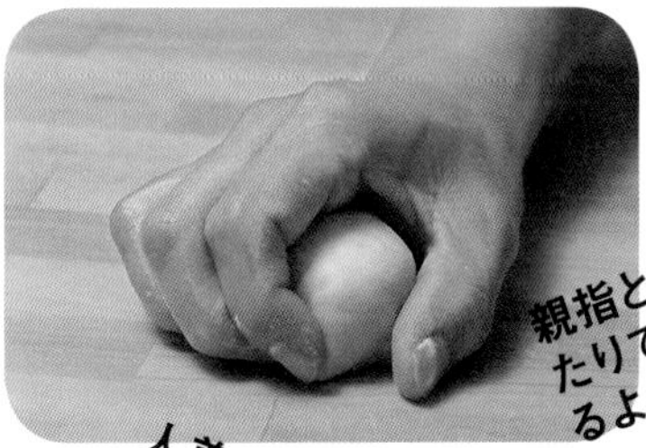

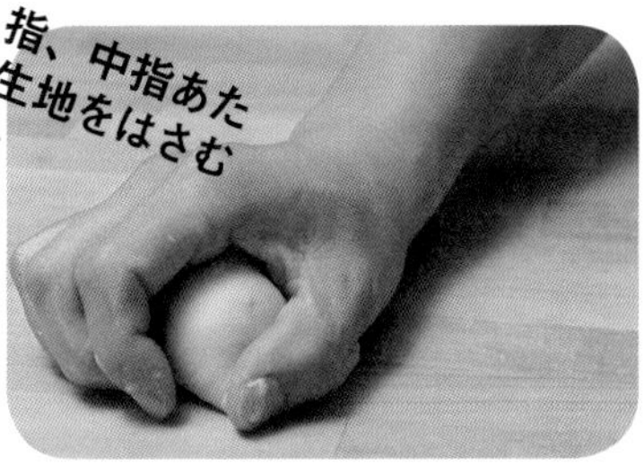

猫の手のようにするのがポイント

大きな生地の丸め方

大きな生地は手の中では丸めにくいので、生地の端を両手に持ち、奥から手前に引き寄せるようにして丸めていく。つぎに角度を90度変えて再度引き寄せて丸めると、次第に生地が丸まってくる

両手で抱えるように生地を持ち、両手の指と台の間に少し生地をはさんでおく

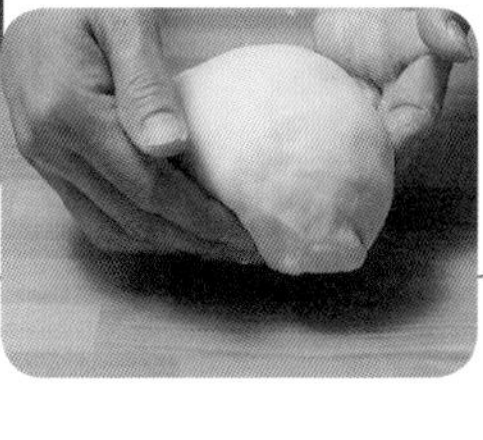

←奥から手前に生地を引き寄せていく↓つぎに90度向きを変えて同じように

ベンチタイムでは乾燥に注意

ベンチタイムとは、生地を丸めてから休ませる時間のこと。生地が乾燥しないように気を配ることが大切です

(ベンチタイムの意味)

丸めた直後の生地は表面が張りすぎているので成形には向きません。そこで生地をいったん休ませることで膨張させて、成形しやすくするのがベンチタイムです。場所は室内で15～20分の時間をとります。ビニールをかけて乾燥を防ぎましょう。

6

スピーディーに行うのがポイント

成形

最終的なパンの形にすることが成形です。パンの形にはさまざまな種類がありますが、どの形のときでも、いちばん大切なことは「スピーディにていねいに」。とくにベンチタイム後の生地はデリケートなので、手早くかつ注意深く行いましょう

正しいめん棒のかけかた

きれいな成形は美しいパンにつながります

成形とは、生地をいろいろな形にすることです。成形の前にめん棒をかける場合は、一度手のひらで生地を広げます。生地を台に取り出したら、とじ目を上にして、きれいな表生地が成形後に表面になるようにします。つぎに厚みが均等になるように、端までていねいにめん棒をかけてから、スピーディーに成形します。クロワッサンやデニッシュなど油脂分の多い折り込み生地の場合は、ゆっくり何度もやり直すと生地から油脂が溶けだしてしまいグルテン膜も破壊されてしまいます。成形後は、生地を指でつまんでとじておくと、焼き上げのときに表面が裂けることもないでしょう。

1 ベンチタイム後の生地を台に移し、一度手のひらで平たくしておく

2 まずは生地の上半分をていねいにめん棒をかけていく。めん棒の両端をしっかり持ちながらていねいに

3 つぎに下半分をかける。端にガスが残っていると「プスッ」と音がする。これもめん棒でしっかりガスを抜く

4 裏面も同じようにめん棒をかける。力を入れすぎると生地が台についてしまうので、軽く転がすような気持ちで行う

さまざまな成形

ロールパン

とじ目を上にし、手のひらで平たくしてから約20㎝にめん棒でのばす

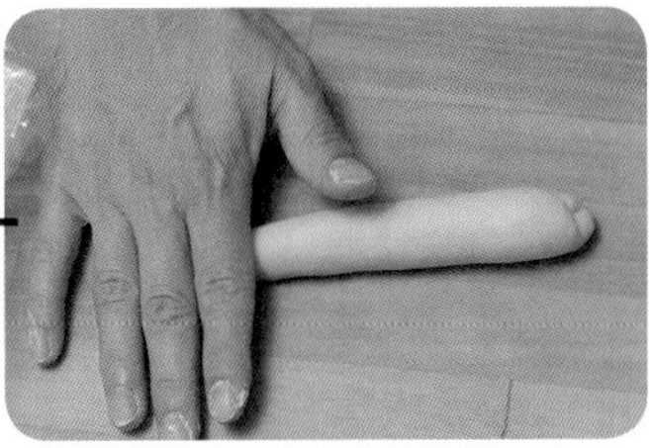

3つ折りにした生地を手で転がして片方を細くし、しずく形にしておく

幅の広い上端の生地を一巻きして、そこからくるくると巻いていく。最後に巻き終わりを指でつまんで目立たなくしておく

食パン

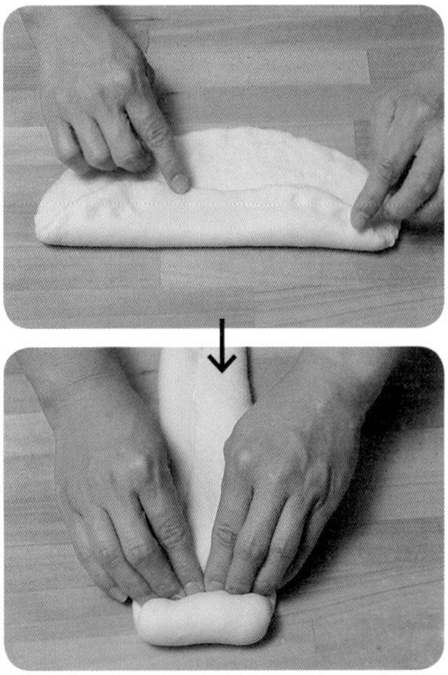

めん棒でだ円形にのばした生地の上3分の1を折りたたむ。つぎに下3分の1を折りたたみ棒状にする。生地を縦にして、上端から巻いていく

型抜きタイプ

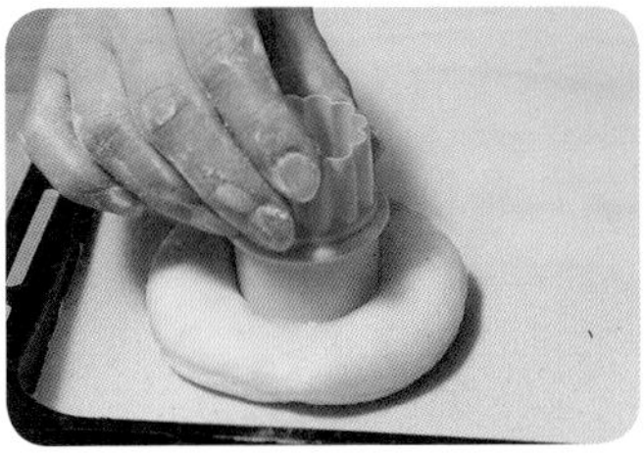

抜き型の円を利用してリング状にする

円形のほか花形もある。生地が台にくっつく場合は、型に打ち粉をする

デニッシュタイプ

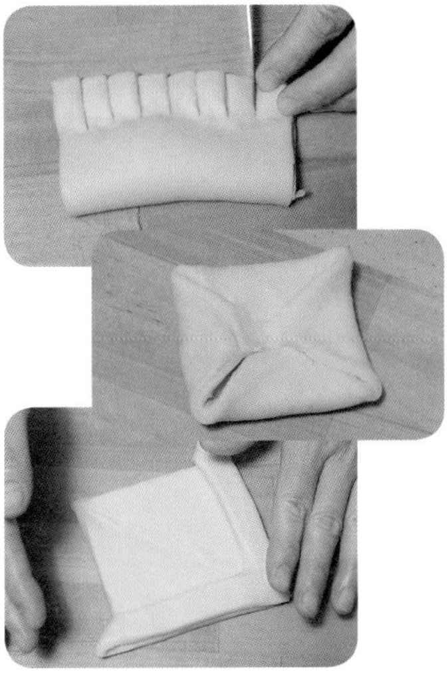

折り込み生地のデニッシュペストリーは、中に副材料を入れた形や、上にトッピングする形など種類が豊富

棒状

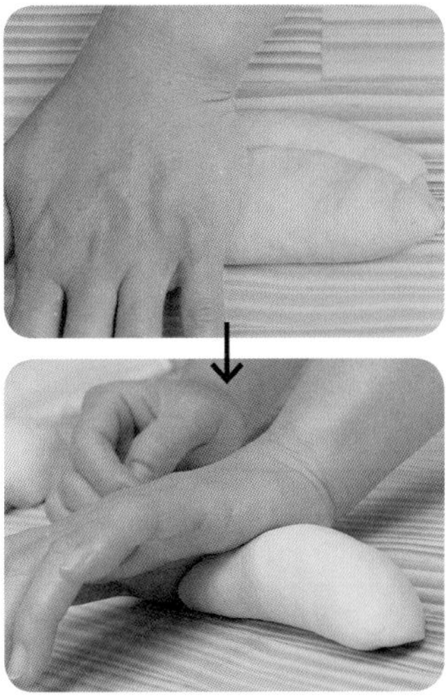

とじ目を上にして、平たくつぶし、上下1/3ずつ折り、さらに2つ折りにする。生地の端が細くなるように台を利用して棒状にしていく

7

ふっくら生地を作るための最後の仕上げ

ホイロ（最終発酵）

成形した生地を、再度ふくらませせる作業をホイロ（最終発酵）といいます。これで、イースト菌によるガスが生地内に最も多くなります。ここで焼き上げると、ふんわり仕上がります。ホイロのとりすぎに注意しましょう

ロールパンのホイロのコツ

成形直後の生地よりも1.5～2倍ほど大きくなったらホイロは終了。それ以上（右写真）にふくらんでしまうとホイロのとりすぎになる。そうすると逆に焼き上がりではふっくらと仕上がらない

パンの柔らかさはこの作業で決まります

ホイロとは、成形した生地をふんわりさせる最終発酵のことです。生地を成形したら、オーブン板にクッキングシートをしき、その上に成形した生地をおきます。ホイロにより生地が1.5～2倍ほど大きくなるので、生地と生地の間隔は、約1個分空けておきます。

つぎに、オーブン板ごとビニール袋に入れたり、ラップをふんわりかけたりというように乾燥を防ぎながら、温度32～38℃、湿度が約75～80％の環境でホイロをとります。

ホイロのとりすぎに注意

下の写真は、右がベストな焼き上がり、左がホイロ過多の生地のまま焼いたものです。ホイロをとりすぎると、ふんわりと仕上がらず、表面も荒れたようになる

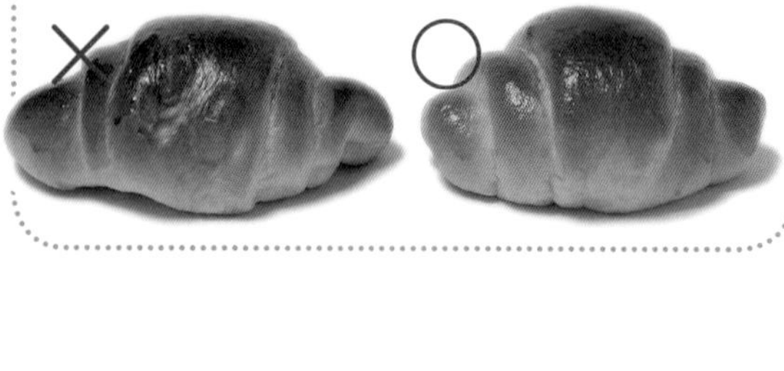

ハード系パンのホイロのコツ

キャンバス布がなくても大丈夫

キャンバス布は製菓材料店や布屋で販売している。これがなくても、少し厚手のふきんやトルションでもOK

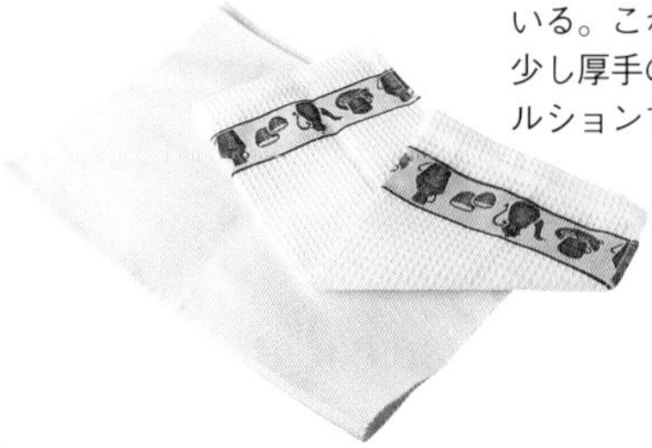

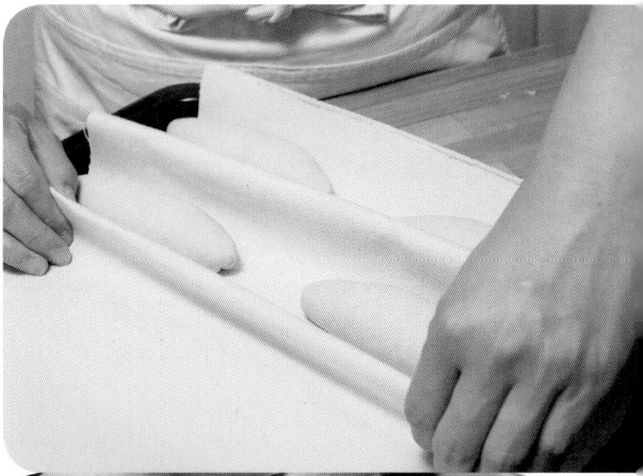

ホイロ過多はクープを入れにくくする

ホイロ過多の生地にクープを入れるとシワが寄るが、これは、生地内のグルテンの組織が破壊して、イースト菌が発したガスが外に排出されてしまうのが理由

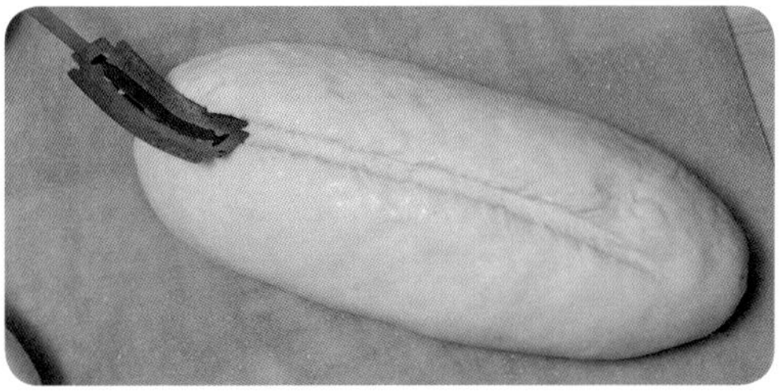

ハード系のパンのなかでも1個単位のライ麦パンなどは、布を敷いて山を作り、その谷に生地を置いてホイロをとる。ハード系の生地はホイロによって形が崩れやすいので、こうすると安心だ

食パンのホイロのコツ

成形した生地は食パン型に入れてホイロをとる。生地を型の隅に入れて、型の中で壁側に押し込むようにすると表面が更に張り、ふっくらとしたパンができる

オーブンにホイロ機能がない場合は

オーブン板にオーブンシートをしき、生地をのせる。オーブン板ごとビニール袋に入れ、下にお湯をはったバットをしいて重ねるという方法でもOK

発酵（p39）で使用したような発泡スチロールの容器にオーブン板ごと入れる方法も

8

パン作りにおける最後の仕上げ
焼く

いよいよ最後の仕上げ、焼く工程。ポイントは、自宅のオーブンの焼きグセを知ること。指定時間どおりに焼いてもうまくいかないことがあるので、それにより、レシピの時間や温度をコントロールしながら、ベストな仕上げをしてください

焼く前の下準備

クープを入れる

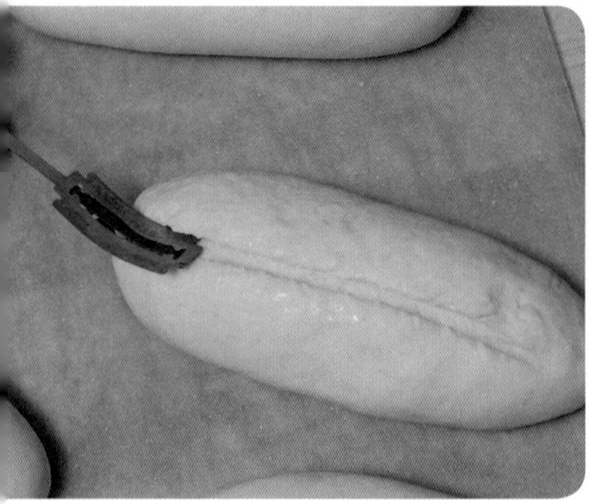

溶き卵を塗る

霧吹きをかける

↑↑ソフト系のパンはツヤ出しのため卵を塗ることが↑ハード系のパンには焼く前に霧吹きをします

切り込みを入れる

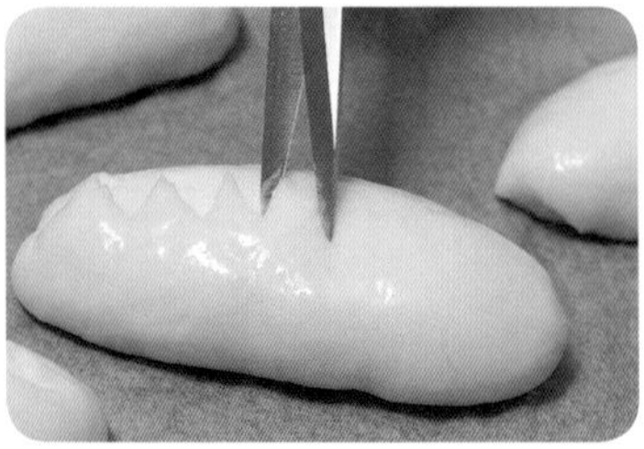

↑↑クープはスピーディーに入れると、生地が損傷しない↑切り込みは、ハサミを立てて持ちながら行うと美しく仕上がる

ガスオーブンと電気オーブン どちらが向いている?

レンジオーブンとガスオーブンの違いは、中で回っているファンの強さにあります。レンジオーブンはファンの力が弱く、その分しっとりと焼き上がるのでソフト系パン向き。いっぽうガスオーブンはファンが強く、火力がなかなか落ちないのでハード系のパン向きです。

オーブンの予熱が完了したら さっそく最後の仕上げを

ホイロ後の生地は、オーブンですぐに焼きます。ホイロ後すぐ焼けるよう、あらかじめオーブンの予熱をしておきましょう。生地には卵を塗ったり、カミソリで生地に切り込みを入れるクープをしたりと、準備をします。パンの焼き上げ時間と設定温度は、レシピを参考にします。しかしオーブンは、種類によって焼け具合にクセがあるので、ときどき焼き色をチェックしながらオーブン板を入れ替えるなどの工夫をします。

焼き上がったらすぐにオーブンから取り出し、食パンなど型入れタイプのものは型からすぐに取り出します。ロールパンなどの1個単位のパンは、網の上でしっかり冷まします。

必ず予熱をしてから焼き上げる

予熱をしないと、レシピの指定時間になっても焼き上がりません。さらに、焼きムラや、生焼けの原因にもつながります。意外と忘れがちなオーブンの予熱ですが、焼き上がりに影響してくる大事な工程なので、端折らずに行いましょう

焼き上げについてのQ&A

Q パンの焼け具合を見分けるにはどうしたらいい？

A オーブンの焼きグセなどにより言い切るのは難しいのですが、指定の時間オーブンに入っていて、しっかりした焼き色がついていればOK。指定時間の８割くらいの時間で一度様子を見て、色つきが悪ければオーブンの温度を少し上げてみましょう。

Q 焼きムラができてしまうのはオーブンの焼きグセが原因？

A それだけとは限りません。ほかに考えられる原因として、発酵が足りない、設定温度が高すぎるなどが挙げられます。もう一度見直して作ってみましょう。

Q 食パンの側面が折れてしまったのはなぜ？

A 焼く時間が足りないか、設定温度が低いか、焼き上げ後すぐに型から出さなかったのも原因です。型に入れたままだと、パン生地の側面に水蒸気がたまり、重さにたえられずに折れてしまうのです。

焼き上げ後の仕上げも大切！

型入れのパンはすばやく型から取り出す

食パン型は、焼き上がり後すぐに取り出さないと、生地の表面に水蒸気がたまり、つぶれの原因になります

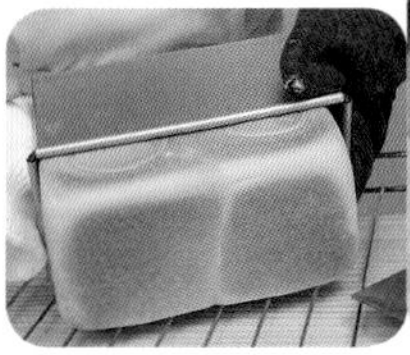

副材料をあしらう

とくに菓子パンやデニッシュペストリーの場合、焼き上げ後にフォンダンやジャム塗ることが多いので忘れずに行う

→p202のモーンシュトーレンは、焼き上がりに溶かしバターを塗り、グラニュー糖、粉砂糖をまぶすリッチなクリスマスパン

もっと知りたい！パンのこと01

副材料の作り方

デニッシュペストリーや菓子パンに欠かせないのが、フルーツやカスタードクリームなどの副材料。ここでは、カスタードクリームやフォンダンなど、比較的一般的な副材料の作り方を紹介します。材料の分量は各レシピを参考にしてください

カスタードの作り方

クリームパンやデニッシュの中に入れるカスタードクリームは、手早く作ることがおいしさの秘密です

1 牛乳を鍋に入れて火にかける。沸騰直前になったら火を止める

2 ボウルに卵黄を入れてほぐし、そこに砂糖を加え泡立て器で混ぜる。エッセンスを加える場合はここで入れる

3 2に薄力粉を入れ、さっと混ぜる。ここで混ぜすぎると、粘りが出てしまうので注意

4 3に沸騰寸前の牛乳を少し入れて溶きのばす。ゆるくなったら残りを入れて混ぜる

5 裏ごし器で4を裏ごししながら鍋に移す

6 火にかけてカスタードを炊いていくと、クリーム状になって沸騰してくるのでダマにならないようしっかり混ぜる

7 ポコポコと沸騰して1分くらいしたら火から下ろす。バットに移し、氷をはったもうひとつのバットの上に重ねて冷やす。冷えたカスタードは固まっているので、ボールに移し、ゴムベラなどで戻してゆるくしてから使う

POINT

カスタードは手早く混ぜる

卵黄に砂糖を入れる2や、薄力粉を混ぜる3の工程は、もたもたしているとダマになるので、作業は手早く行います。また、6の工程では、カスタードを焦がさないように気をつけましょう

フォンダンの作り方

フォンダンは、焼き上がりのパンに塗る、固形状の砂糖。使うときは水でのばす作業が必要です

市販のフォンダンを手でこねて柔らかくし、砂糖1、水1のシロップと混ぜてゴムべらでダマをつぶして人肌にしてから使用する

アーモンドクリームの作り方

本書では96ページのスイートロールで使用しています。アーモンドの香り高いクリームはパンのおいしさを引き立てます

1 常温に戻したバターと砂糖を泡立て器で混ぜて、卵を4～5回くらいに分けて入れる。一度に入れると卵とバターが分離してしまう

2 よく混ざったらアーモンドパウダーを入れてさらに混ぜ合わせる

ジャムの煮つめ方

パンに使うジャムは、一度煮つめると扱いやすくなります。ここではアプリコットジャムでの方法を紹介します

ジャムに2割程度の水を加えて、鍋で沸騰させていく。1～2分間煮つめていくと、気泡が浮いてくる。ジャムに粘りが出てきて、しゃもじですくってしずくが固まって落ちるようになったら完成

シュトロイゼルの作り方

シュトロイゼルとは、そぼろ状のクッキー生地のこと。スイートロールのほか、ケーキのトッピングにも利用できます

室温に戻したバターに砂糖を加えて泡立て器で混ぜる。そこにシナモンと薄力粉を入れ、カードで切りながら混ぜていく。そぼろ状になったらできあがり。使うまで冷凍庫で冷やしておく

もっと知りたい！パンのこと02

パンの製法について

パンの製法は、大きく分けてストレート法と発酵種法の2種類があります。本書では「パンDATA」に製法が表記されているので参考にしてください

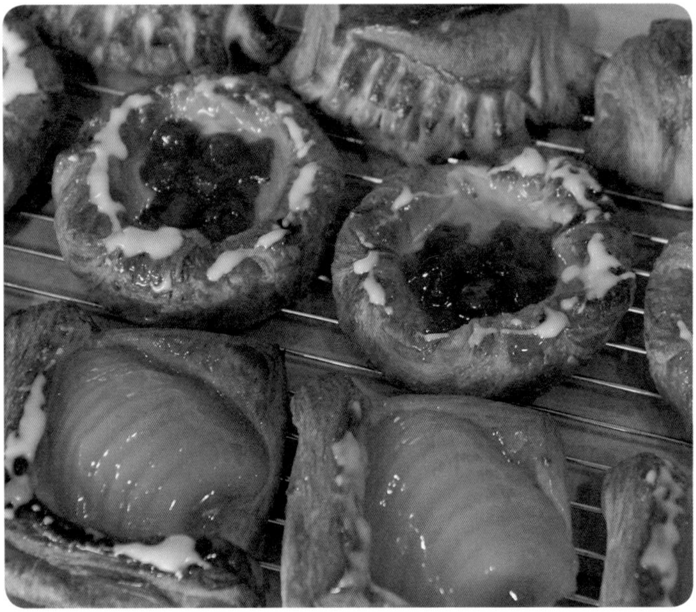

パンの種類によって適した製法は変わります

パンの製法は、大きく分けてストレート法と発酵種法の2つに分類されます。ストレート法とは、こねるのを1回の作業で行う製法です。これに対し発酵種法は、あらかじめ種を作っておく方法で、発酵種の作業と、本ごねの作業と、こねることが2回必要になります。発酵種法のなかでも、種の作り方によってさらに細分化されます。

どの製法でもパンは作れますが、パンの種類や材料の特徴によって適した製法があります。本書では、そのパンに合ったレシピを紹介しているので、初心者はこのレシピどおりに作ってみてください。慣れてきたらいろいろと試してみるのもいいでしょう。

酒種で作るあんパンとはどんなもの？

酒種あんパンとは、イースト菌を使わず、精白したうるち米と麹カビを繁殖させた酒種で発酵したあんパン。明治初頭に銀座木村屋総本店が考案したといわれ、甘酒のような香りが特徴の日本独自のパンです。これも一種の天然酵母パンです。

パンの製法いろいろ

これから紹介するパンの製法は一般的なものです。ほかにも下記の製法を独自にアレンジしたものなど、さまざまな方法が存在します

ストレート法
（手ごね法）

材料を混ぜることから発酵、成形、焼き上げまで、すべて1回の工程で行う製法。小麦粉本来の味が生きたパンになり、工程が単純なので、初心者でも作りやすい製法です。発酵の途中でパンチをしないものもあります。ソフト系からハード系と全般に使われています。

❶こねる
❷発酵
❸パンチ
❹分割&丸め
❺ベンチタイム
❻成形
❼ホイロ
❽焼く

1回で行う

オーバーナイト法（冷蔵生地法）

この製法は、折り込み生地や油脂類が多く含まれた生地に適しています。生地と油脂類を折り込む場合、同じ温度にする必要があります。よって前もって作っておいた生地を冷蔵庫で冷やしておき、折り込みの際に扱いやすいようにするのがいちばんの目的です。

発酵種法

材料の粉の一部で、あらかじめ発酵させた種を作り、本ごねのときに混ぜ、さらに発酵させ生地を作る方法を大きく発酵種法と呼びます。発酵を2回に分けると、本ごねの発酵時間が短縮できます。また、粉の分子がしっかり結合する時間ができるので、焼き上がったパンはストレート法で作ったものに比べるとしっとりしています。発酵種法のなかでも、粉と水、イーストだけをあらかじめ発酵させて中種を作る方法や、粉や空気中に散乱するイーストを集めて培養し、種を作るサワー種法とさまざまな方法があります。

❶種をこねる
❷種を発酵

1回

❶本ごね
❷発酵
❸パンチ
❹分割&丸め
❺ベンチタイム
❻成形
❼ホイロ
❽焼く

2回

発酵種の基本的な流れは上記のとおり。中種法や加糖中種法、アンザッツ法は、発酵種の材料や配合が異なるだけで、工程は上記の流れと同じ

サワー種法

工業用に純培養したイーストを使用せず、自然界に存在する微生物の反応を利用してパン生地を発酵させる製法です。サワー種法は、パン作りの初心者には少し難しい方法なので、なれてきたらチャレンジしてみましょう。

中種法

生地で使う50%以上の粉とイースト、水で発酵種を作り、残りの材料と混ぜて作る製法。前もって生地が発酵しているため、本ごねの発酵の見極めや、生地の管理がしやすいのが特徴です。本書で多いのはこの製法で、グラハムブレッドやレーズンブレッドなどストレート法で作るとボリュームが不足しがちなパンに向いています。

加糖中種法

中種法は粉とイースト、水を混ぜて種を作りますが、加糖中種法とはそこに材料の砂糖を加えて発酵種を作る方法。発酵種の中にあらかじめ砂糖を加えると、イーストの活性を下げずに発酵できます。糖分の多いパン向きで、とくに生地内に砂糖が20%以上加わる場合によく使われます。

アンザッツ法

中種法も加糖中種法も、種を発酵する際、60分〜1日くらいしっかり時間を取ります。アンザッツ法は、前もって生地だけを軽く混ぜて30〜40分発酵させておき、あとで残りの材料と混ぜ合わせる方法です。卵やバターなどが多く含まれたとてもリッチなパンに使われる製法です。

パンブレイク

パンの焼き戻しのしかた

冷凍保存したパンを復活させる焼き戻しのやり方を伝授

クロワッサンなど パリッとした生地のもの

1 オーブンシートをしいたオーブン板にパンを並べる。このとき、オーブンは予熱が終わっていること。オーブントースターの場合は、アルミホイルでふんわりとくるんで焼き戻す

↓

2 クロワッサンやフランスパンなどのハード系は、比較的たっぷりと霧吹きをしてから焼き戻すと、パリッとした食感に

ロールパンなど 柔らかいもの

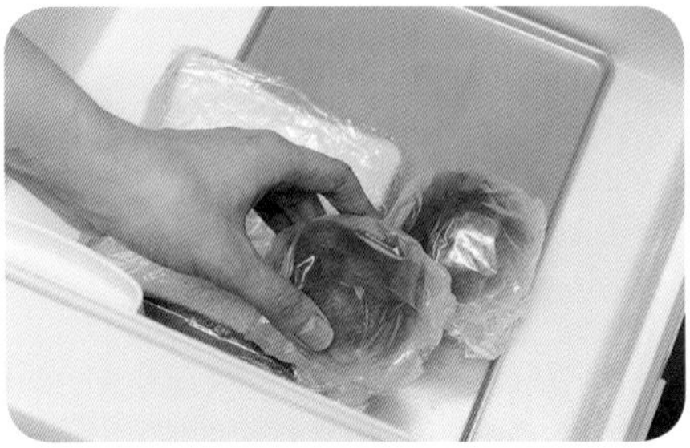

1 ソフト系のパンは、しっとり、ふんわりとした生地が身上。熱を加えて焼き戻すと、生地内の水分量がさらに失われるので、避けた方が無難。そのまま冷凍庫から出して袋に包んだまま常温で放置しておく

↓

2 パンは冷めたてがいちばんおいしいので、その時に冷凍するのがベスト。時間が経ってしまったものを冷凍しても味を劣化させるだけ。また冷凍したパンは最低でも2週間以内には食べきること

パンの食感がよみがえる焼き戻しの方法とは

冷凍した生地は、劣化が止まっているわけではなく、劣化の速度を遅くしているので、完璧に焼き立ての状態には戻すのは不可能です。しかし焼き戻しをすることで、焼き立ての状態に近づきます。

やり方はとても簡単です。フランスパンの場合は、まず常温で解凍したパンに霧吹きをかけ、２００~２５０℃の間の温度で約５分間焼き上げるだけ。すべてのパンにいえることですが、水分が奪われている冷凍保存後のパンを焼き戻すときは、必ず霧吹きで水分を補給してから行いましょう。

ソフト系のパンは、常温で解凍するだけでＯＫ。焼き戻すと生地が硬くなってしまいます。

クロワッサンなどの折り込み生地もハード系同様に焼き戻すと、サクサクとした食感がよみがえります。

第3章
セミハードなパン

Column*

パンの食感と水分、油分の関係

副材料が多いか少ないかで食感が決まります

パンの基本材料、粉、水、イースト、塩で作る、フランスパンやパン・ド・カンパーニュのようなシンプルなパンのことをリーンなパンといいます。逆に、基本材料にバターやショートニング、砂糖や卵などが多く含まれたものをリッチなパンと呼びます。

リーンなパンは、多少副材料が入るものの、香ばしくて塩気があり、主食に向きます。リッチなパンは、副材料が多く含まれているので柔らかくふっくらとしたスイーツのような食感です。ただし、副材料が多いとグルテンができにくく、イースト菌の働きも弱くなる傾向があります。リッチなパンは、こねる時間を長くして、イースト菌の量も、リーンなパンに比べて増量することが必要です。その点、リーンなパンは、副材料はほとんど含まれていないので、こね始めるとすぐにまとまります。

水分や油脂分の配合によってさまざまに表情を変えるパン

リッチなパンとリーンなパンの違い

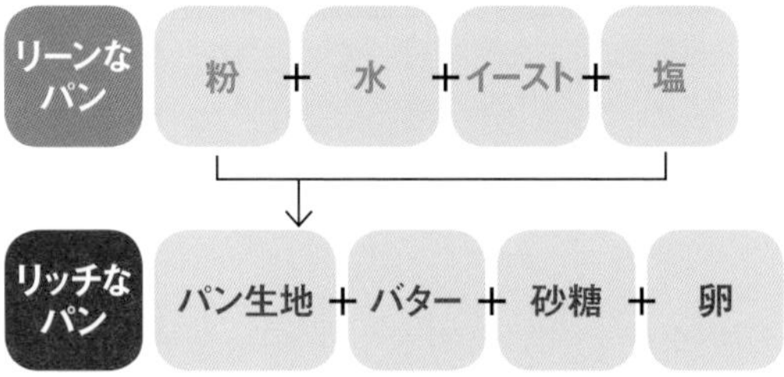

リーンなパンは、ごくシンプルな材料なので香ばしく、小麦粉の香りや風味が生きた仕上がりになる。副材料が多く含まれたリッチなパンは根気よくこねてふっくらと仕上げること

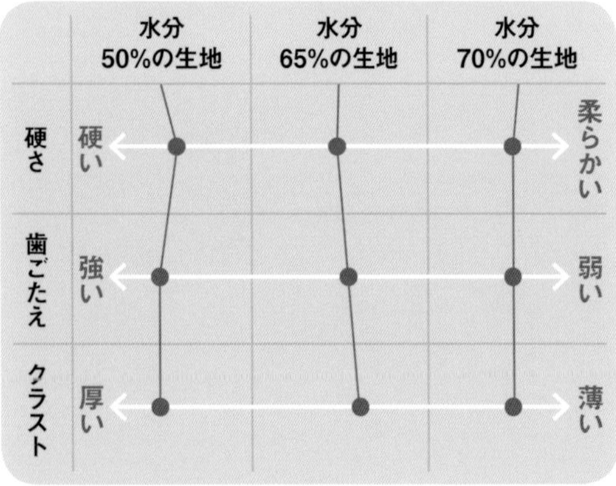

パン生地に水分（油脂に含まれた水分も含む）の含有量が多いか少ないかで、口当たりが決まってくる

バターとショートニングの違い

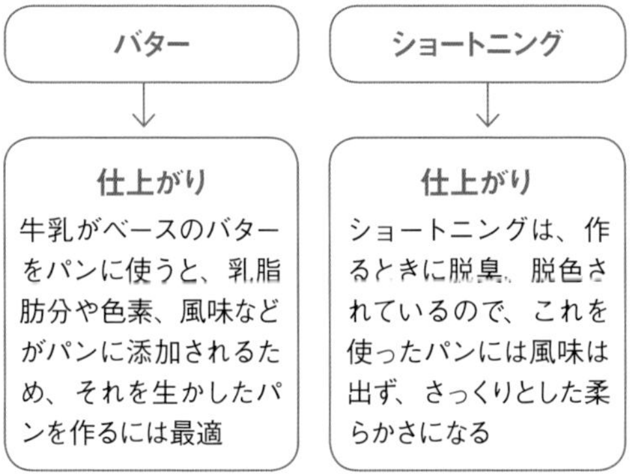

山型食パン

飽きのこないナチュラルなおいしさの王道パン

山型食パン

材料（1斤型1本分）

強力粉（スーパーキング）…250g
砂糖…13g
塩…5g
脱脂粉乳…5g
生イースト…5g（インスタントドライイーストの場合は2g）
水…175g
バター…5g
ショートニング…8g
卵液（仕上げ用）…適量（卵1：水1の割合で薄める）

パンDATA

製法	ストレート法
グルテン膜	薄くて強め
こね時間	約35分
発酵	28～30℃で90分パンチ後40分
ベンチタイム	20分
ホイロ	約35℃で60～70分
焼成	約200℃で30～35分

所要時間
5時間

難易度
★★★

01 強力粉、砂糖、塩、脱脂粉乳を入れたボウルに、水に生イーストを溶いたものを合わせる。

02 ボウルの中で指を立てながら粉気がなくなるまで混ぜる。

03 粉気がなくなってきたら台に出し、押しつぶすように上下交互に生地をのばしていく。均等の固さになったらひとまとめにする。

04 手や台についた生地はカードでかきあつめて一緒にする。

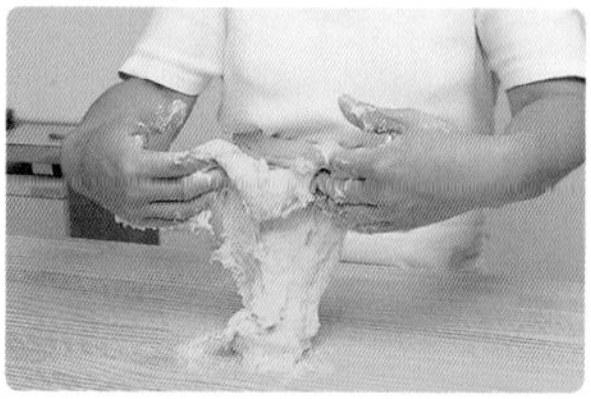

05 生地の端を台にたたきつけ、手に持ったほうの生地をたたいた部分にかぶせる。今度は角度を90度変えて同じようにこねる。

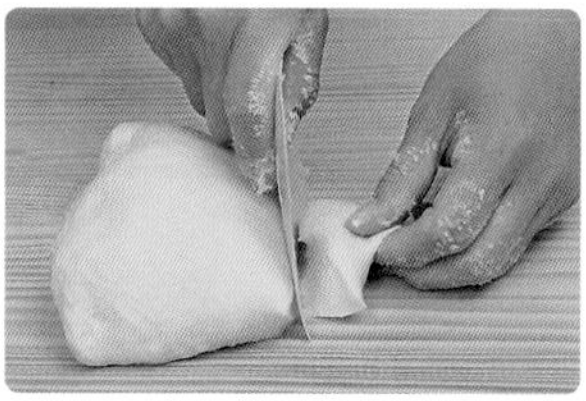

06 05の方法で約15分こね、生地がつるりとしてきたら、グルテン膜のチェックをする。

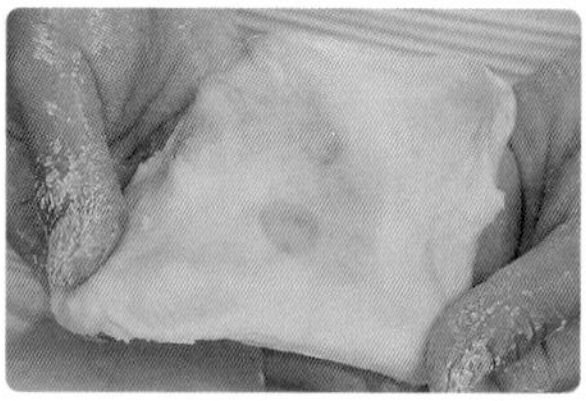

07 切り取った生地を均等に広げていき、薄いグルテン膜ができあがっていたら、つぎの工程へ移る。途中で切れる場合は再度こねる。

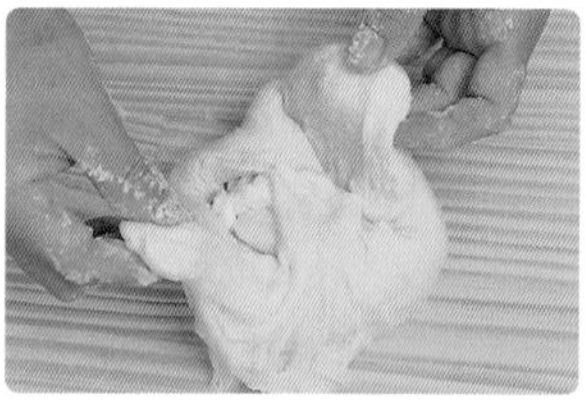

08 グルテン膜が張っていたら、バターとショートニングを生地の上に置き、四方の生地で油脂を包み込む。

09 03のように引きちぎりながら生地とバター、ショートニングをのばしていく。手についた生地はこまめにカードでかき集める。

10 均等の固さになったら、05と同様に、台にたたきつけるようにこねていく。生地がつるりとするまで約15分間こねる。

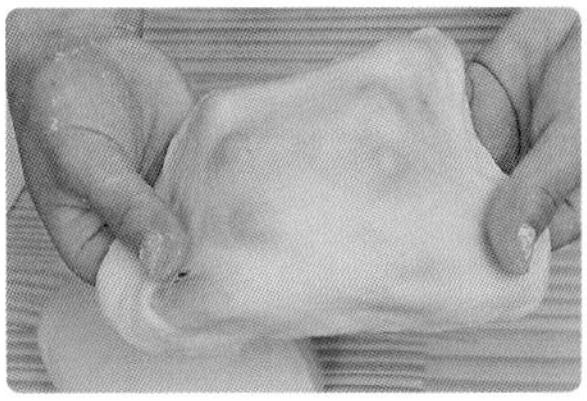

11 生地の一部を切り取り、グルテン膜のチェックをする。写真のような膜が張っていたら発酵に移る。膜が切れる場合は再度こねる。

12 油脂類を薄く塗ったボウルに生地を丸めて入れ、ラップをして発酵に移る。28～30℃で約90分間発酵をとる。

13 時間が経ったら、発酵状態の確認のため指に薄力粉をつけて生地に差し込んでみる。指の跡がしっかり残っていれば発酵は完了。

14 打ち粉をした台に生地を取り出し、手のひらで、生地のガスをやや強く押し出してパンチをする。

15 パンチをしたら生地を四方から折りたたむ。きれいな面を上にしてボウルに入れ、ラップをし、約40分間おいて再度発酵をとる。

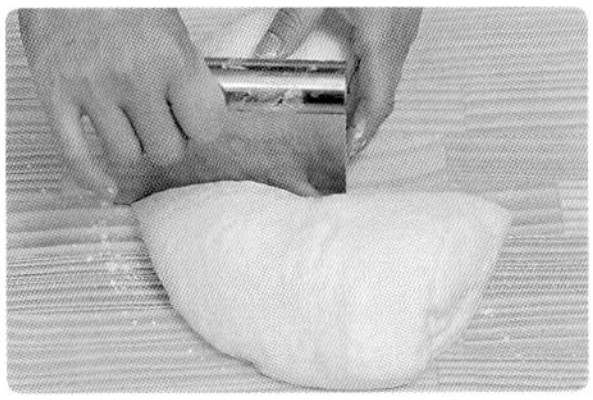

16 時間が経ったら、打ち粉をした台に生地を取り出し、スケッパーで2分割する。

17 両方の生地を丸めていく。生地の上下の端をくっつける感じで、引き寄せるように丸めていく。

18 生地を丸めたら、乾燥しないようにビニールなどをかけ、台の上で20分間ベンチタイムをとる。

19 時間が経ったら、とじ目を上にして生地を手のひらでつぶし、めん棒でガスを抜きながらだ円形にのばす。3回ほどのばすとよい。

20 生地を横にして、上3分の1を折り、下3分の1も同じように折る。

21 生地を縦にして、上端から丸めて軸を作りながらくるくる巻いていく。力を入れず、ゆっくりと巻いていくとうまくいく。

22 巻き終わったら、生地が開かないように生地の端をつまむようにして留めておく。

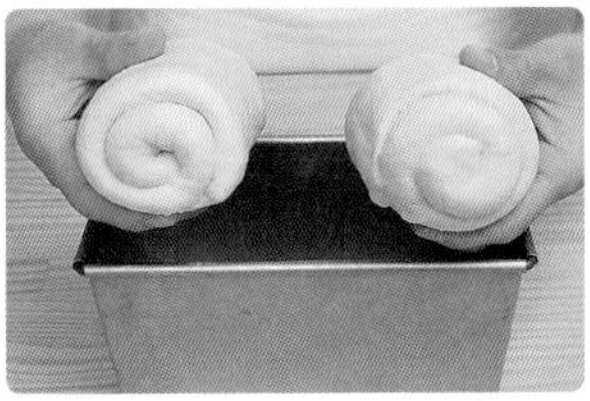

23 油脂類を塗った1斤用の食パン型の両端に生地を入れる。生地の巻き終わりがそれぞれ内側に向くようにする。

24 型の10分目まで生地がふくらんだらホイロは終了。つぎの工程へ移る。

25 卵液をハケで塗り、200℃のオーブンで30～35分間焼く。焼き上がったらすばやく型から出して冷ますこと。

パンブレイク

パン作りに適した小麦粉について

小麦粉といっても、パンの種類によって適したものは異なります

小麦粉

薄力粉	中力粉	準強力粉	強力粉
お菓子や天ぷら、打ち粉などに	うどんや中華麺など各種麺などに	フランスパンに最適	あらゆるパンに最適
タンパク質量目安●7.0～8.5%	タンパク質量目安●8.0～10.5%	タンパク質量目安●10.5～12.5%	タンパク質量目安●11.5～13.5%

粉のいろいろな特徴

粉の種類	タンパク質（%）	タンパク質のおもな成分	グルテンの量	グルテンの質	原料
強力粉	11.5～13.0	グルテニンとグリアジン	とても多い	とても強い	硬質小麦
準強力粉	10.5～12.5	グルテニンとグリアジン	多い	強い	硬質小麦
中力粉	7.5～10.5	グルテニンとグリアジン	中量	中くらい	中質または軟質小麦
薄力粉	6.5～9.0	グルテニンとグリアジン	少ない	弱い	軟質小麦

※本書で使用している強力粉のそれぞれのタンパク質量は、「スーパーキング」…13.8%、「カメリヤ」…11.8%、「フランス」…11.9%、「リスドオル」…10.7%です。使用している強力粉が見つからない場合は、これをもとにしてください。

強力粉といってもさまざまな種類があります

小麦粉は、タンパク質の含有量で分類されています。パンに使うのは、タンパク質含有量がもっとも多い強力粉ですが、その中でも含まれているタンパク質量で味わいや食感が変わります。

たとえば、強力粉のなかでもタンパク質含有量が少ない粉は、ハード系のパンに適し、逆に多いものは、ふっくらとした食感のソフト系のパンに適します。準強力粉は、フランスパンだけに使うものではなく、その他ハード系パンやブリオッシュなどのソフト系パンにも使えます。

Q&A

強力粉と薄力粉の区別がつかなくなってしまいました

A　そんなときは、以下の簡単に見分ける方法を試してみましょう。まず、粉をギュッと握ってみて、しっとりとして指の跡が残るようなら、薄力粉です。いっぽう、手を離したときに指の跡はつかずサラサラと元の状態に戻るなら、それは強力粉です。

Graham Bread

グラハム粉のパン

香ばしいグラハム粉の香りが生きています

グラハム粉のパン

材料（1斤型1本分）

発酵種の材料

強力粉（スーパーキング）…175g
生イースト…5g（インスタントドライイーストの場合は2g）
水…113g

本ごねの材料

全粒粉（グラハム）…75g
水（全粒粉を浸す）…63g
砂糖…15g
塩…5g
脱脂粉乳…5g
バター…8g
ショートニング…8g
卵液（仕上げ用）…適量（卵1：水1の割合で薄める）

パンDATA

製法	発酵種法
グルテン膜	薄くやや強め（発酵種は張らない）
こね時間	約2分（発酵種）、約35分(本ごね)
発酵	25~28℃で3~4時間（発酵種）、28~30℃で30~40分（本ごね）
ベンチタイム	20分
ホイロ	約35℃で約60分
焼成	約200℃で30～35分

所要時間
6時間30分

難易度
★★★

前もって作っておくもの

本ごねの前に発酵種を作っておく。強力粉と、水に溶いた生イーストをボウルの中で合わせる。

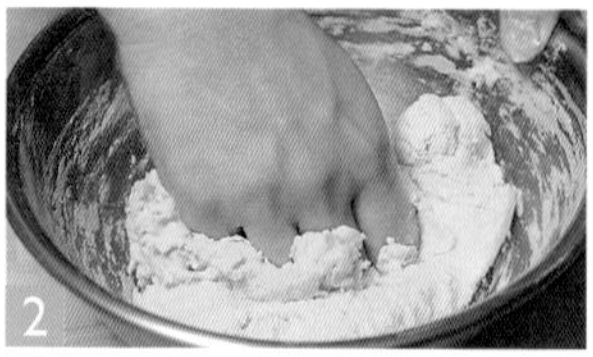

ボウルの中で指を立てながら、均等の固さになるまで混ぜる。台に取り出さずボウル内でこねる。

写真のようにひとかたまりになったらラップをして25～28℃で3～4時間発酵をとる。発酵種はこれで終了。

本ごねの際、粗い全粒粉を使うときは、水に浸しておく。カードでしっかり混ぜてから水を入れること。

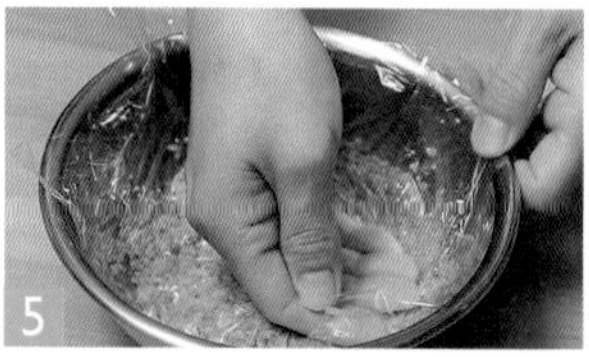

乾燥させないために、全粒粉に密着させるようにラップをかけ、3時間ほどおく。

01 発酵種が写真のような大きさになったら発酵は終了。

02 カードで発酵種にすきまを作り、そこへ5の全粒粉、砂糖、塩、脱脂粉乳を入れる。

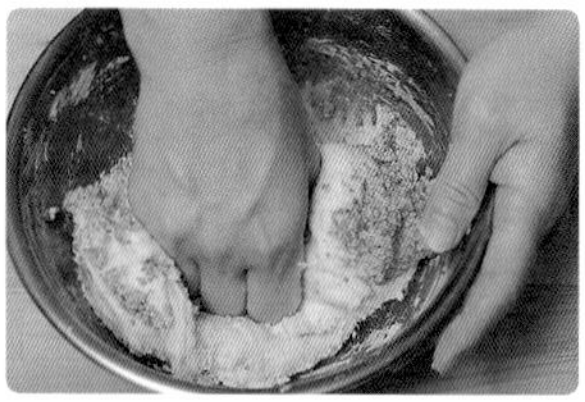

03 ボウル内でしばらく混ぜこねる。ひとかたまりになったら、台の上に出す。

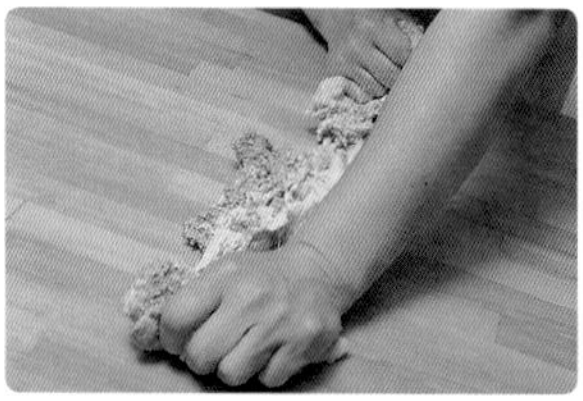

04 押しつぶすように上下交互に生地をのばしていく。均等の固さになり、まんべんなく混ざりきったらカードでひとまとめにする。

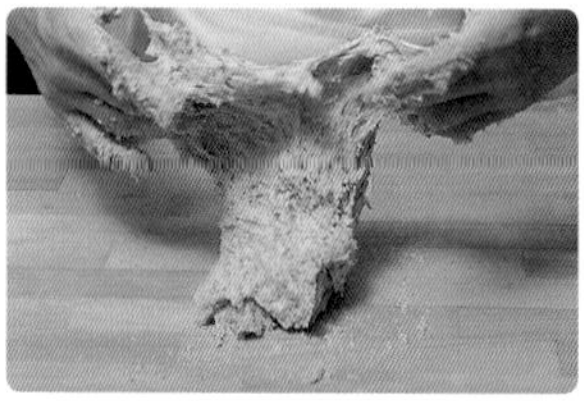

05 生地の上端を持ち、下端を台にたたきつけ、持ったほうの生地をたたいた部分にかぶせる。角度を右90度に変えて再度15分間こねる。

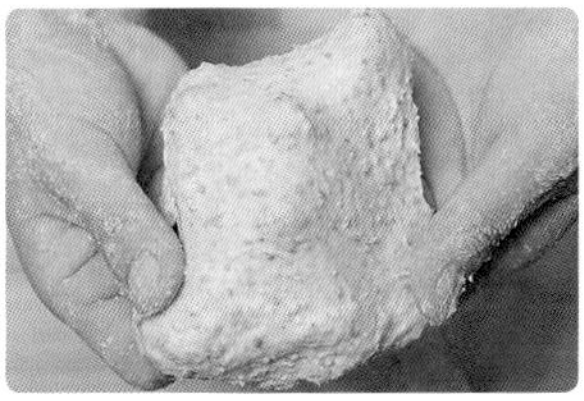

06 生地の一部を切り取り、写真のような膜が張っていたらつぎの工程へ移る。膜が切れる場合は再度こねる。

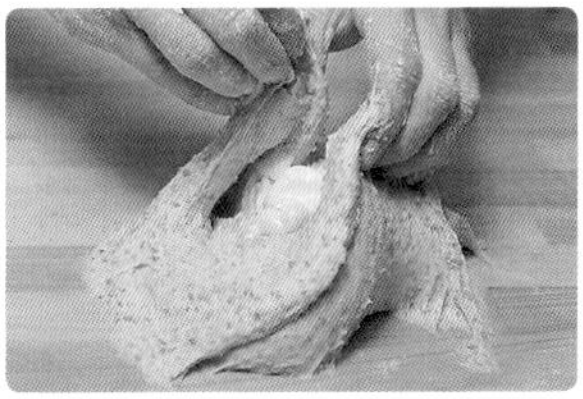

07 生地をいったん平らにして、上にバターとショートニングを置き、四方の生地で包み込む。

08 ひきちぎるように上下交互に生地をのばしていく。均等の固さになったら、手や台についた生地をカードでかき集める。

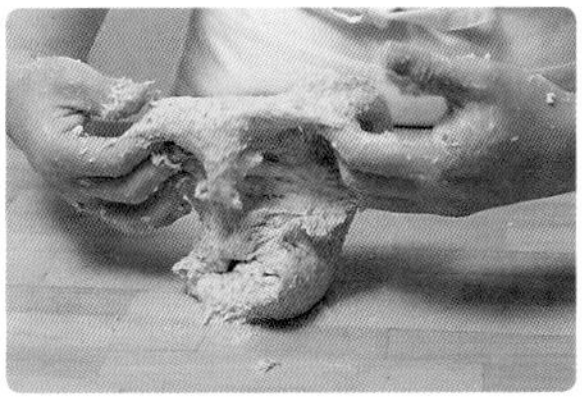

09 05と同様に、もう一度こねていく。生地がつるんとしてくるまで、約15分間こねる。

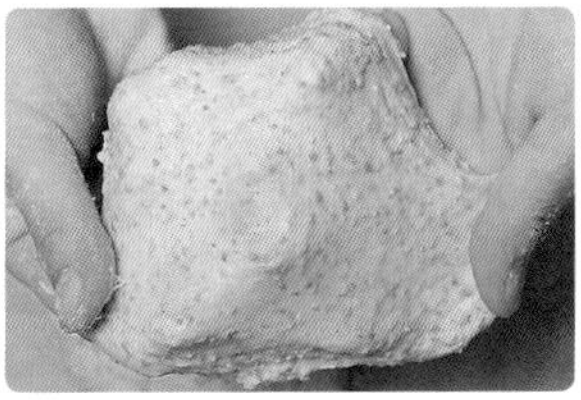

10 生地の一部を切り取り、グルテン膜のチェックをする。写真のような膜が張っていたら発酵へ移る。膜が切れる場合は再度こねる。

11 油脂類を塗ったボウルに丸めた生地を入れてラップをし、28～30℃で30～40分間発酵をとる。

12 打ち粉をした台に取り出し、生地の上下の端をくっつける感じで、引き寄せるように丸めていく。つぎに20分間ベンチタイムをとる。

13 時間が経ったら、生地を2つ折りにして、とじ目をつまむようにして、ギョウザ形にする。

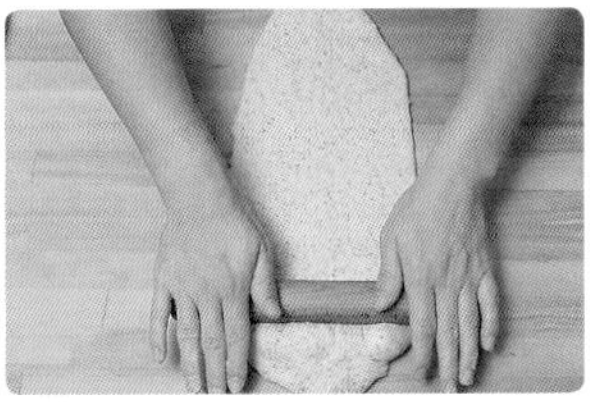

14 生地を縦にして、まんべんなくめん棒でのばす。生地の端にガスがたまりやすいので、めん棒でつぶしながらのばす。

15 生地の上1/3を折りたたんだあと、下1/3を折りたたんでおく。のちに型に入れるので、型の横の長さに合うように折る。

16 折った生地の真ん中を折り目として今度は2つ折りにする。

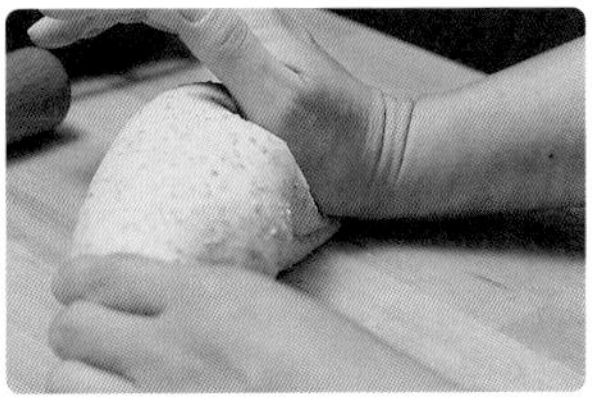

17 とじる部分を手首の付け根でしっかり押さえて、くっつける。

18 型と同じくらいの長さに生地を整える。大きすぎたら生地を内側に寄せるようにして形を整えること。

19 型に油脂類を塗り、生地を入れ、型の下端に寄せておく。こうすると、表面が張りやすくなる。約60分ホイロをとる。

20 焼き上げの前に卵液をハケで塗る。つぎに約200℃のオーブンで30～35分間焼く。

パンブレイク

全粒粉をパン作りで使うときは

穀物の味わい豊かな全粒粉の魅力

強力粉と全粒粉の栄養成分の違い

100g当たり	強力粉	全粒粉
カロリー（kcal）	365	328
タンパク質（g）	11.8	12.8
脂質（g）	1.5	2.9
炭水化物（g）	71.7	68.2
カルシウム（mg）	17	26
鉄（mg）	0.9	3.1
亜鉛（mg）	0.8	3.0
ビタミンE（mg）	0.5	1.5
ビタミンB_1（mg）	0.9	0.34
葉酸（μg）	16	48
多価不飽和脂肪酸（g）	0.77	1.44
水溶性食物繊維（g）	1.2	1.5
不溶性食物繊維（g）	1.5	9.7

※日本食品標準成分表第7訂より

全粒粉 細挽き

全粒粉を細かく削って、粉状にしたもの。水になじみやすく、粗挽きよりも扱いが簡単

全粒粉 粗挽き

全粒粉を粗く削った粉。使うときは水に浸して柔らかくしてからにする

全粒粉のパンを作るときのコツ

発酵種を使って骨格をしっかり
全粒粉はグルテン膜ができにくいので、あらかじめ発酵種を作り、生地をつなげることが大切

つながりにくいので型に入れて焼く
1個単位で成形するよりも、型に入れてしっかりと焼き上げた方がまとまりよく仕上がる

食パンほどはふくらまないが大丈夫
強力粉とブレンドしてもなかなか高さが出にくいのが特徴。あわてて発酵しすぎないようにすること

ビタミン、ミネラルが豊富な全粒粉は栄養満点食材

小麦粉は、表皮と胚乳、胚芽とに分けられ、胚乳の部分のみを粉にしています。しかし全粒粉は表皮、胚乳、胚芽のすべてを一緒に粉にした、小麦のすべてが含まれた粉です。全粒粉は食物繊維のほか、鉄分、ビタミンB_1、E、各種ミネラルなどの栄養素を豊富に含む栄養満点な粉なのです。

とはいえ、パン作りではすべての粉を全粒粉にはしません。グルテン組織ができにくく、パンにふくらみが出ないからです。使うときは6割以上の強力粉とブレンドしてから使うことが多いです。

Raisin Bread

レーズンブレッド

ぎっしり詰まったレーズンのおいしさを堪能

レーズンブレッド

材料（1斤型1本分）

発酵種の材料

生イースト…5g（インスタントドライイーストの場合は2g）
水…113g
強力粉（スーパーキング）…175g

本ごねの材料

Ⓐ
- 強力粉（スーパーキング）…75g
- 砂糖…20g
- 塩…5g
- 脱脂粉乳…5g

水…30g
卵…38g
バター…15g
ショートニング…10g
レーズン（カリフォルニア）…150g
卵液（仕上げ用）…適量（卵1：水1の割合で薄める）

パンDATA

製法	発酵種法
グルテン膜	薄く強め
こね時間	約2分（発酵種）、約35分（本ごね）
発酵	約28℃で3～4時間（発酵種）、28～30℃で30～40分（本ごね）
ベンチタイム	20分
ホイロ	約35℃で70～80分
焼成	約190℃で30～35分

所要時間
6時間30分

難易度
★★★

発酵種の作り方

1 水に生イーストを入れ、泡立て器でよく混ぜる。

2 強力粉を入れたボウルの中に1を入れる。

3 水気がなくなるまでボウル内で混ぜる。

4 水気がなくなったら、生地をひっくり返すようにして、こぶしでこねていく。

5 均等の固さになったら、そのままボウル内で約28℃の場所で3～4時間発酵をとる。

01 5の発酵種にⒶの材料を入れ、水と卵を合わせたものも加える。

02 ボウル内でしばらく混ぜこねる。ひとかたまりになったら、台の上に出す。

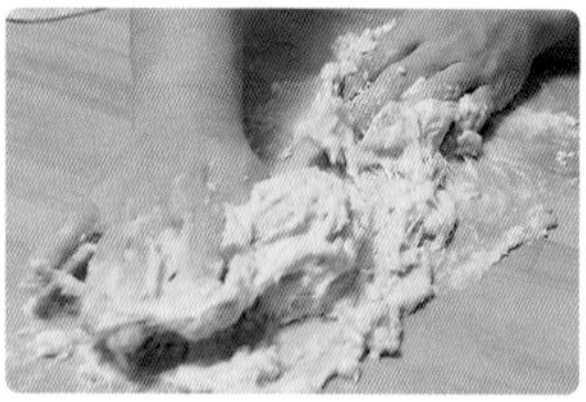

03 台の上で押しつぶすように上下交互に生地をのばしていく。均等の固さになったらカードでひとまとめにする。

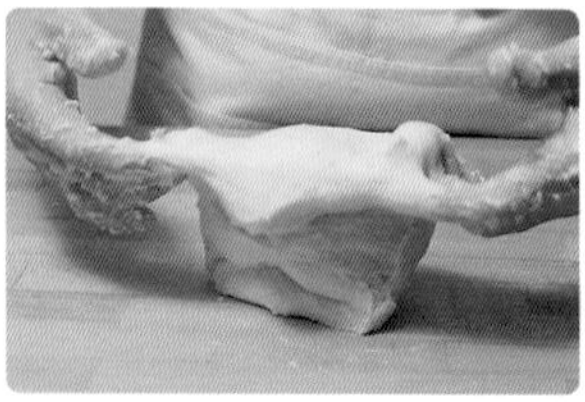

04 p36の要領で約15分以上こねる。

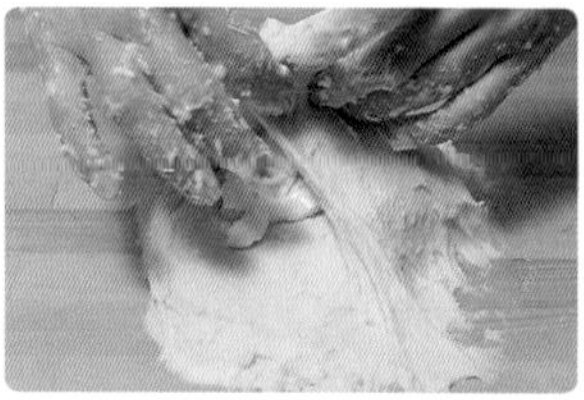

05 生地の一部を切り取り、グルテン膜のチェックをしてOKなら、バターとショートニングを生地の上に置き、四方から包む。

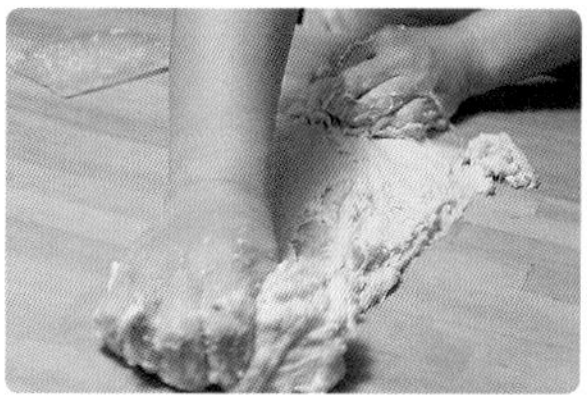

06 台の上でひきちぎるように上下交互に生地をのばしていく。油脂類が混ざりきったら、台や手についた生地をカードでかき集める。

07 04と同様、生地にツヤが出るまで、15分間たたくようにしてこねていく。

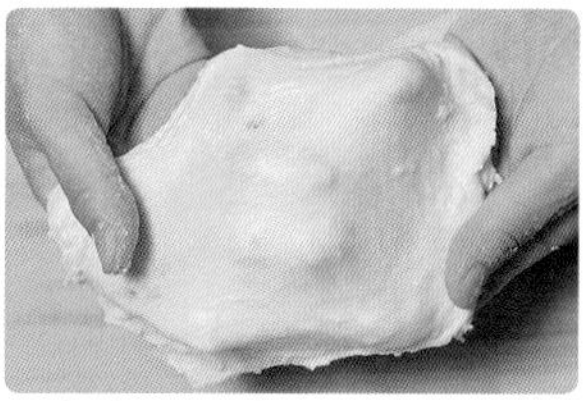

08 再度グルテン膜のチェックをして、写真のような膜ができていたらつぎの工程へ移る。膜の張りが不十分の場合は、再度こねる。

09 生地をいったん平らにして、レーズンを上にしきつめ、生地で包み込むように丸める。

10 04と同様にレーズンを生地に混ざるようにこねたら、油脂類を塗ったボウルの中で28～30℃で30～40分間発酵をとる。

11 発酵終了後、打ち粉をした台に取り出しスケッパーで240gに分割する。これで2個とれる。余った生地は捨てずに再利用する。

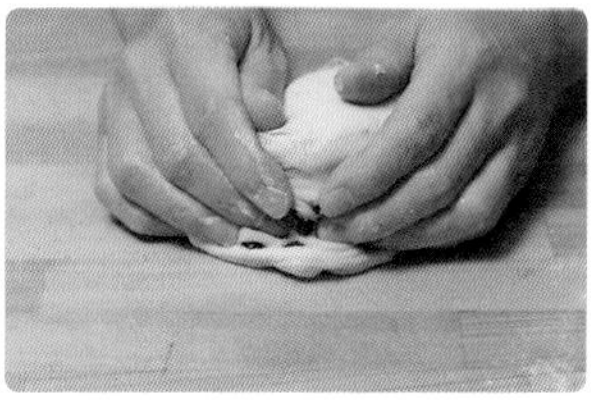

12 生地の上下の端をくっつけるような感じで、手前に引き寄せるようにして丸めていく。

13 余った生地も丸めたら、ビニールなどをかけて20分間ベンチタイムをとる。

14 時間が経ったら、打ち粉をした台に生地を取り出し、一度手でつぶしてガスを抜いてから、めん棒でだ円形にのばしていく。

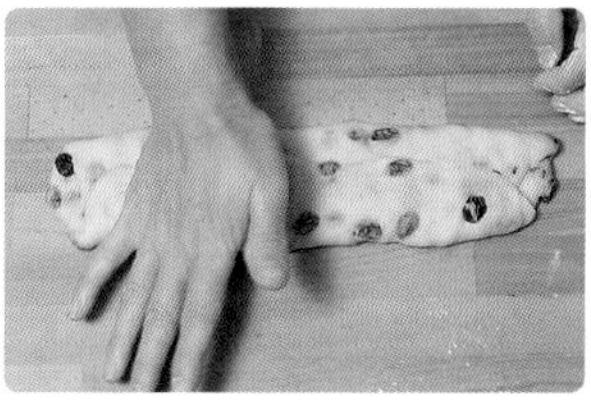

15 生地を横にして、上3分の1を折り、下3分の1も同じように折る。手のひらで少しつぶしておく。

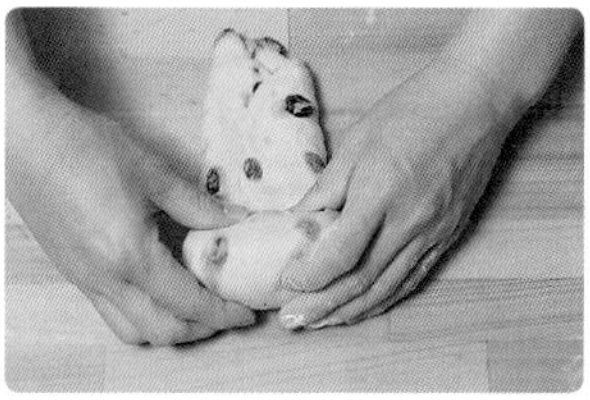

16 生地を縦にして、上端から丸めて軸を作りながらくるくる巻いていく。力を入れず、ゆっくりと巻いていくとうまくいく。

17 油脂類を塗った1斤用の食パン型の両端に、生地の巻き終わりが内側に向くように入れる。この状態でホイロに移る。

18 時間が経ったら卵液をハケで塗り、焼き上げる。余った生地は棒状にして真ん中にクープを入れ、同様に焼く。

Q&A

Q 余った生地はどうすればいいの？

A ベンチタイム後の生地をだ円形にのばし、上から巻いてとじ目をとじます。溶き卵を塗り、縦1本クープを入れ、バターと砂糖をのせて焼きます。

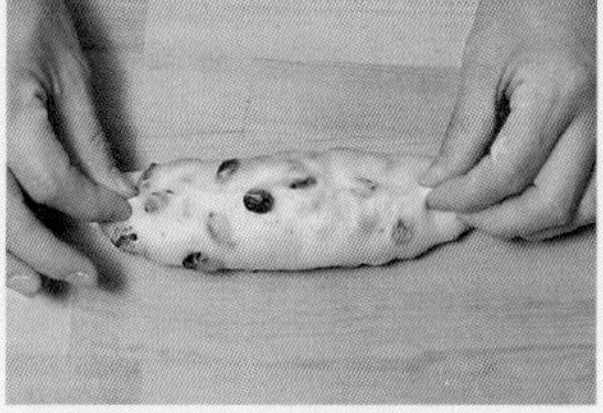

余り生地は捨てないで利用を

パンブレイク

甘酸っぱさがパンと好相性、レーズンについて

パン生地に混ぜ込むといちだんと風味が増します

カリフォルニアレーズン

レーズンの代表的な種類。甘みと酸味のバランスが整っている。添加物を使用していないものを

サルタナレーズン

サルタナ種のレーズン。短期間で天日干しをするため、色が白いのが特徴

カレンズ

山ブドウを天日干ししたもの。粒が小さいので、ベーグルやスコーンなどにぴったり

パン生地にナッツやレーズンを入れるときは

食パンはあくまでそれだけの味を楽しむもの。レーズンやナッツを混ぜる場合は、食パン生地ではなく、それに合わせてパン生地の配合を変えたレシピに加えるほうが整った味わいになる

ほかにこんなレーズンも…

ミックスレーズン

製菓材料店には、サルタナレーズンやグリーンレーズンなどがミックスされたものも販売している。用途にあわせて使い分けたい

ラム酒漬けレーズン

レーズンをラム酒に漬け込んだもの。ビンに入れて保存できるので日持ちもする。バニラアイスやケーキのトッピングにも

食パン生地に入れすぎないこと

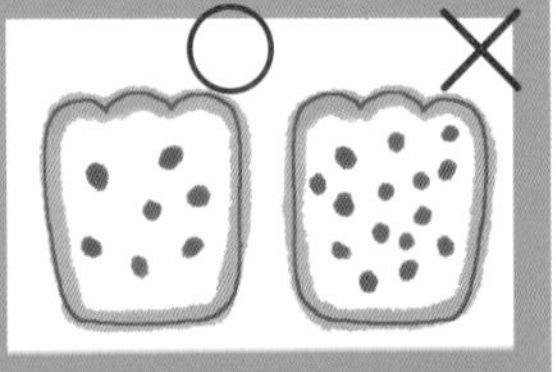

レーズンブレッドを作るとき、レーズンをたくさん入れると、よくふくらまず、ボリュームが小さいパンになります。小麦粉量に対して30～60%くらいを混ぜ込むのが目安

ドライフルーツの代表格、レーズンを知る

パン生地に混ぜ込むフルーツで代表的なものがレーズンです。レーズンといえばカリフォルニアレーズンが思い浮かびますが、それ以外にもさまざまな種類があります。

レーズンに限らず、パン生地にフルーツを混ぜ込むときは、ドライフルーツを使用します。生のフルーツでは香りが弱く、うまく風味が出ませんし、果肉に水分が含まれているので生地がベタついてしまいます。ラム酒漬けレーズンを使う場合も、ラム酒をしっかり切ってから使いましょう。

Tomato Bread

トマトブレッド

鮮やかなオレンジ色はトマトの色素から

トマトブレッド

材料（1斤型1本分）

卵…25g
トマト水煮缶…175g
強力粉（スーパーキング）…250g
砂糖…20g
塩…4g
乾燥バジル…適量
生イースト…8g（インスタントドライイーストの場合は4g）
バター…20g
卵液（仕上げ用）…適量（卵1：水1の割合で薄める）

パンDATA

製法	ストレート法
グルテン膜	薄くてやや強め
こね時間	約30分
発酵	28～30℃で60分、パンチ後30分
ベンチタイム	20分
ホイロ	約35℃で約50分
焼成	約200℃で30～35分

所要時間
4時間

難易度
★★★

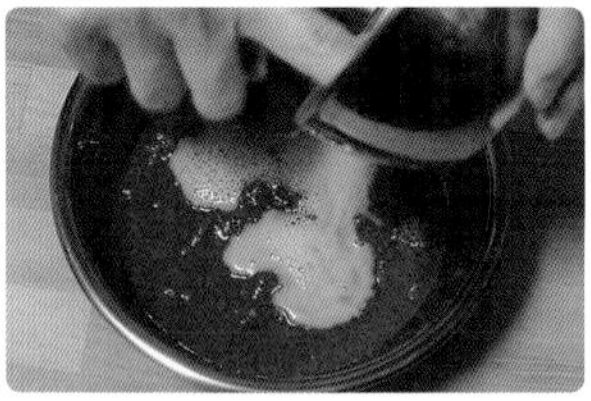

01 トマトの水煮缶を移したボウルに卵を入れる。

02 強力粉に砂糖、塩、乾燥バジル、手で砕いた生イーストを合わせたボウルの中に、01を入れて、水気がなくなるまで手で混ぜていく。

03 水気がなくなったら台に取り出し、押しつぶすように上下交互に生地をのばしていく。均等の固さになったらカードでひとまとめにする。

04 生地の上端を持ち、下方を台にたたきつけ、持ったほうの生地をたたいた部分にかぶせる。角度を右90度に変えて再度こねる。

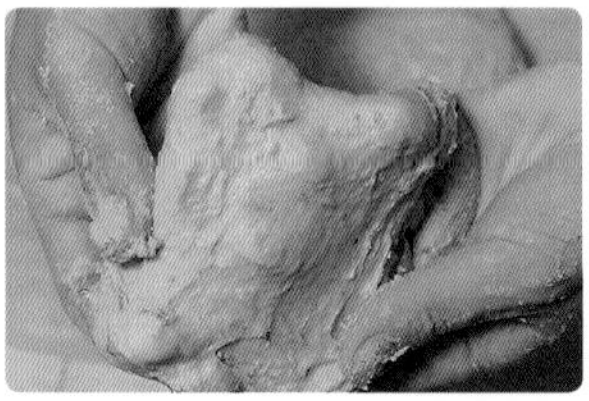

05 生地がつるんとしてきたら、生地の一部を切り取りグルテン膜のチェックをして、写真のような膜を張らせる。

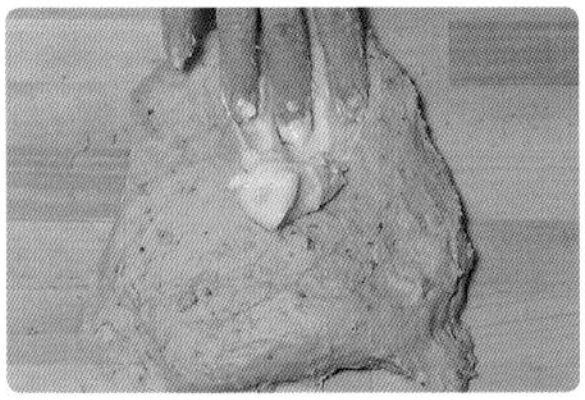

06 生地をいったん平たくして、その上にバターをのせて、四方の生地で包むようにする。

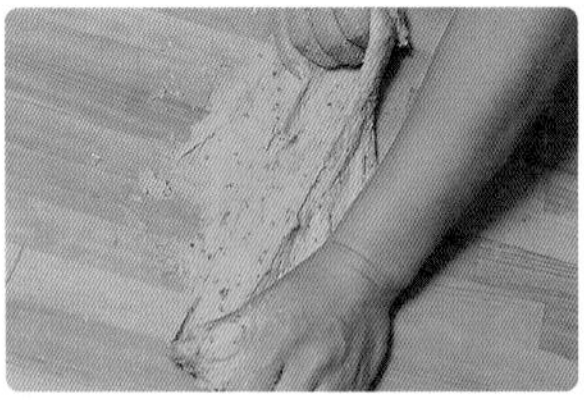

07 ひきちぎるように上下交互に生地をのばしていく。均等の固さになったら、手や台についた生地をカードでかき集める。

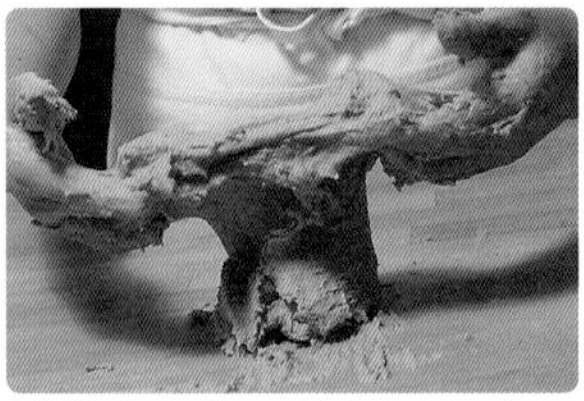

08 生地に張りが出てくるまで、04と同じ要領でこねていく。ベタついていても粉を足さずにこね続けること。

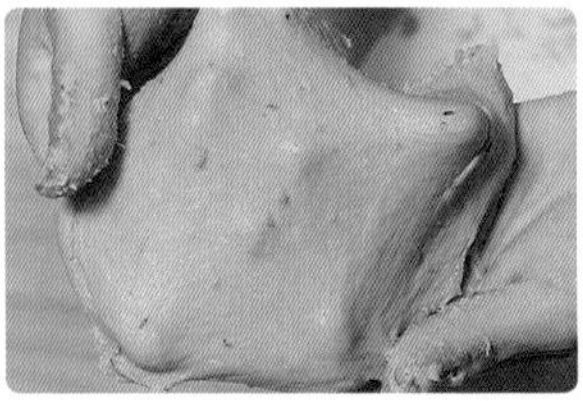

09 05と同様に再度グルテン膜のチェックをして、写真のような膜ができていたらつぎの工程へ移る。膜の張りが不十分なら再度こねる。

10 油脂類を薄く塗ったボウルの中に丸めた生地を入れ、ラップをして約60分、28～30℃の場所で発酵をとる。

11 60分経ったら、打ち粉をした台の上に生地を取り出し、手でガスを押し出しパンチをする。パンチ後は生地の四方から折りたたむ。

12 折り目を下にして軽く丸め、そのまま油脂類を塗った元のボウルに戻し、再度約30分発酵をとる。

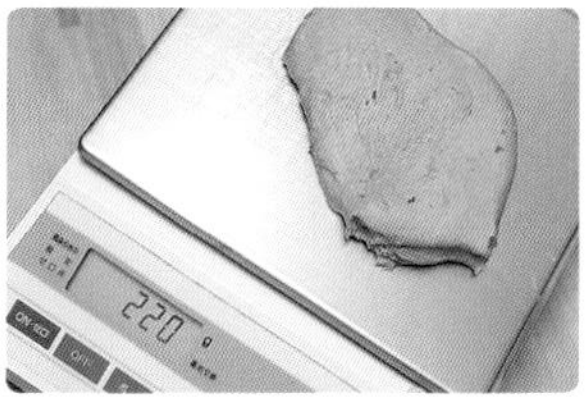

13 発酵が終わったら、打ち粉をした台の上に取り出し、スケッパーで220gに分割する。余った生地は左記を参考に再利用する。

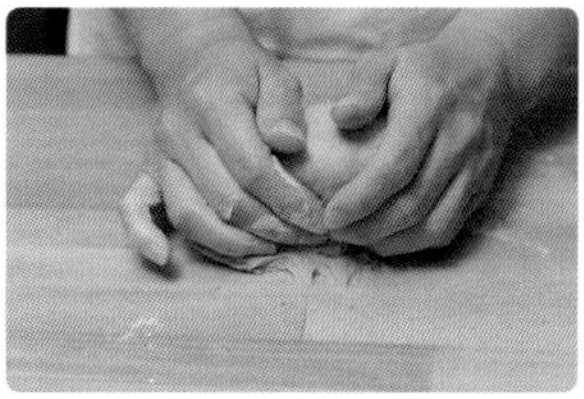

14 生地の上下の端をくっつき合わせる感じで、手前に引き寄せるようにして丸める。ビニールなどをかけてベンチタイムをとる。

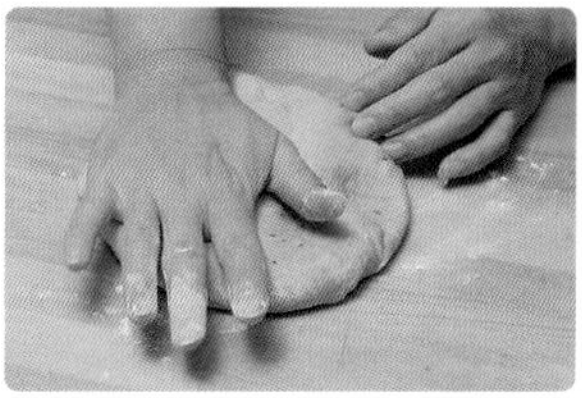

15 時間が経ったら、一度手のひらでガスを抜き、めん棒でだ円形になるように形を整える。

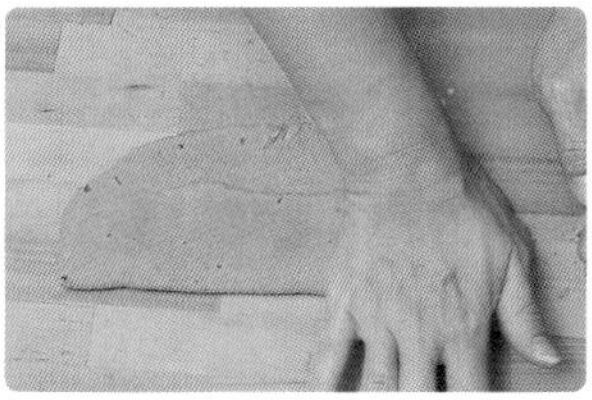

16 生地を横にして、上3分の1、下3分の1を折る。のちに型に入れるので、型の大きさに合うように折ること。

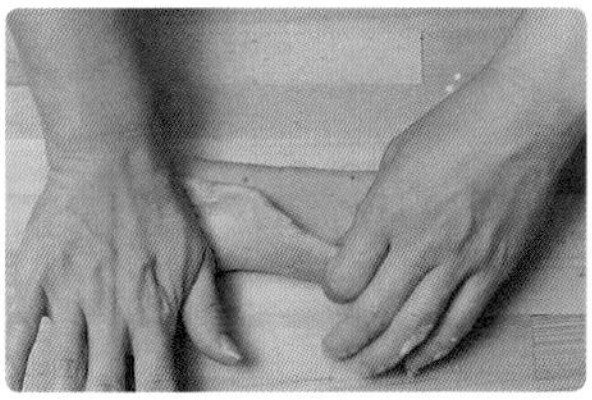

17 2つ折りにした生地の端は、手のひらでつぶすようにしてしっかりガスを抜いておく。

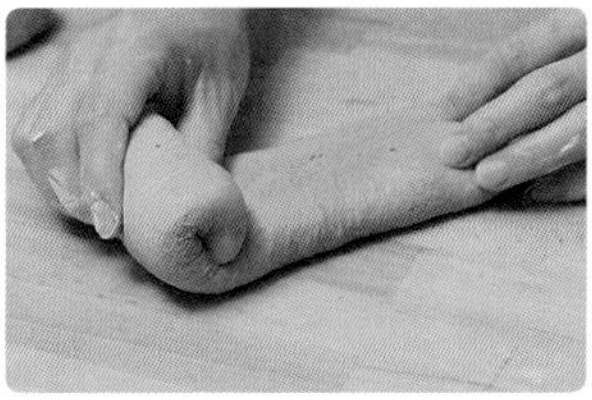

18 生地を縦にして、上端から少しずつ巻くように生地をまとめていく。最後に巻き終わったら生地の端を指でつまんでおく。

19 油脂類を塗った食パン型に、生地の巻き終わりを内側へ向けて入れる。また、型の両端に生地を寄せておく。そしてホイロへ移る。

20 ホイロ終了後、卵液をハケで塗り、約200℃のオーブンで30～35分焼く。焼けたらすばやく型から出す。

Point Arrange

トマト&ソーセージパン

材料（1個分）

13で余った生地…60g
トマトソース…適量
ソーセージ…1本
ピザ用チーズ…適量
卵（仕上げ用）…適量

作り方

1 14のベンチタイムまでは右を参照する。めん棒でだ円形にのばし、3つ折りにして棒状に整え、クッキングシートをしいたオーブン板にのせ、ホイロをとる
2 焼く前に卵を塗りハサミで切り込みを入れ、トマトソースを塗る
3 ソーセージ、ピザ用チーズをのせ、焼き上げる

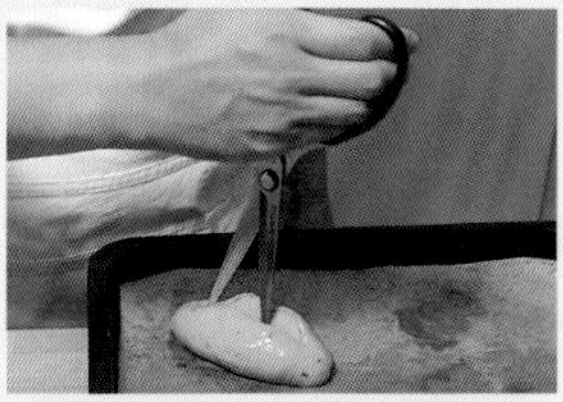

ハサミを立てて持ち、縦に切り込みを入れる。

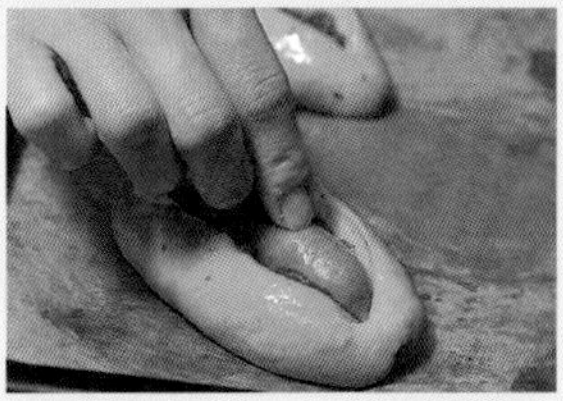

切り込みの間にトマトソースを塗り、その上にソーセージをのせる。

最後にピザ用チーズをのせ、210℃のオーブンで10分間焼く。

パンブレイク

パン生地を楽しくする素材たち

色や形を変えてマンネリを打破！

オレンジブレッド

材料（1斤型1本分）

強力粉…250g、砂糖…20g、塩…5g、脱脂粉乳…5g、卵…25g、生イースト…8g、オレンジジュース…160g、バター…20g、オレンジピール…15g、卵液（仕上げ用）…適量

作り方

❶強力粉、砂糖、塩、脱脂粉乳をボウルの中で合わせる。❷オレンジジュースに生イーストを溶かし、卵を入れ、①に混ぜる。❸水気がなくなったら台に出して全体を混ぜて、のちにこねていく。❹しばらくこねてグルテン膜が張ったらバターを混ぜて引き続きこねる。❺再びグルテン膜チェックをしてOKならオレンジピールを混ぜ28～30℃で60分発酵をとる。❻60分経ったらパンチをして再度30分発酵をとる。❼215gに分割して丸めたら20分間ベンチタイムをとる。❽生地の成形はp71の15～18を参考にする。食パン型に入れ、約35℃で約50分ホイロをとる。❾水と卵が1:1の割合の卵液を塗り、約200℃のオーブンで30～35分間焼き上げる。

ブラウンシュガーブレッド

材料（1斤型1本分）

＜発酵種の材料＞強力粉…125g、インスタントドライイースト…1g、水…75g
＜本ごねの材料＞強力粉…125g、ブラウンシュガー…50g、塩…3g、脱脂粉乳…8g、バター…13g、生イースト…6g、卵…50g、水…50g、卵液（仕上げ用）…適量

作り方

発酵種はp180のカイザーゼンメルを参考にして作る。
❶強力粉、ブラウンシュガー、塩、脱脂粉乳をボウルの中で合わせ、水に生イーストと卵を溶いたものと一緒にして混ぜる。❷水気がなくなったら台に出して全体を混ぜて、のちにこねていく。❸しばらくこねてグルテン膜が張っていたらバターを混ぜて引き続きこねる。❹再びグルテン膜チェックをしてOKなら28～30℃で60分発酵をとる。❺215gに分割し、丸めたあと、約20分間ベンチタイムをとる。❻生地の成形はp71の15～18を参考にする。つぎに約35℃で約50分間ホイロをとる❼水と卵が1:1の割合の卵液を塗り、約200℃のオーブンで約30分間焼き上げる。

ココアブレッド

材料（1斤型1本分）

強力粉…250g、砂糖…25g、塩…5g、脱脂粉乳…8g、バター…8g、ショートニング…13g、卵…15g、生イースト…8g、水…150g、ココアパウダー…10g、水（ココアパウダー用）…25g

作り方

❶強力粉、砂糖、塩、脱脂粉乳をボウルの中で合わせ、水に生イーストと卵を溶いたものと一緒にして混ぜる。❷台に出して全体を混ぜてからこねていく。❸こね続け、グルテン膜が張っていたらバターとショートニングを混ぜ、つぎに生地を2:1に分ける。❹1の方の生地にココアパウダーと水を加え、両生地をさらにこねる。❺再びグルテン膜が張っていたら28～30℃で約60分発酵をとる。❻約60分経ったらパンチをして再度30分発酵をとる。❼白い生地を280g、ココア生地を140gに分割して丸め、約20分間ベンチタイムをとる。❽棒状に成形したらめん棒でそれぞれのばし、白い生地の上にココア生地をのせて巻く。❾食パン型に入れて約35℃で約40分間ホイロをとる❿フタをして約200℃のオーブンで30～35分間焼き上げる。

さまざまな顔をもつパン生地のバリエーション

シンプルな食パン作りに慣れてきたら、生地に何かを混ぜ込んだり、成形時の形を変えたりして、バリエーションを出しましょう。基本的な作り方は、57ページの山形食パンの作り方を参考にしてください。

オレンジブレッドは、オレンジピールの甘酸っぱい香りが効いたパンです。そのまま食べてもいいですし、サワークリームなどを付けてもおいしく楽しめます。ブラウンシュガーブレッドは香ばしさが活きたパン。フレンチトーストにするとぴったりで、ちょっぴりビターな風味が口の中に広がります。バターのみでシンプルに味わってもいいでしょう。

うずまき状のクラムがキュートなココアブレッドは、ビターな角型パン。きれいなうずまきを作るために、成形のときにはしっかりと巻き付けましょう。

Maple Stick

メイプルスティック

お菓子感覚で楽しめるメイプル味のセミハードパン

メイプルスティック

材料（約16本分）

強力粉（カメリヤ）…250g
砂糖…15g
塩…4g
脱脂粉乳…5g
卵…25g
生イースト…8g（インスタントドライイーストの場合4g）
水…125g
メイプルシロップ…25g
バター…15g
クルミ…50g
グラニュー糖（仕上げ用）…適量
溶き卵（仕上げ用）…適量
メイプルシロップ（仕上げ用）…適量

パンDATA

製法	ストレート法
グルテン膜	薄くて弱め
こね時間	約20分
発酵	28～30℃で50分
ベンチタイム	なし
ホイロ	約35℃で約20分
焼成	約190℃で15～20分

所要時間
2時間30分

難易度
★★★

01 クルミはあらかじめ手で砕いて細かくしておく。だいたい4分の1以下の大きさになっていればよい。

02 強力粉、砂糖、塩、脱脂粉乳をボウルで合わせる。別のボウルに、水で生イーストを溶き、卵を入れる。2つのボウルを合わせる。

03 02のボウルの中に、メイプルシロップを入れる。容器の底に残ったシロップはカードやヘラなどで残さず入れること。

04 ボウル内の材料を水気がなくなるまで手で混ぜる。粉気がなくなってひとまとまりになったら、台に移す。

05 台の上で押しつぶすように上下交互に生地をのばしていく。均等の固さになったら、手や台についた生地をカードでかき集める。

06 生地の上端を持ち、下方を台にたたきつけ、持ったほうの生地をたたいた部分にかぶせる。角度を右90度に変えて再度こねる。

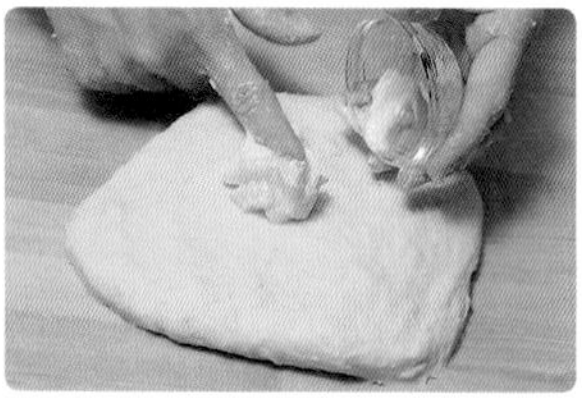

07 生地がつるりとしてきたら、生地をまとめる。手のひらで平たくしてバターを上にのせ、四方の生地で包む。

08 ひきちぎるように上下交互に生地をのばしていく。バターが生地に混ざりきったらカードでかき集める。

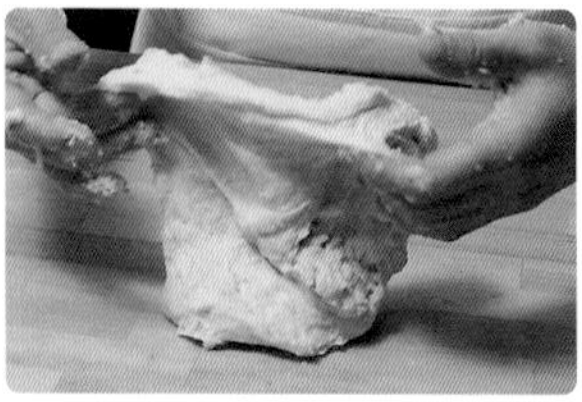

09 生地にツヤが出るまで、06の要領でたたくようにしてこねる。

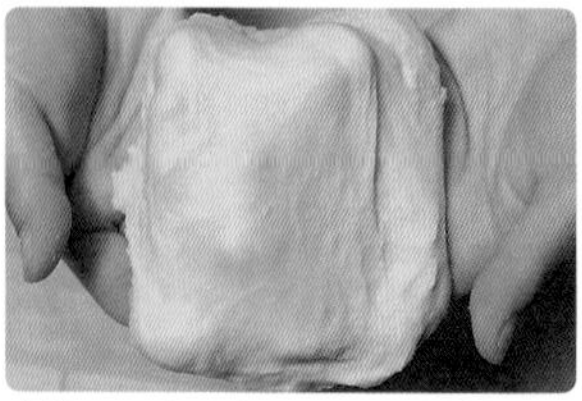

10 生地の一部を切り取り、均等に薄くのばしてグルテン膜のチェックをする。写真のような膜が張っていたらつぎの工程に移る。

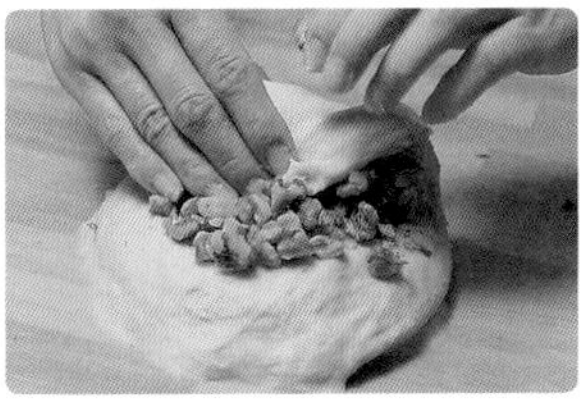

11 生地を平たくして、砕いたクルミを埋め込むようにしてのせる。クルミを包み込むように、生地の先端から巻いていく。

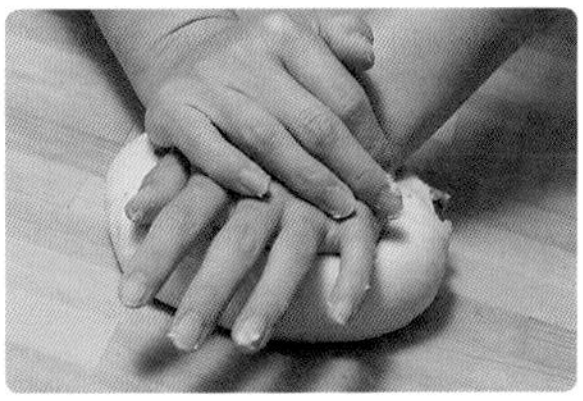

12 手のひらで生地を押し出すようにしてこねていき、生地に均等にクルミが混ざるようにする。

13 油脂類を塗ったボウルに、丸くまとめた生地を入れ、ラップをして50分、28～30℃の場所で発酵をとる。

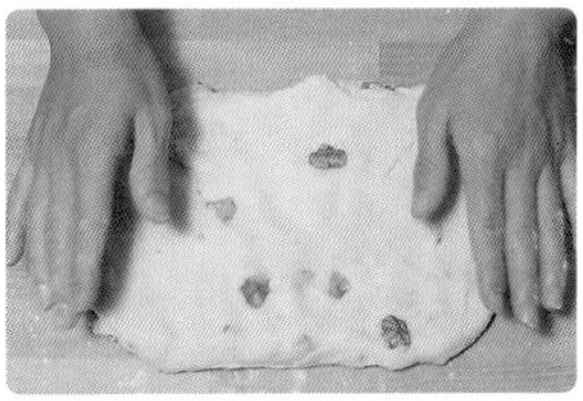

14 時間が経ったら、打ち粉をした台に取り出し、手のひらで長方形になるように平たく整える。

15 まずは厚さが均等になるようめん棒で軽くのばす。クルミがめん棒に引っかかるが、気にせずつぶしながらのばす。

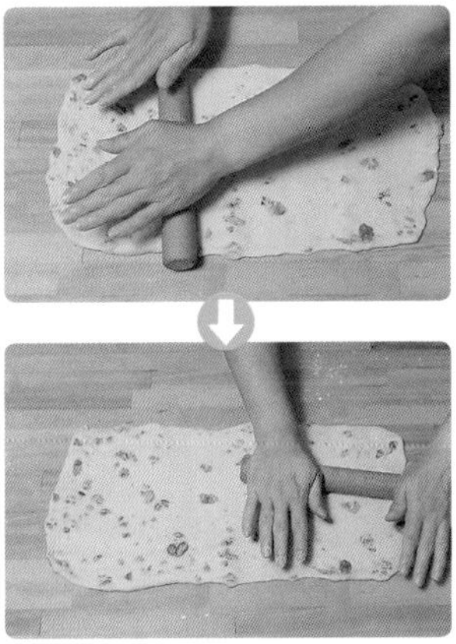

16 のばす幅は自宅のプレートの幅に合わせて長さを決める。ここでは、プレートの幅が35㎝なので、縦35×横60㎝くらいにのばしている。のばしても縮んでくるが、繰り返し何度もめん棒をかける。

17 のばした生地を、包丁で押すようにカットする。

18 2等分した生地をさらに2等分して、それを4等分して棒状の生地にする。最終的に16等分に切り分ける。

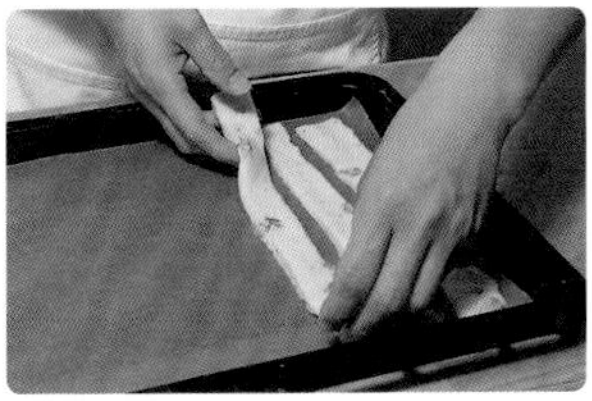

19 クッキングシートをしいたオーブン板に8本のせ、ホイロをとる。オーブン板に16本は並べられないので2回に分ける。

20 ホイロ後は生地に卵をハケでまんべんなくぬったら、約190℃のオーブンで15～20分間カリッと焼き上げる。

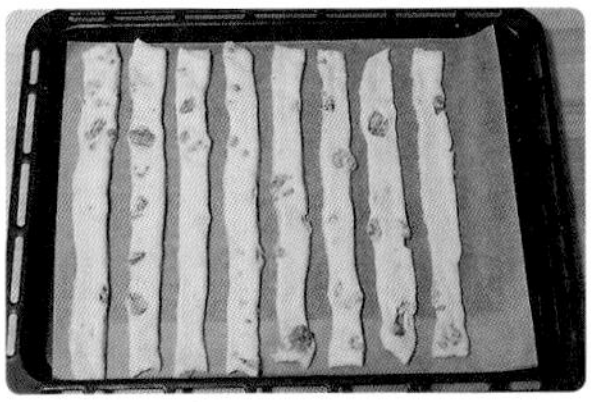

21 電気オーブンでなかなかカリッと焼き上がらない場合は、規定の焼き時間に加えて160℃で約10分間乾燥焼きをするとよい。

22 焼き上がってすぐに表面にハケでメイプルシロップを塗る。

23 このままでもおいしいが、メイプルシロップのベタつきが気になるなら、茶こしでグラニュー糖をかけると食べやすくなる。

24 余分なグラニュー糖を落としておく。

パンブレイク

ナッツとシードについて

食欲をそそるナッツの香りをパンに生かすために

ヘーゼルナッツ

南西ヨーロッパ原産。皮付きのホールやスライスの状で販売される。ローストして塩味をきかせたものが多い

アーモンド

皮付きのホールタイプ。ほかスライスしたものやパウダー状のものなど形状はさまざま

カシューナッツ

中南米原産。ウルシ科の常緑高木、カシューの種子。パン作りでは、ローストしてから使うと香りよく仕上がる

ピスタチオ

西アジア原産。熟すと殻に割れ目ができる。薄皮は湯むきして使うが、下処理をしたものが多く販売されている

ココナッツ

熱帯アジア原産。パンには、この果肉を削ったものを乾燥させ、紐状や粉末状にしたものを使う

パンに香ばしい香りと食感を与える食材

ナッツやシード類は、正確にいうと果物のひとつです。果物のなかでも、殻果という種子を食用にするグループに属します。ナッツやシードには、ビタミンB群やE、ミネラルが豊富に含まれていて、栄養満点。パンに入れると、香ばしい香りと食感が生きた仕上がりになるので、パンやお菓子作りなどでよく使われます。

ナッツやシード類を生地に入れ込むなら、粉の量に対して30％くらいまでの分量にしましょう。あまり多すぎると、発酵しにくくなったり、生地のつながりが悪く、よくふくらまなくなったりします。

また、ナッツやシード類は使うぶんだけ買うことにします。これらは酸化が早く、劣化するのも早いからです。余ってしまったら、ビンや缶の密閉容器に入れて、直射日光を避けた冷暗所で保存しておきましょう。

Bagel

ベーグル３種

イスラエル発祥、ユダヤ系民族伝承のもっちりパン

ベーグル

材料（約5個分）

Ⓐ
- フランスパン専用粉（フランス）…225g
- ライ麦粉…25g
- 砂糖…13g
- 塩…5g
- ショートニング…5g

生イースト…5g（インスタントドライイーストの場合は2g）
水…140g

パンDATA

製法	ストレート法
グルテン膜	厚くて弱め
こね時間	約15分
発酵	28～30℃で約30分
ベンチタイム	なし
ホイロ	約35℃で30～40分
焼成	約220℃で約15分

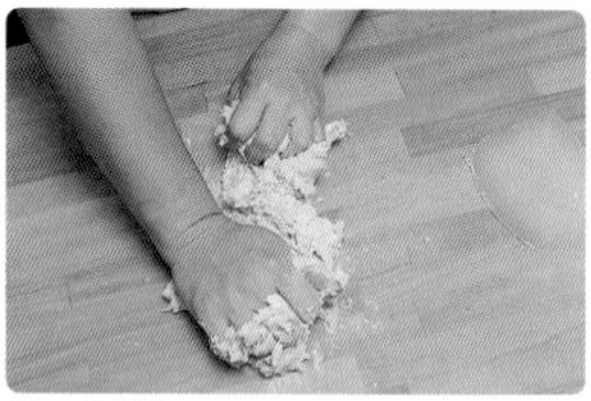

01 Ⓐの材料を入れたボウルに水で溶いた生イーストを入れ、水気がなくなるまで混ぜる。つぎに台に移してひきちぎるように混ぜる。

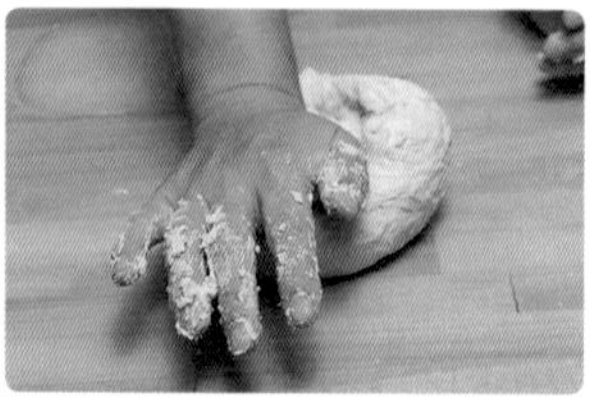

02 均等の固さになったら、カードでまとめて手のひらで押し出すようにしてこねる。生地がつるりとしてくるまでこね続ける。

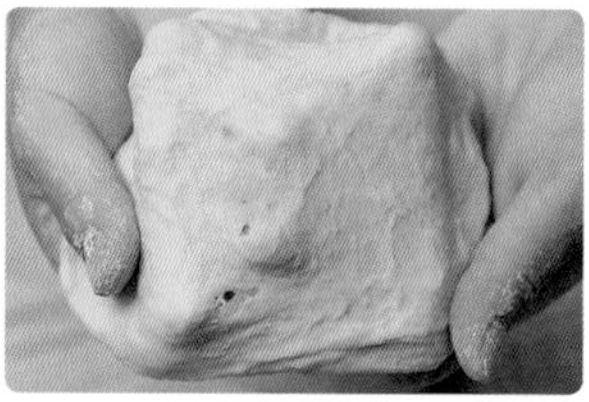

03 生地の一部を切り取り、グルテン膜が写真のように張っていたら、ボウルに移し、ラップをして28～30℃で約30分間発酵をとる。

04 時間が経ったら、スケッパーで80gに分割する。

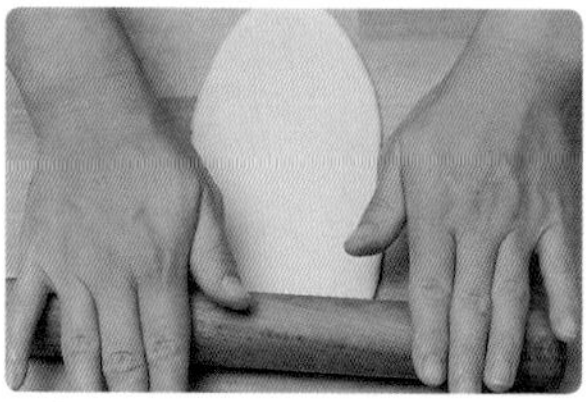

05 分割した生地をいったん手のひらでつぶして、めん棒を上下に均等にかけながら、だ円形に整える。

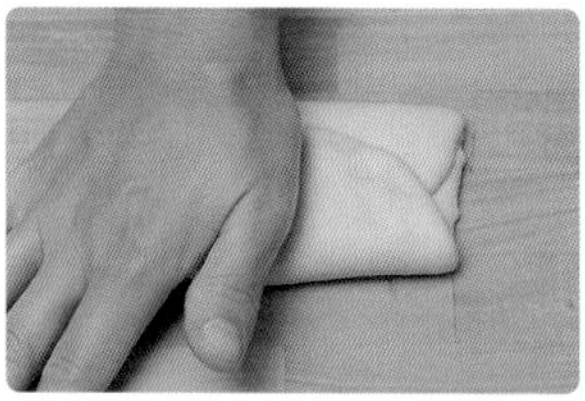

06 だ円形に整えた生地を上下1/3ずつ折って、さらに2つ折りにしてからとじ目をしっかりくっつき合わせる。

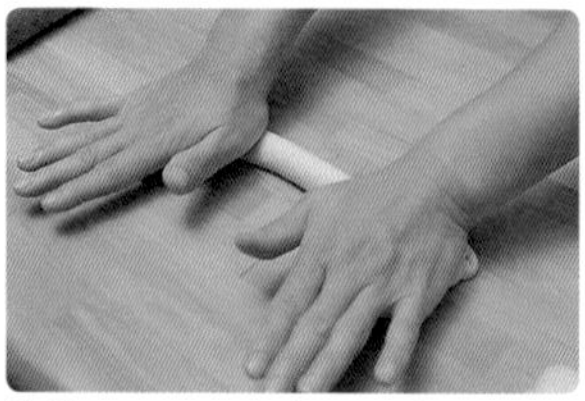

07 棒状になった生地を両手でさらに約25㎝にのばしていく。台が乾燥してすべるときはぬれぶきんで湿らせながら、均等に長くのばす。

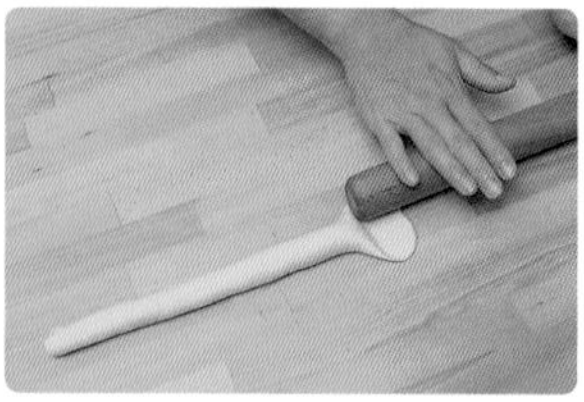

08 左端をめん棒でスプーンのように広げる。逆端はやや細めにのばす。このときにオーブンの予熱をしておく。

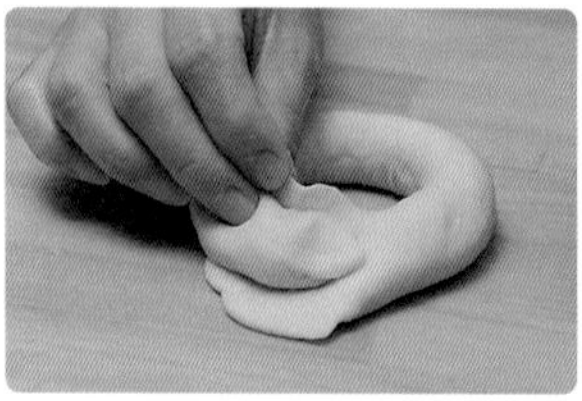

09 左端の広がった部分で右端を包むようにしてリング状にして、とじ目をつまむ。つぎに布をしいたプレートの上でホイロをとる。

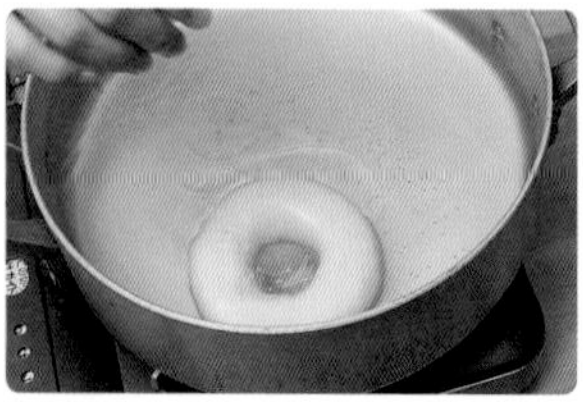

10 沸騰がやや収まったお湯で約1分両面をゆで、水気を切ったらすぐにクッキングシートをしいたプレートに並べ、オーブンで焼く。

所要時間
2時間

難易度
★★★

レーズンベーグル

材料（約6個分）

Ⓐ
- フランスパン専用粉（フランス）…225g
- ライ麦粉…25g
- 砂糖…13g
- 塩…5g
- ショートニング…5g

生イースト…5g（インスタントドライイーストの場合は2g）
水…140g
レーズン…70g

パンDATA

製法・ストレート法／グルテン膜・厚くて弱め／こね時間・約15分／発酵・28～30℃で約30分／ベンチタイム・なし／ホイロ・約35℃で30～40分／焼成・約220℃で約15分

所要時間	難易度
2時間	★★★

01 p78の01～03までを参考にして生地をこねる。写真はこね上がった生地の状態。

02 つぎに生地をいったん平たくして、その上にレーズンを置く。バラバラにならないように、レーズンを少し埋め込むようにしておく。

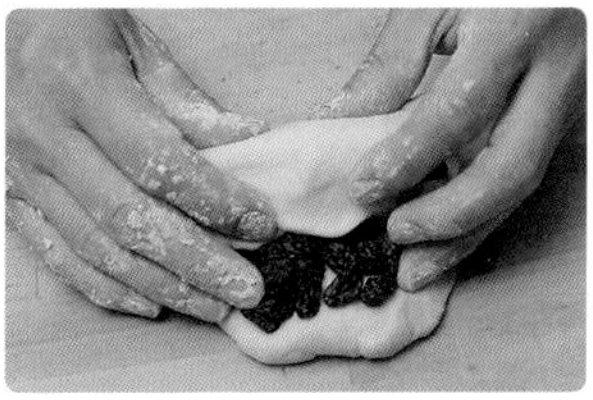

03 レーズン入りの生地をたたむようにして丸め、手のひらで押し出すようにしてしばらくこねる。

04 レーズンと生地が均一に混ざったら、ボウルに移してラップをかけて28～30℃で約30分間発酵をとる。

05 時間が経ったら、スケッパーで生地を80gに分割してだ円形にめん棒をかける。P78の09のように成形したあとホイロをとる。

06 沸騰がやや収まったお湯で約1分間両面をゆでる。表面にシワが入ったらお湯からあげるサイン。

07 お湯からあげたらよく水気を切り、クッキングシートをしいたオーブン板にのせて、約220℃で約15分間焼き上げる。

Point Arrange

クルミベーグル

材料（約6個分）

生地の材料はp78と同様
クルミ…70g

作り方

❶こね上げまでは右を参照。
❷クルミと生地を均一に混ざるようにこねていく。
❸ボウルにラップをして発酵をとり、80gに分割したあと、リング状に成形をする（すべて右参照）。
❹ホイロをとったあと、ゆでて焼き上げる。

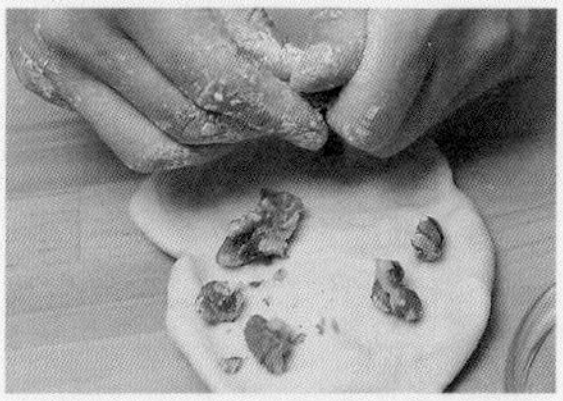

生地にクルミをのせ生地を折りたたんでいく。こうするとこねやすくなる。クルミは手で細かくくだいておく。

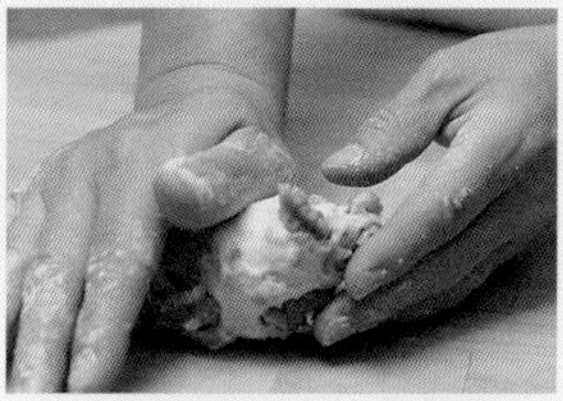

こねるときは、手のひらで押し出すようにしてこねる。クルミの先端が手のひらに当たって痛いが少々我慢を。

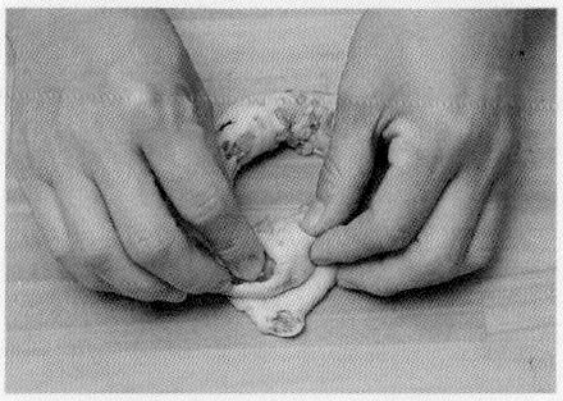

クルミが入ることで、リング状にするときに切れてしまうこともある。途中で補強をしながら形を整えること。

デンプンの糊化&固化で生まれる、ベーグルの食感

もっちりしたベーグルの食感の秘密とは？

ベーグルにおけるデンプンの糊化&固化とは？

ゆでる

生地が水分を吸って、生地内のデンプンがどろどろとしてくる

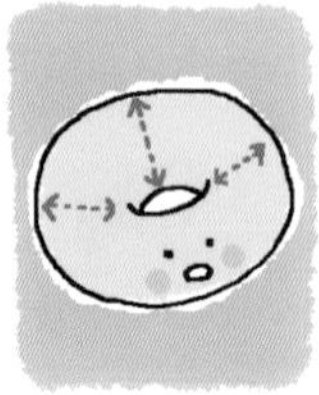

でんぷんが糊化する

デンプンの糊化は55℃くらいから始まり、85℃で完了する。沸騰したお湯は100℃前後なので、ゆであがった生地は糊化し終えている

オーブンで焼いても
これ以上ふくらまない

さらにオーブンで熱すると固化するので、これ以上ふくらみはなくなる

糊化したデンプンが
固化してもっちりとした
食感になる

ベーグル特有のもっちり感が生まれる。冷めたらオーブンで温めると、もっちり感がよみがえる

身近なデンプンの糊化現象

インスタントラーメン

一度糊化したデンプンを急速に乾燥させてパック。お湯を注ぐと糊化したデンプン質が水分を吸い、おいしく食べられるようになる

炊飯

水とともに炊きあげて加熱するとふっくらとしたご飯ができるのも、ごくシンプルな糊化現象のひとつ

片栗粉

水で溶いたものを火にかけるととろみが出る。火を止めてから入れるのは、デンプンの糊化が完了する85℃以上にならないため

ホワイトソース

小麦粉を先にバターで炒めることで、油でまわりを覆われるので、粘りが出ない。しっかり炒めるとダマ防止にもなる

ベーグルのモチモチ食感は デンプンがポイントだった

ご飯や小麦粉の主成分はデンプンです。デンプンと水を一緒に加熱すると、デンプンが膨張して糊のような粘着性のある物質に変わります。これを糊化といいます。さらに加熱すると水分が蒸発して、固まってきます。これが固化です。

このような状態は、さまざまな料理の場面でも見ることができます。たとえば、片栗粉のとろみづけも一種のデンプンの糊化現象です。ホワイトソースを作るとき、小麦粉をバターで炒めますが、これはのちに牛乳と合わせるときに粘りすぎないよう、油脂でカバーしているのです。

ベーグルは、水を吸った生地を熱湯でゆでて糊化させます。そしてすぐに焼き上げることによって、デンプンを固化させます。こうすることで、独特なもっちりとした食感が生まれるのです。

第4章
ソフトなパン

Column*

多種多彩なソフト系のパン

副材料の配合によって さまざまな顔になる

粉、イースト菌、塩、水と、パンの基本材料に、脱脂粉乳やバター、砂糖、卵などの副材料を加えると、柔らかいパンができあがります。

そのなかでも、菓子パンのように、スイーツに近い味わいのものもあれば、食パンやイングリッシュマフィンのように、食事やサンドイッチ向きのパンもあります。この食感の違いは、副材料がどのくらい多く含まれているかによります。

基本材料に、2~8%程度の砂糖、6~10%の油脂類を加えると、食パンやイングリッシュマフィンなどクラスト（外側）とクラム（内側）がはっきりしたパンになります。

いっぽう、粉に対して油脂類が10~50%、砂糖が5~20%含まれると、ブリオッシュやバターロールなどリッチなパンになります。あとは成形やほかの副材料が入ることによって、さまざまな顔を持つパンに変わってきます。

ソフト系パンは大きく2つに分類されます

折り込み生地のソフト系パン

クロワッサンやデニッシュペストリーなどは、生地をバターで折り込んで作る。粉に対して50%ものバターを使うため、サクサクしたパイに近いリッチな食感が得られる。折り込み用のバターが溶けないよう、冷やしながら生地作りを行い、やや高めの温度でパリッと焼くと風味よく仕上がる

生地の内容

基本の生地 ＋ 副材料

基本の生地	副材料
小麦粉、生イースト、塩、水	脱脂粉乳、砂糖、油脂（バターなど）、卵、折り込み生地用油脂など

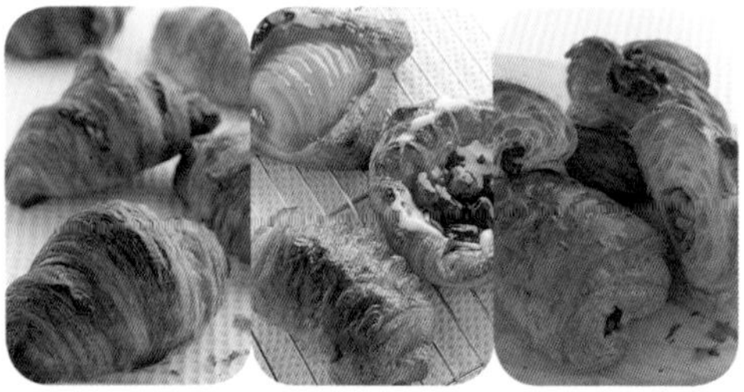

などがこれに当たります

副材料の多いソフト系パン

食パンやイングリッシュマフィンなどは、基本生地に副材料を少し混ぜたもの。いっぽう、ブリオッシュやスイートロールは、油脂類も砂糖も多く含むリッチなパン。副材料が多くなると、こねにくくなりイーストの活動も弱まることがあるので、こね時間を長くしたり、イースト菌の量を多くしたりするなどの工夫が必要

生地の内容

基本の生地 ＋ 副材料

基本の生地	副材料
小麦粉、生イースト、塩、水	脱脂粉乳、砂糖、油脂（バターなど）、卵など

などがこれに当たります

Butter Roll

ロールパン

パン作り初心者向けのオールマイティなパン

ロールパン

材料（約12個分）

Ⓐ
- 強力粉（スーパーキング）…200g
- 薄力粉…50g
- 砂糖…25g
- 塩…4g
- 脱脂粉乳…10g

水…130g
生イースト…10g（インスタントドライイーストの場合は4g）
卵…40g
バター…40g
溶き卵（仕上げ用）…適量

パンDATA

製法	ストレート法
グルテン膜	薄くて強め
こね時間	約30分
発酵	28～30℃で約50分
ベンチタイム	15分
ホイロ	約35℃で約60分
焼成	約220℃で10～12分

01 ボウルに、Ⓐの材料を入れる。別のボウルに水と生イースト、卵を入れて混ぜる。つぎに両方のボウルを混ぜ合わせる。

02 ボウル内で、指を立てながら水気がなくなるまで混ぜる。水気がなくなり、ひとまとまりになったら、台に移す。

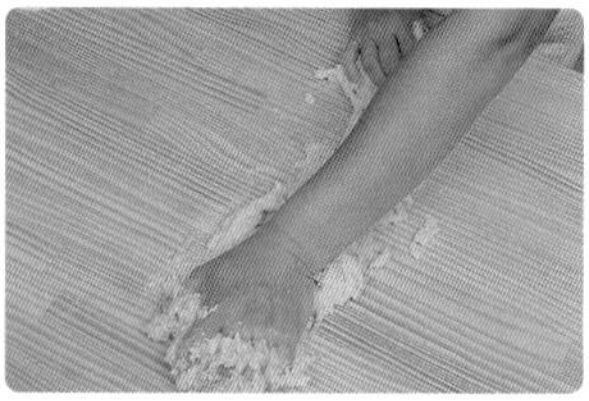

03 押しつけるように上下に生地をのばす。固さが同じになったら、台や手についた生地をカードでかき集めながらひとまとめにする。

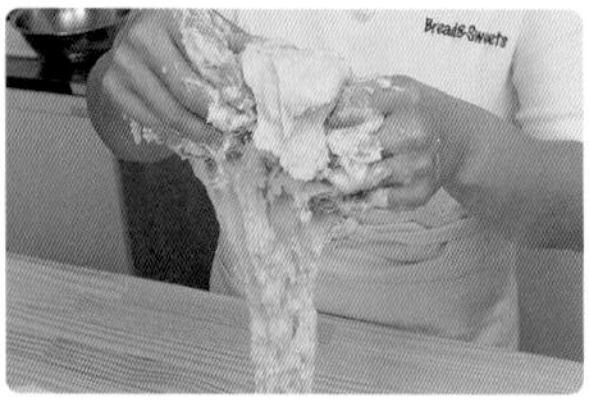

04 生地を下からすくい上げるように持ち上げる。生地がベタついているため持ち上げにくいので、台についた生地を手で集めながら行う。

05 持ち上げた生地の下端部分を台にたたきつけ、持ち上げている生地をその上にかぶせるようにしてたたきながらこねていく。

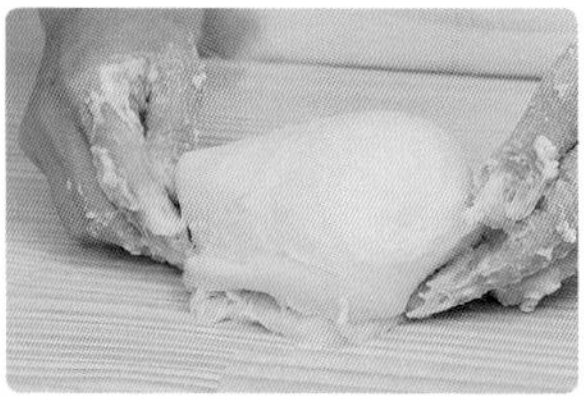

06 たたいてはかぶせ、つぎに角度を90度変えて再びたたいてかぶせるという動作を、生地に張りが出てくるまで続ける。

07 約15分間こねたら、生地の一部を切り取って、グルテン膜のチェックをする。写真のような膜が張っていたら、つぎの工程に移る。

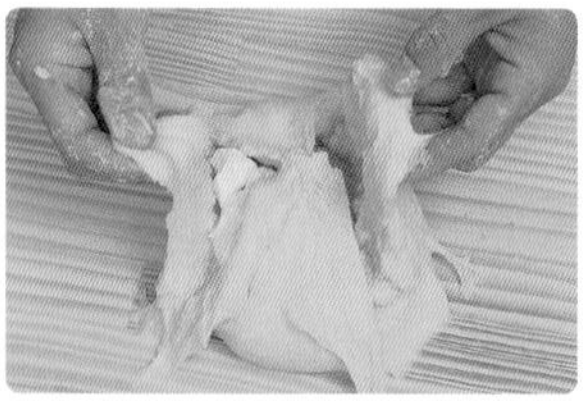

08 生地を平たくして、その上にバターを置き、四方の生地で隠すようにして包み込む。

09 ひきちぎりながら生地にバターをなじませる。固さが同じになったら、カードで生地をかき集め、06の要領で再度約15分間こねる。

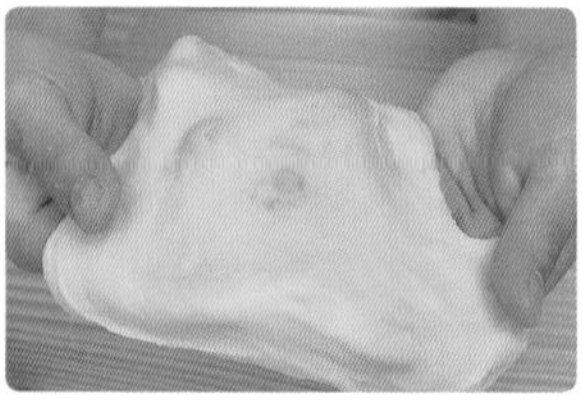

10 生地の一部を切り取り、グルテン膜のチェックをして、膜が張っていたら、油脂類を塗ったボウルに入れてラップをかけ、発酵をとる。

所要時間
3時間

難易度
★★☆

11 時間が経ったら打ち粉をした台に取り出す。

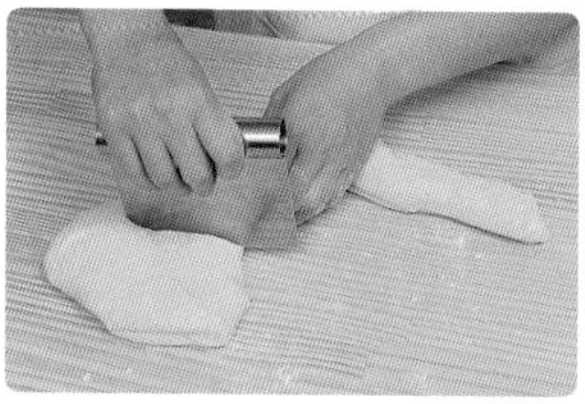

12 丸くなっている生地に切り込みを入れて、棒状にしておく。こうすることで、分割の際に目安がつきやすくなる。

13 はかりで40gになるようにスケッパーで分割する。40gに満たない生地が余ってしまったら、分割済みの生地に均等に足していく。

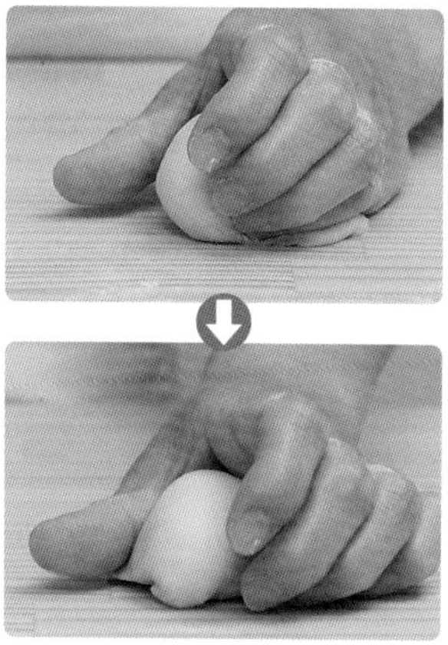

14 右手で丸める場合は猫の手のようにして生地を包み、指先と台に少し生地をはさんだ状態で回していく。生地の端が巻きこまれることにより、生地が丸まっていく。

15 14の要領で分割した生地すべてを丸めていく。つぎに、ビニールなどをかけ、台の上でベンチタイムをとる。

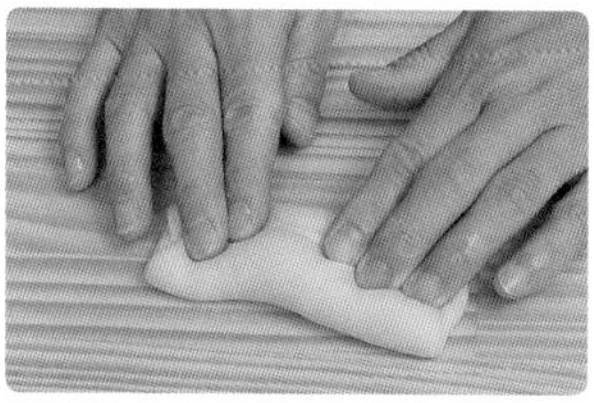

16 とじ目を上にして、生地を一度手のひらで平たくして、上下1/3ずつ折ってさらにこれを2つ折りにして棒状に形を整える。

17 生地の右端だけを転がして、しずく形になるように細くしておく。この要領ですべての生地を整えたら、このまま約5分おいておく。

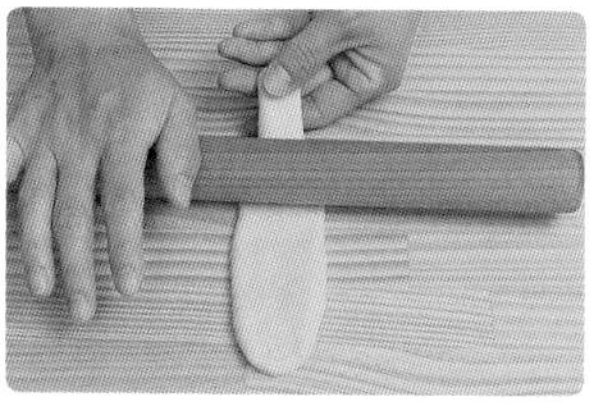

18 とじ目を上にして、一度手のひらで平たくする。細くなった方を少しひっぱりながら全体にめん棒をかける。長さは20㎝にする。

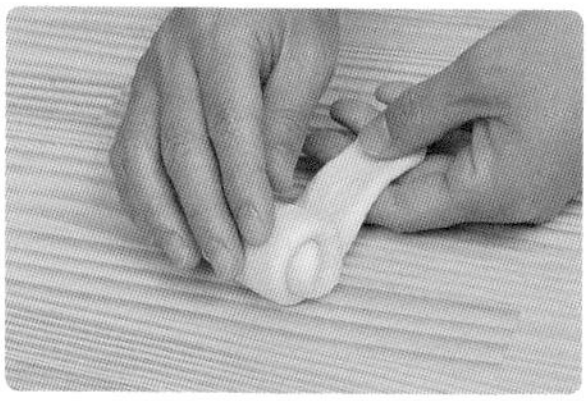

19 生地の上端を少し折り曲げて芯を作り、左手で下をひっぱりながら、巻いていく。巻き終えたら生地の端をつまんでとじておく。

20 クッキングペーパーをしいたオーブン板に、生地1個分のスペースを空けながら並べる。この状態でホイロをとる。

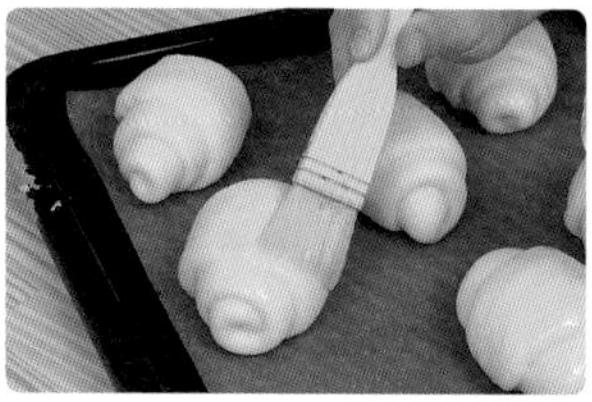

21 卵をハケでまんべんなく生地に塗り、約220℃のオーブンで10～12分間焼き上げる。

Q&A

Q 丸め方がどうしてもうまくできません

A 生地の両端をひっぱりながら下に半分に折り、向きを90度に変えて半分に折るというやり方なら簡単です。

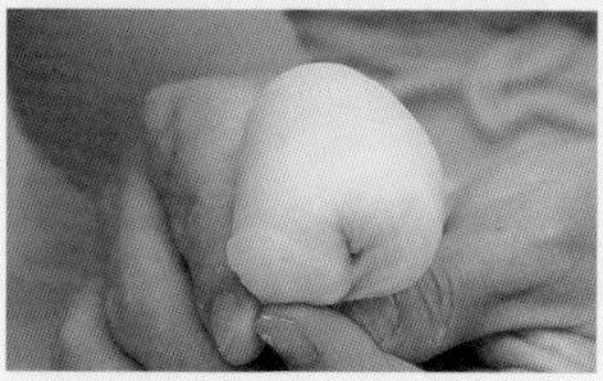

最後にとじ目をつまむと丸くなる

Q きれいなロール形に成形できません

A まずめん棒でのばすときに厚さを均一にしましたか？また、巻くときに力を入れすぎるとつぶれた形になります。

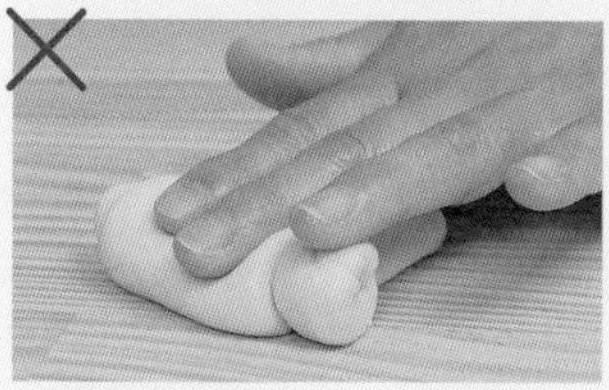

力が強すぎる悪い例

パンブレイク

パン作りには欠かせない、イースト菌について

「パンは生きもの」といわれるのは、そこにイースト菌が生きているから

その正体はカビの親戚!?

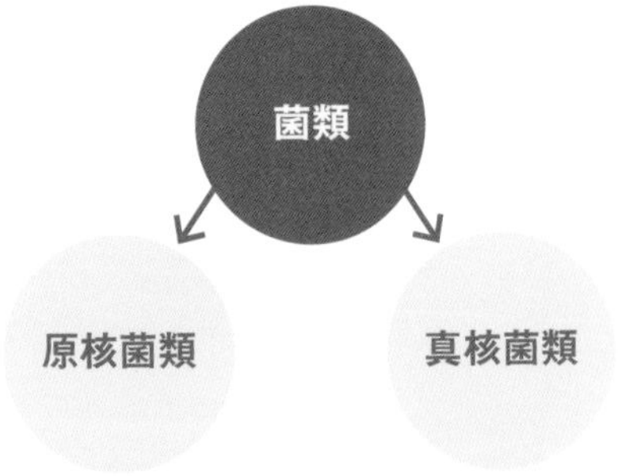

原核菌類：ウィルスや細菌、バクテリアなどがここに分類される。納豆菌や乳酸菌もここに含まれる

真核菌類：ゾウリムシなどの真核生物と、イースト菌などの真菌、藻類などもここに含まれる

パン用のイーストには３種類あります。まず、パン用酵母を純粋培養して圧縮した生イースト、生イーストの製造時に乾燥させて顆粒状にしたドライイースト、ドライイーストの予備発酵のいらないタイプがインスタントドライイーストです

イーストによって用途が異なる

	インスタントドライイースト	ドライイースト	生イースト
特徴	予備発酵がいらない、直接材料に加えられるイースト。生イーストの1/2～1/3程度の量で使用すればよい	生のイーストを、熱風により乾燥させた粒状のイースト。使用する際には40℃前後のお湯で戻し、予備発酵をする	生きた細胞をそのまま圧縮しただけなので、水で溶かして使用する。温度や空気などに敏感なので、開封したら密封して冷蔵保存をする
適したパン	すべてのパン作りに適しているが、加糖生地用と無糖生地用があるので使い分けが必要	焼き上げたときの香ばしさがいいといわれているので、フランスパンなどのハード系のパンに向く	どの種類のパンにも向いているが、とくに砂糖を多く含む生地や折り込み生地などに適している

発酵とは、イースト菌が出す炭酸ガスによるもの

パン生地が発酵する際にイースト菌は欠かせない存在です。菌類であるイースト菌は分裂しながら生きていますが、ある一定の割合でパン生地と一緒になると、酸欠状態になり、分裂ができなくなります。そうすると、発酵をして生きようとします。

イースト菌は、30～40℃くらいの温度でよく働き、生地内のショ糖やデンプン質を果糖やブドウ糖に分解して栄養源にします。この分解の過程で炭酸ガスや香味成分を排出します。これを発酵といいます。グルテン膜は、この炭酸ガスをキャッチする風船のようなもので、網目が細かいとキャッチする炭酸ガスも多くなるので、よりふっくらと仕上がります。

発酵は、焼き上げのときまで続き、デンプンが固化する60℃以上になるとふくらみが止まります。

Mocha Roll

モカロール

食べたときに広がる、コーヒーの豊潤な香りが特徴

モカロール

材料（約8個分）

強力粉（カメリヤ）…250g
砂糖…30g
塩…4g
脱脂粉乳…13g
インスタントコーヒー…3g
卵…50g
生イースト…8g（インスタントドライイーストの場合は4g）
水…140g
バター…50g
溶き卵（仕上げ用）…適量

コーヒークリームの材料

バター…40g
砂糖…40g
卵…40g
アーモンドパウダー…38g
インスタントコーヒー…2g

フォンダンの材料

フォンダン…300g
インスタントコーヒー…適量
シロップ（水1：砂糖1）…適量

パンDATA

製法	ストレート法
グルテン膜	薄くてやや強め
こね時間	約30分
発酵	28～30℃で約60分
ベンチタイム	15分
ホイロ	約35℃で約50分
焼成	約220℃で約12分

所要時間
3時間30分

難易度
★★☆

01 強力粉、砂糖、塩、脱脂粉乳を入れたボウルに、インスタントコーヒーを入れる。

02 01のボウルに、水で溶いた生イーストと卵を混ぜたものを入れて、指で水気がなくなるまで混ぜ合わせる。

03 水気がなくなったら、台に出す。手やボウルについた生地は、カードでこまめに取り除き、ひとまとめにする。

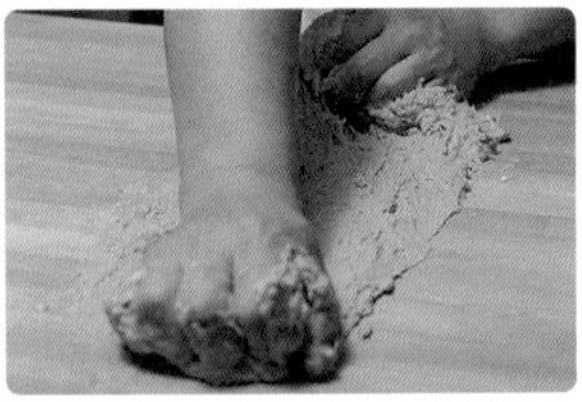

04 押しつけるように上下に生地をのばす。固さが同じになったら、台や手についた生地をカードでかき集めながらひとつにまとめる。

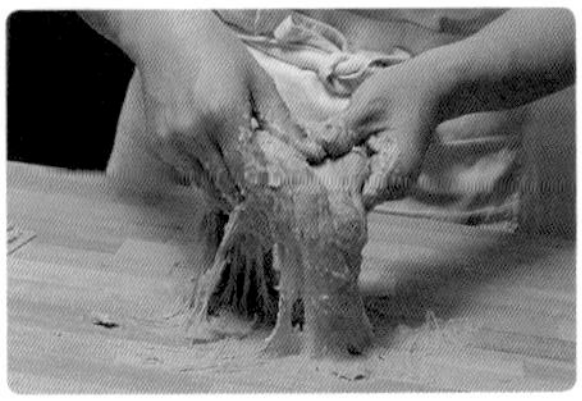

05 p36と同様に生地をこねていく。かなり柔らかい生地なので、最低でも約15分間はこね続ける。

コーヒークリームの作り方

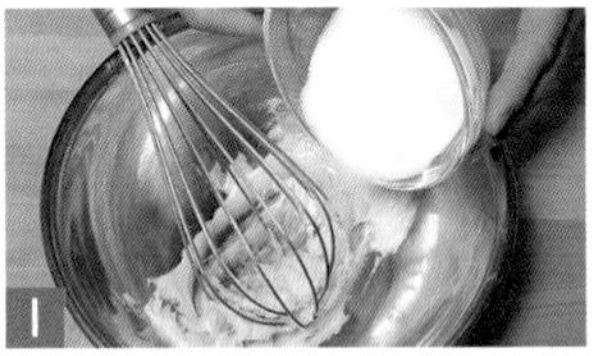

1
常温に戻したバターをボウルに入れ、そこに砂糖を加えて泡立て器で混ぜる。

2
卵を少しずつ加えながら混ぜていく。一度に入れると分離してしまうので、加えては混ぜ、また加えるという方法で混ぜ合わせる。

3
2のボウルにアーモンドパウダーを入れ、泡立て器でよく混ぜ合わせる。

4
クリーム状になったら、インスタントコーヒーを入れて、泡立て器で混ぜ合わせる。

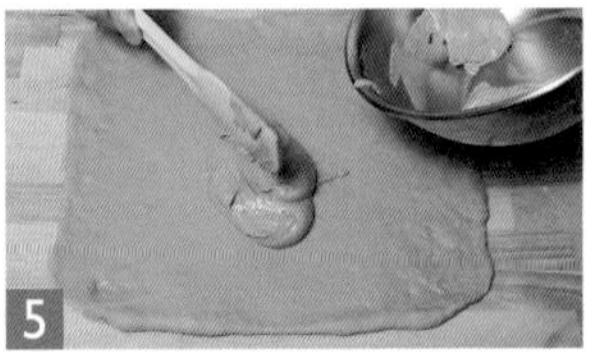

5
コーヒーがよく混ざれば完成。

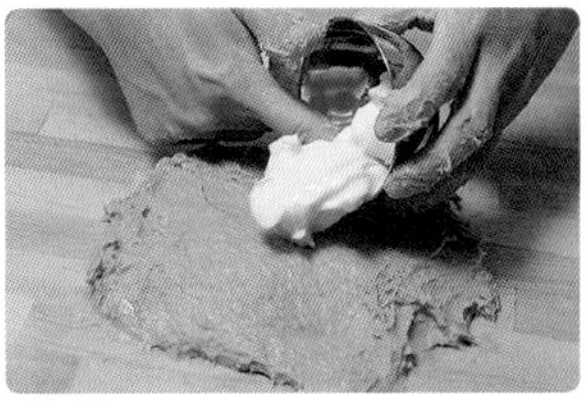

06 生地にツヤが出てきたら、グルテン膜のチェックをする。薄い膜ができあがっていたら、平たくした生地の上にバターをのせて包む。

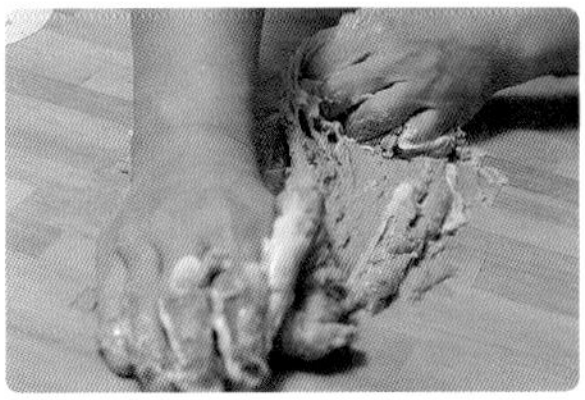

07 ひきちぎるように上下に生地をのばしていく。固さが同じになったらカードでひとまとめにする。

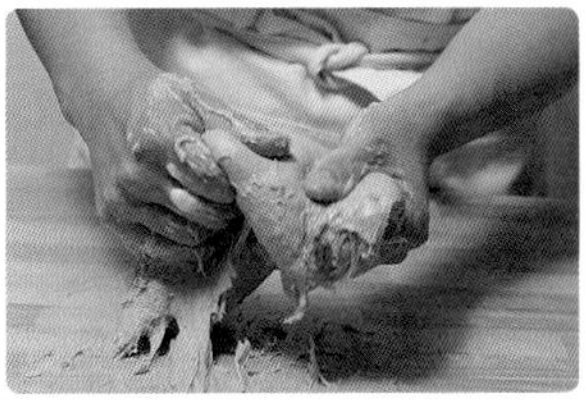

08 再度こねる。柔らかい生地なので、台にへばりつくが、打ち粉などで粉を足さないようにして、さらに約15分間根気よくこねる。

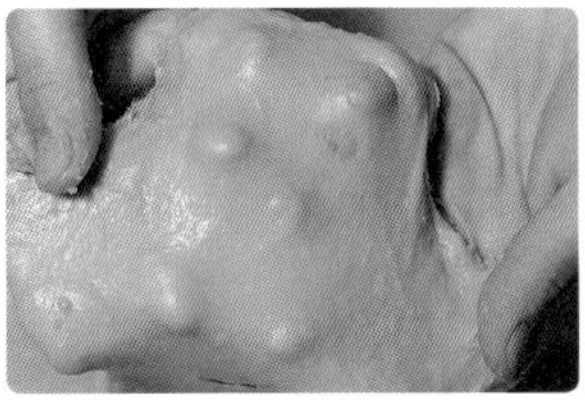

09 生地にツヤが出てきたら、グルテン膜のチェックをして、写真のような膜が張っていたらつぎの工程に移る。

10 油脂類を塗ったボウルに生地を入れて、ラップをし、28～30℃の場所で約60分間発酵をとる。

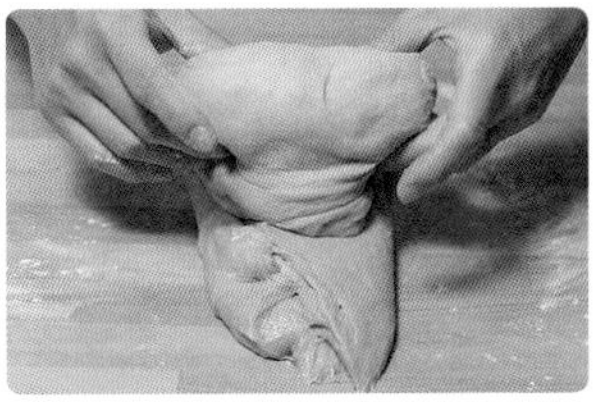

11 打ち粉をした台で生地を平たくする。四方から3つ折りにして四角い形にする。

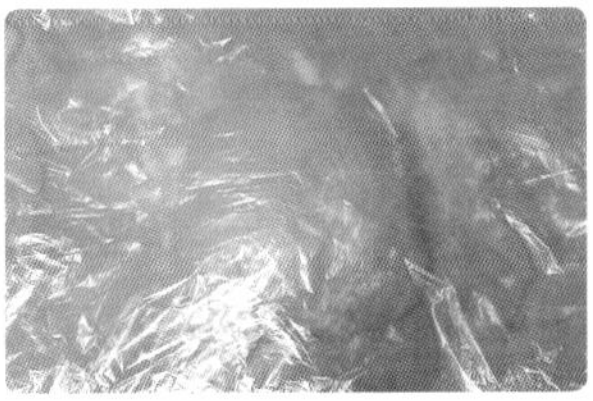

12 きれいな面を上にして、その上にビニールなどをかけ、ベンチタイムをとる。

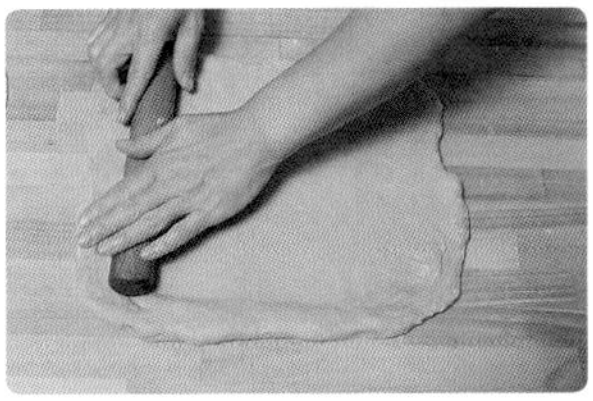

13 台に打ち粉をして、めん棒で縦30㎝×横40㎝にする。全体に均等の厚さにするが、手前の部分はやや薄くめん棒をかけておく。

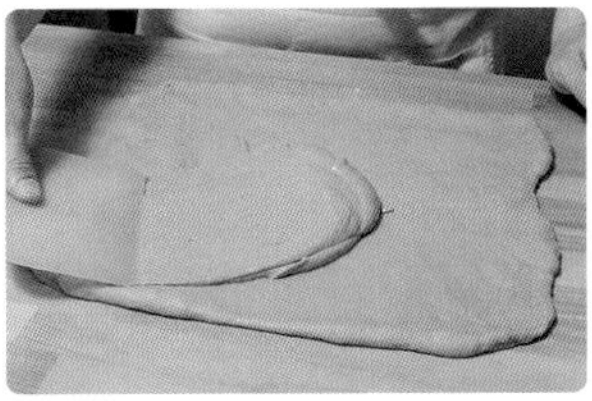

14 前もって作っておいたコーヒークリームを塗る。均等の厚さになるように、カードやヘラでのばしていく。

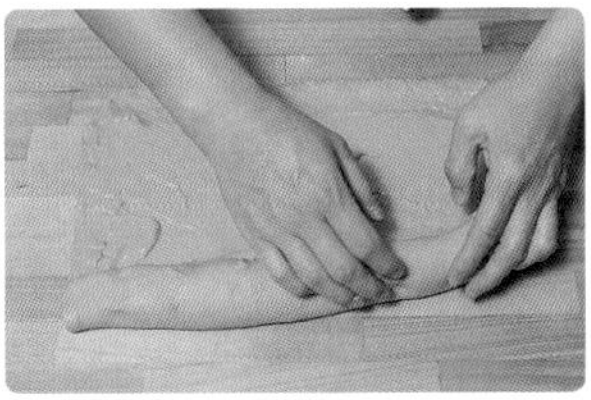

15 上端から少しずつ巻いていく。柔らかい生地なので、一度に巻こうとせずゆっくりと行う。巻き終えたら端をつまんでとじる。

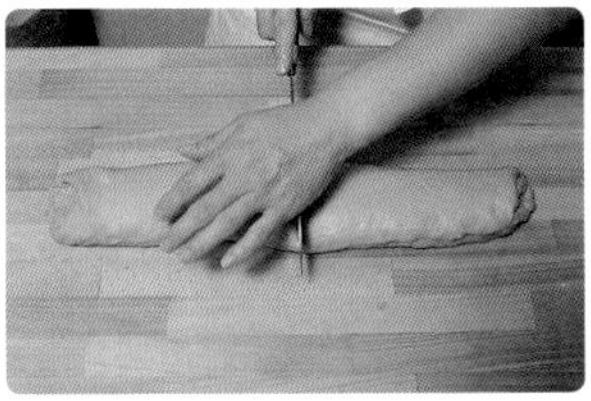

16 中心を2等分し、これをさらに4等分して、全部で8個分取る。

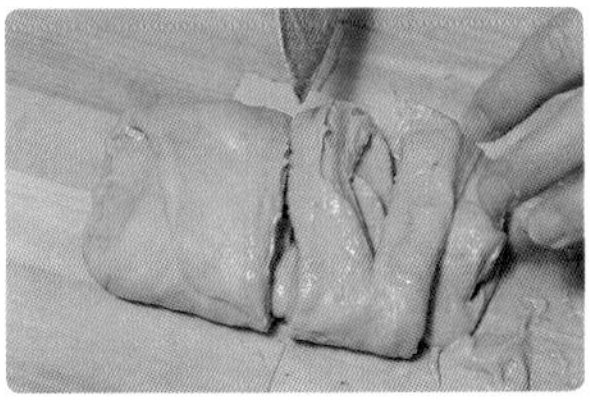

17 1カットの生地に縦に切り込みを入れる。完全に切ってしまわないように気をつける。

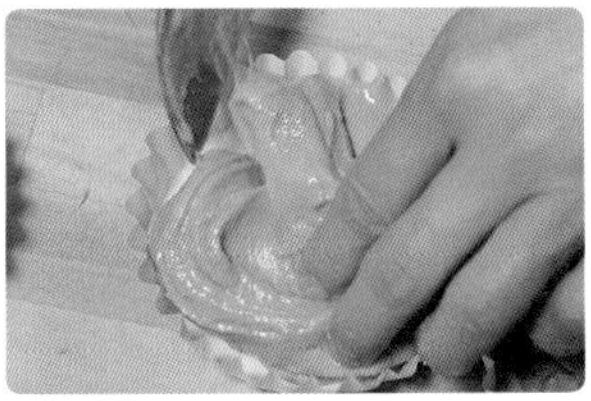

18 ケースを用意し、生地をゆっくりと持ち上げて、切り目が上にくるように斜めにずらして、2連のリングのような形に整える。

19 生地を指で容器に押し広げるようにする。オーブン板に並べてホイロをとる。

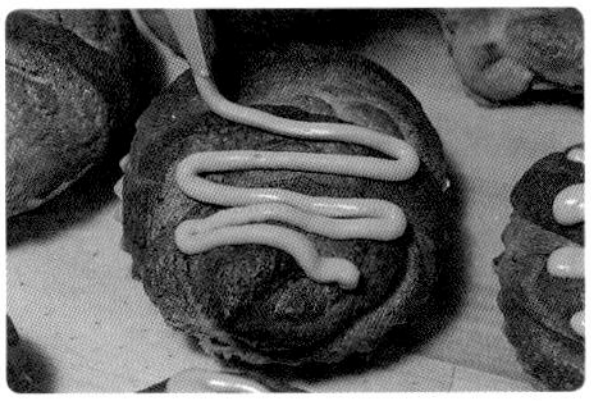

20 卵を塗り、約220℃のオーブンで約12分間焼く。冷めたらインスタントコーヒーを混ぜたフォンダン(p51)を絞り出し袋で絞る。

パンブレイク

ブレッドとロールの違いとは?

何気なく使っているこの2つの言葉の意味とは？

これはブレッド

生地の重量が約225g以上のものをブレッドと呼ぶ。本書では、食パン系のスライスするタイプをはじめ、パン・トラディショネルや赤ワインパンなど、1つの生地が大きめなものをブレッドに分類している

山形食パン

トマトブレッド

フロッケンブロート

これはロール

単に巻いてある生地という意味ではなく、生地量が225g以下のものすべてロールと呼ぶ。シナモンロール、バターロールをはじめ、メロンパンやベーグルなどもロールに分類される

モカロール

スイートロール

タイガーロール

重さによって区別されるパンの名前

パンは「ブレッド」と「ロール」という2つの言葉で区別されます。こうしたパンの呼び名が2種類あるのはなぜでしょうか。

実はこれは、アメリカやイギリスの方式なのです。これらの国では、生地量が1／2ポンド（約225g）以上あるパンは「ブレッド」、それ以下のものは「ロール」と呼んでいるのです。

とはいえ、パンを重さで区別しているのは、イギリスやアメリカだけではありません。フランスやドイツでは、より細かく区別化されています。フランスは、パン・トラディショネル（フランスパン）に、重さや長さ、クープの入れ方などによっても名前を変えています。ドイツは、大型パンをブロート、小型パンをブレートヒェンと呼んでいます。

Pain au lait

パン・オ・レ

牛乳の甘さが生きた、どこか懐かしさを感じる菓子パン

パン・オ・レ

材料（約10個分）

牛乳…125g
生イースト…10g（インスタントドライイーストの場合は4g）
卵…50g
フランスパン専用粉（フランス）…250g
砂糖…38g
塩…5g
バター…63g
あられ糖（仕上げ用）…適量
グラニュー糖（仕上げ用）…適量
溶き卵（仕上げ用）…適量

パンDATA

製法	ストレート法
グルテン膜	薄くてやや強め
こね時間	30分
発酵	28～30℃で60分パンチ後30分
ベンチタイム	15分
ホイロ	約35℃で約50分
焼成	約210℃で10～12分

所要時間
3時間30分

難易度
★★☆

01 牛乳をボウルに入れて、そこに生イーストを加えて泡立て器で溶かしながら混ぜる。

02 01のボウルに卵を入れ、フランスパン専用粉、砂糖、塩を入れたボウルと合わせる。

03 ボウル内で、指を立てながら、水気がなくなるまで混ぜ合わせる。混ざりきったら、生地を台に取り出す。

04 押しつけるように上下に生地をのばす。固さが同じになったら、台や手についた生地をカードでかき集めながらひとまとめにする。

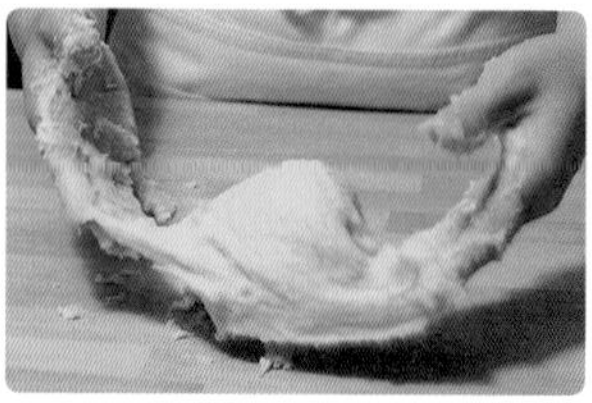

05 たたいてはかぶせ、つぎに角度を90度変えてまたたたいてかぶせるというこねる動作を、生地に張りが出るまで続ける。

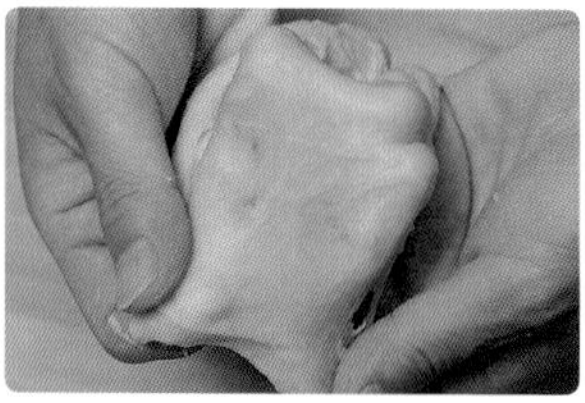

06 生地に張りが出てきたら、グルテン膜のチェックをする。写真のような薄い膜が張っていたらつぎの工程に移る。

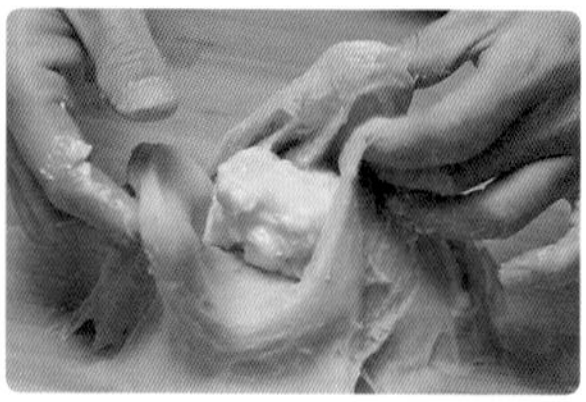

07 平たくした生地の上にバターをのせ、四方から隠すように包んでいく。

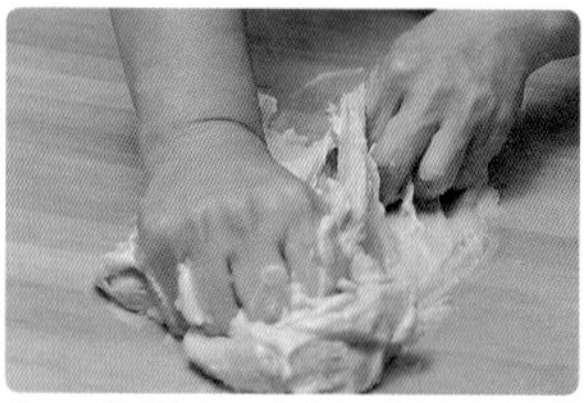

08 04の要領で、生地を勢いよく上下に引きちぎる。生地とバターが混ざりきったら、カードでひとまとめにする。

09 05の要領で、再度こねていく。生地がベタつくが、粉を足さずに根気よくこねること。

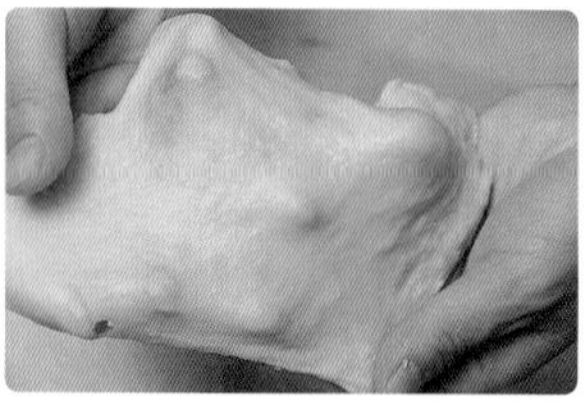

10 グルテン膜のチェックをする。写真のような膜が張っていたら、油脂類を塗ったボウルに入れ、ラップをして発酵をとる。

11 約60分経ったら、打ち粉をした台に取り出しパンチをする。中心から外に向かって手のひらで軽く押していく。

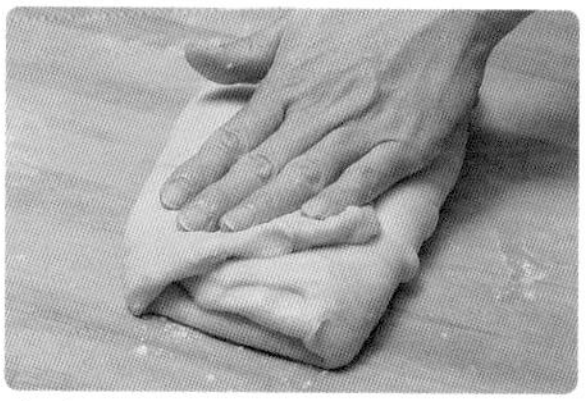

12 生地を平たくして、四方から1/3ずつ折りたたむ。とじ目を下にして再度約30分発酵をとる。

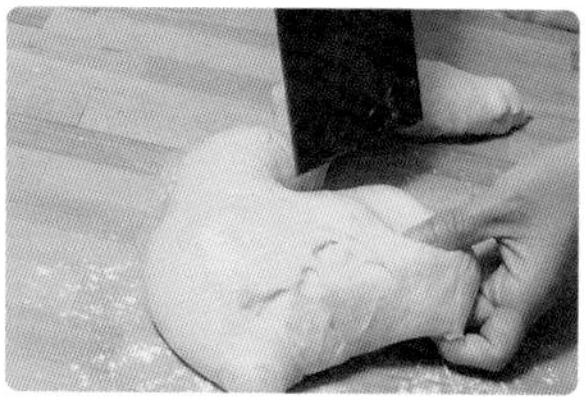

13 時間が経ったら、打ち粉をした台に生地を取り出し、スケッパーでまずは棒状に切る。

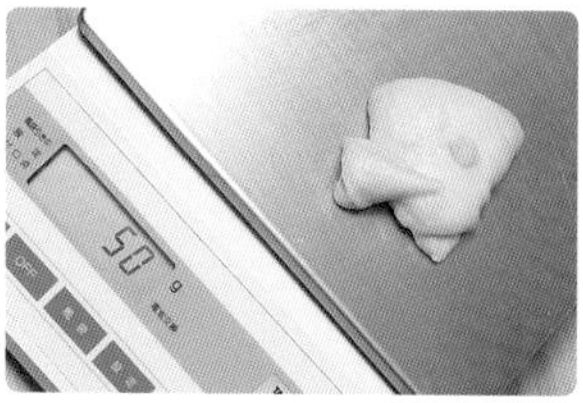

14 はかりで50gに分割する。規定の分量なら、約10個分が取れる。50gに満たない余った生地は、分割済みの生地に均等に足す。

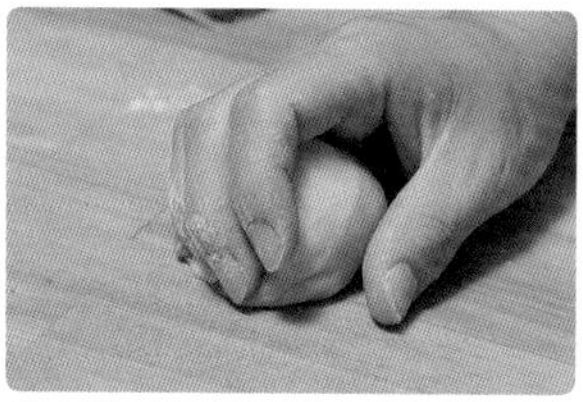

15 猫の手のようにして生地を包み、反時計回りに動かしながら丸めていく。難しい場合は生地を下に折りたたむ方法で丸める。

16 すべての生地を丸めたら、ビニールなどをかけてベンチタイムをとる。

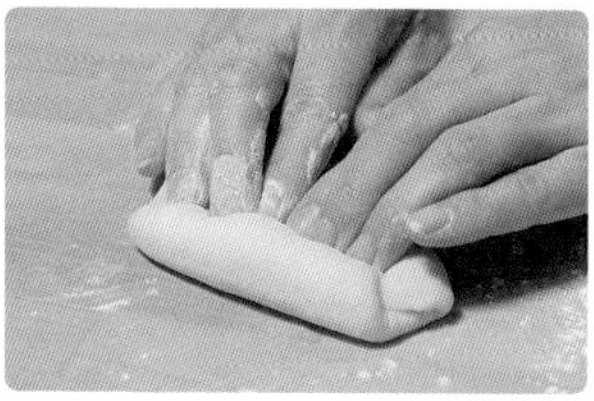

17 ベンチタイム後、生地を手のひらでつぶすようにして、ガスを抜く。つぎに生地を3つ折りにして、棒状に整え、とじ目をつまんでおく。

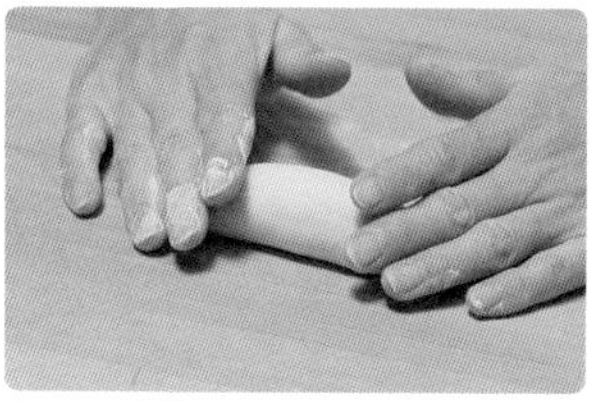

18 生地の両端を手のひらで転がして、少し細くしておく。

19 クッキングシートをしいたオーブン板の上に並べ、ホイロをとる。よくふくらむので、オーブン板1枚に5個くらいを目安に並べる。

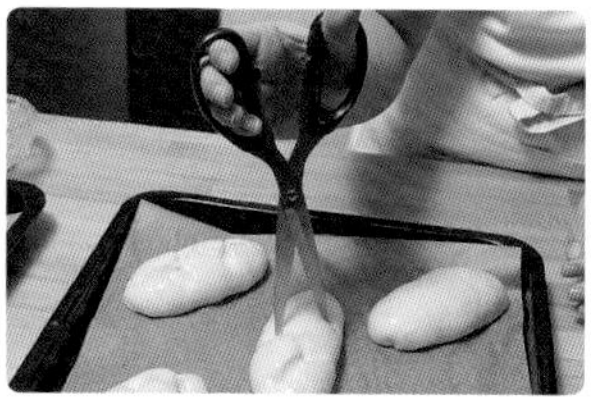

20 時間が経ったら、卵をハケで塗る。つぎにハサミで、切り込みを4～5本入れる。

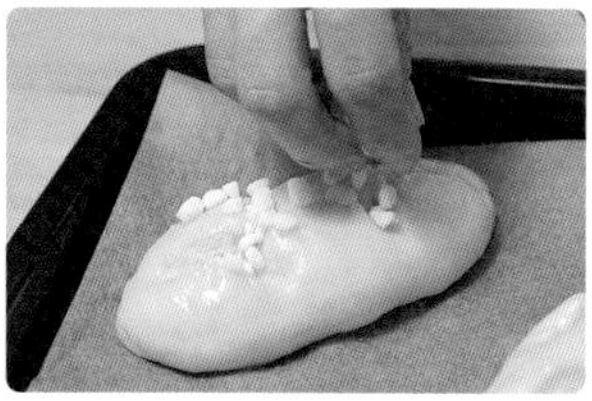

21 切り込みの間に、あられ糖を振りかけて、約210℃のオーブンで10～12分間焼く。

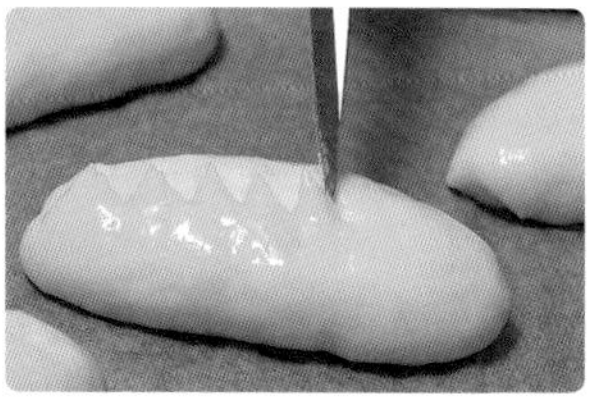

22 カットの形にバリエーションを出す場合は、ハサミを少し寝かせて、先端をV字に7～8カットする。

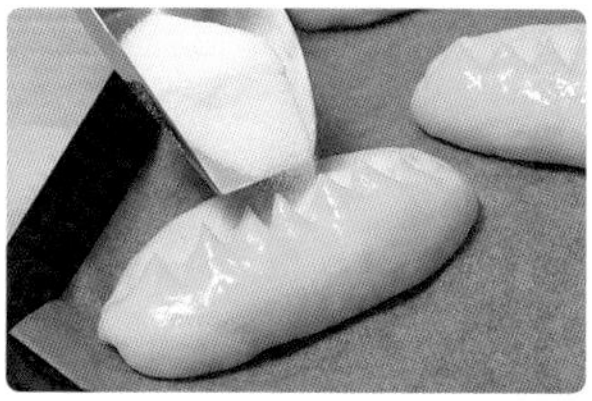

23 切り込みの間に、グラニュー糖を振りかけて、21と同様に焼く。

Q&A

Q 生地がハサミにくっついてしまいます

A 生地がハサミにくっついてうまく切り込みができない場合は、もう一度卵を塗り直してから切り込みを入れるとうまくいきます。

勢いよく切り込むのもポイント

パンブレイク

簡単にできる生地の丸め方

台と手を使って生地をうまく丸められない人はこの方法を

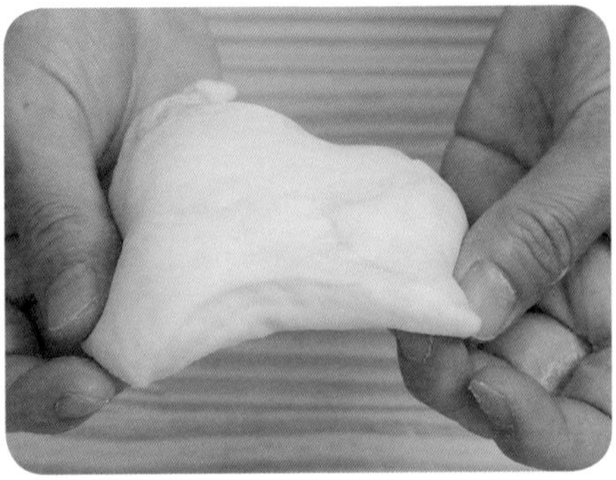

1 生地を少し引っ張って左右に伸ばす

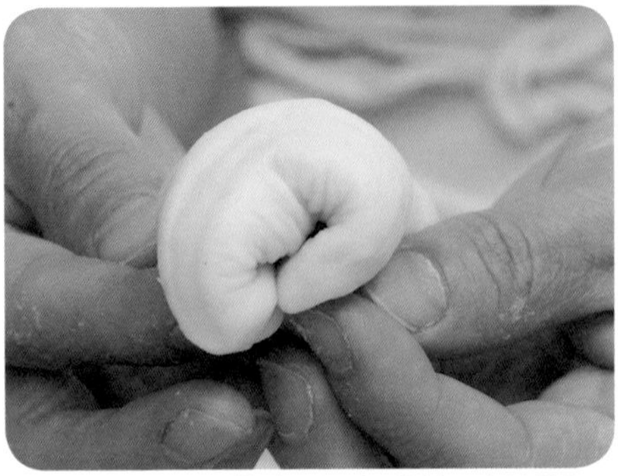

2 生地の両端を少し伸ばしながら先端の生地どうしをくっつき合わせる

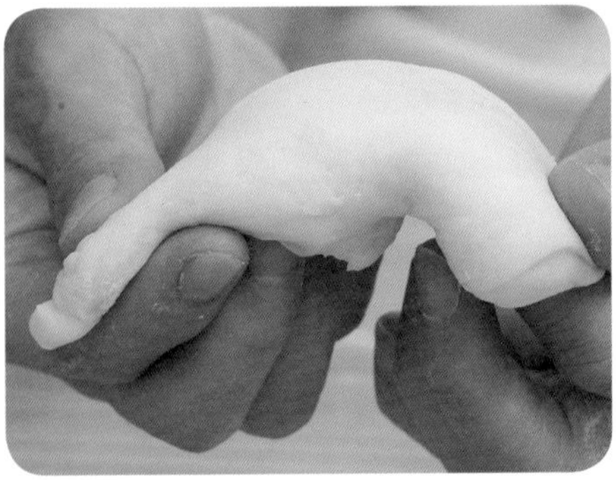

3 今度は向きを90度変えて、同じく先端の生地どうしをくっつき合わせる。少し引っ張りながらやるとうまくいく

4 これで表面が張ってくるので、下の生地の向きを上に変えて、とじ目をしっかりとつまんでおく。こうすると丸くなる

ハリのあるパン生地を作る丸めの作業

生地の丸めは、発酵前に行う丸めと、分割してから行う場合があります。発酵前に行う丸めは、こねあがってベタついた生地を扱いやすくするためにも大切な工程です。

また、発酵前に丸めることで、生地の表面を張らせ、イースト菌が発する炭酸ガスをしっかり保持することができるのです。

さらに、分割後の丸めの作業では、発酵によってのびきったグルテン膜に再び刺激を与えることができます。こうすると、よりのびのよいパン生地になります。

本書では手のひらで回転運動をさせながら行う丸めの方法を紹介していますが、形を丸く整えることより、表面を張らせることのほうが大切なので、これが難しい人は、上記のような折りたたみ方法で行うと簡単にできます。

Sweet Roll

スイートロール2種

甘酸っぱいフルーツと、ふんわり生地のハーモニー

スイートロール（レーズン）

材料（約8個分）

バター…38g
ショートニング…25g
バニラエッセンス…適量
砂糖…50g
卵…100g
生イースト…10g（インスタントドライイーストの場合は4g）
水…50g
強力粉（カメリヤ）…250g
塩…4g
脱脂粉乳…13g
ラム酒漬けレーズン（仕上げ用）…100g
溶き卵（仕上げ用）…適量

アーモンドクリームの材料

バター…40g
砂糖…40g
卵…40g
アーモンドパウダー…40g

シュトロイゼルの材料

バター（柔らかくしておく）…20g
砂糖…20g
シナモン（粉末）…適量
薄力粉…40g

パンDATA

製法	ストレート法
グルテン膜	薄くて弱め
こね時間	約25分
発酵	28～30℃で60分
ベンチタイム	15分
ホイロ	約35℃で50～約60分
焼成	約210℃で約12分

所要時間
3時間30分

難易度
★★

01 泡立て器でバターとショートニングをボウル内で混ぜ、そこにバニラエッセンスを加えてさらに混ぜ合わせる。

02 01のボウルに砂糖を入れ混ぜ合わせ、つぎに分量の卵の1/2の量を4～5回に分けて加える。分離させないようにしっかり混ぜる。

03 水で溶いた生イーストと残りの卵1/2を合わせたものを02のボウルに加え、強力粉、塩、脱脂粉乳が入ったボウルをさらに加える。

04 ボウル内でしばらく水気がなくなるまで混ぜ、まとまりがでてきたら台に取り出し、押しつぶすようにして全体を混ぜ合わせる。

05 全体が同じくらいの固さになったら、ひとまとめにする。生地を持ち上げてたたくようにしてこねていく。

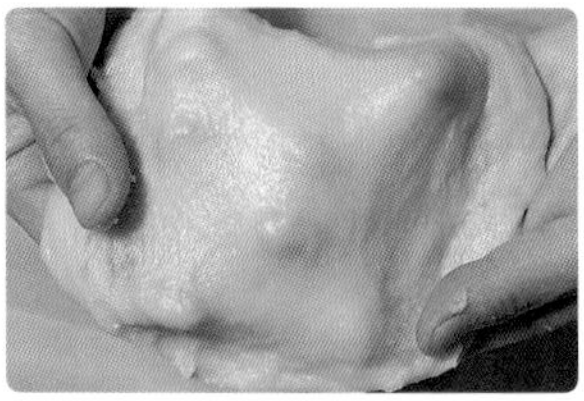

06 生地がつるんとしてきたらグルテン膜のチェックをする。膜が張っていたら油脂類を塗ったボウルに入れ、ラップをして発酵をとる。

07 打ち粉をした台に取り出し、手のひらで平たくして端から巻き、四角く整える。つぎにビニールなどをかけてベンチタイムをとる。

08 アーモンドクリーム(p51)とラム酒漬けレーズンを用意しておく。

09 生地のとじ目を上にして、打ち粉をした台に置き、30cm四方にめん棒をかける。生地の下端はとじしろに使うので、薄めにかける。

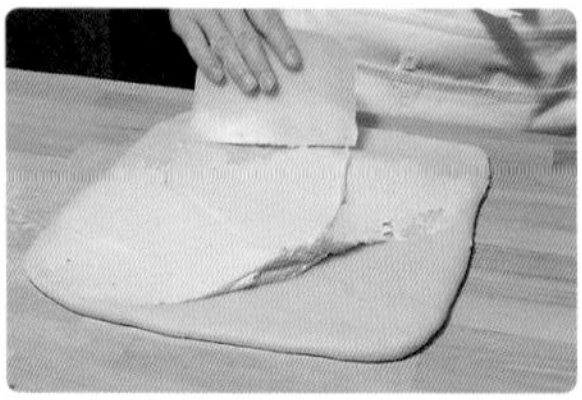

10 生地にアーモンドクリームをカードでまんべんなく均等に塗っていく。とじしろの部分の3cm分はクリームを塗らないでおく。

03 生地を包丁で2等分する。それをさらに4等分して、全部で8つに分ける。柔らかい生地なので、手で押さえながら包丁で切っていく。

04 ケースを用意して、生地の断面が上になるように置く。生地を横に広げて形を整え、オーブン板に並べて、ホイロをとる。

05 オレンジスライスのシロップ煮(p100)を、生地の上にのせ埋め込む。約210℃のオーブンで約12分間焼き上げる。

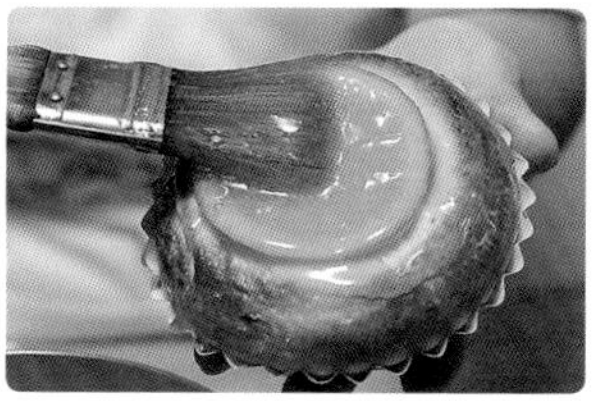

06 焼き上がったら、煮詰めたアプリコットジャム(p51)をハケで塗る。

07 最後にフォンダン(p51)を塗って仕上げる。

スイートロール（オレンジ）

材料（約8個分）

生地の材料はp96の脱脂粉乳までと同じ
アプリコットジャム(仕上げ用)…適量　フォンダン(仕上げ用)…適量

オレンジカスタードの材料

牛乳…250ml　バニラエッセンス…適量　卵黄…3個分　砂糖…75g
薄力粉…25g　マーマレード…適量

オレンジスライスのシロップ煮の材料

オレンジ…1個　砂糖…150g　水…300g

パンDATA

製法・ストレート法／グルテン膜・薄くて弱め／こね時間・約25分／発酵・28～30℃で約60分／ベンチタイム・15分／ホイロ・約35℃で50～60分／焼成・約210℃で約12分

所要時間 3時間30分　難易度 ★★☆

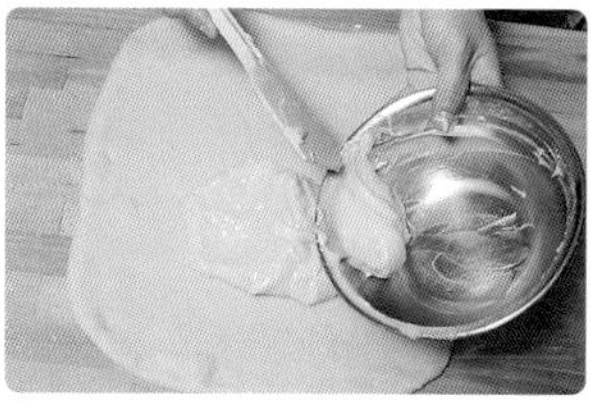

01 右ページの01～07、09と同じ要領で生地を作る。生地の上にカスタードクリーム(p50)とマーマレードを混ぜたものを塗る。

02 均等に塗り終えたら、生地の上端からゆっくりと巻いていく。巻き終わりはとじしろの部分をかぶせ、とじ目をしっかりつまんでおく。

11 ラム酒漬けレーズンを上から全体にばらけるように散らし、少し埋め込んでおく。

12 生地の上端から巻いていき、最後までできたら、とじしろの方を上にかぶせる。とじ目はしっかり指でつまんでおく。

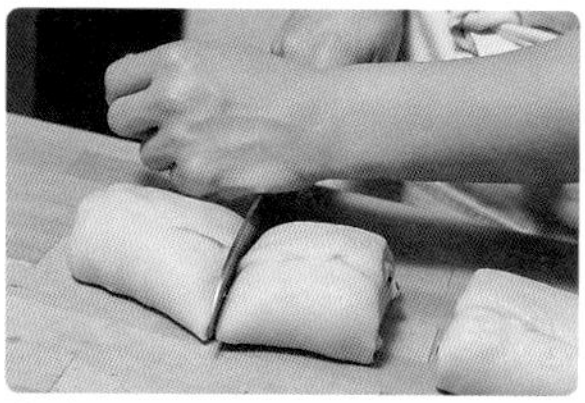

13 生地を2等分して、これをさらに4等分して全部で8つに分ける。アルミケースを用意して断面を上にして入れる。

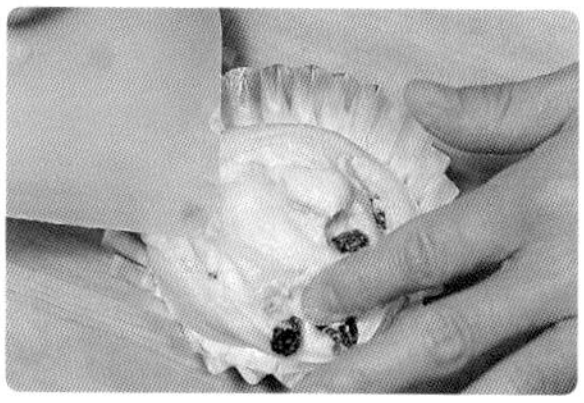

14 生地の高さがケースより高くなったときは、カードの先端で、生地を横に広げる。つぎにオーブン板においてホイロをとる。

15 時間が経ったら、卵を塗り、シュトロイゼル(p51)をふりかける。約210℃のオーブンで約12分間焼き上げる。

Variation

ダークチェリーのスイートロール

パン DATA

製法・ストレート法／グルテン膜・薄くて弱め／こね時間・約25分／発酵・28～30℃で約60分／ベンチタイム・15分／ホイロ・約35℃で50～60分／焼成・約210℃で約12分

材料（約8個分）

生地の材料はp96の脱脂粉乳までと同じ
ダークチェリー（缶詰）…24粒
アプリコットジャム…適量
フォンダン…適量
溶き卵（仕上げ用）…適量

カスタードクリームの材料

牛乳…250ml
卵黄…3個分
バニラエッセンス…適量
砂糖…75g
薄力粉…25g
ダークチェリーの缶詰の汁…約50cc

01 カスタードクリームを作る。まず牛乳を鍋に入れて、沸騰させる。

02 卵黄とバニラエッセンスをボウルに入れ、そこに砂糖を加えて、泡立て器でかき混ぜる。

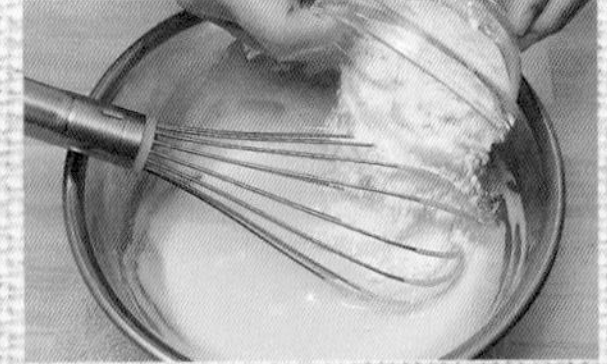

03 02のボウルに薄力粉を入れて、泡立て器でさっとかき混ぜる。

04 01の沸騰した牛乳を加えてかき混ぜる。よく混ざったら、裏ごし器でこす。

所要時間 3時間30分

難易度 ★★☆

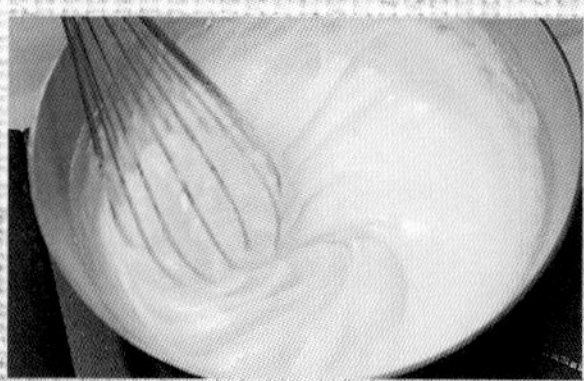

05 鍋に移して、中火～強火で炊く。沸騰する前に一度固くなるが、じょじょに柔らかくなるので、焦げつかないようによく混ぜる。

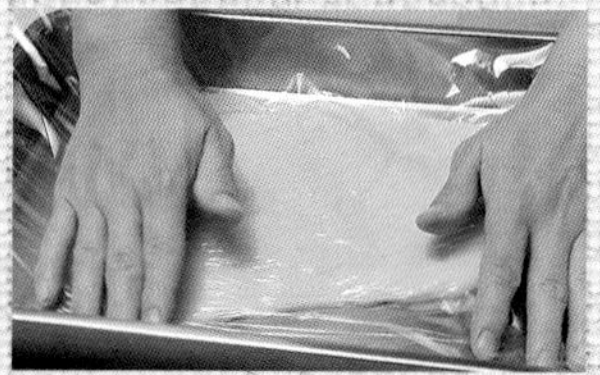

06 沸騰して1分程火にかけたら、バットにカスタードを移す。ラップを密着させるようにしてかけること。

07 氷水を入れたバットを用意し、その上に06のバットを重ねる。急激に冷ますことで雑菌の繁殖を抑える。

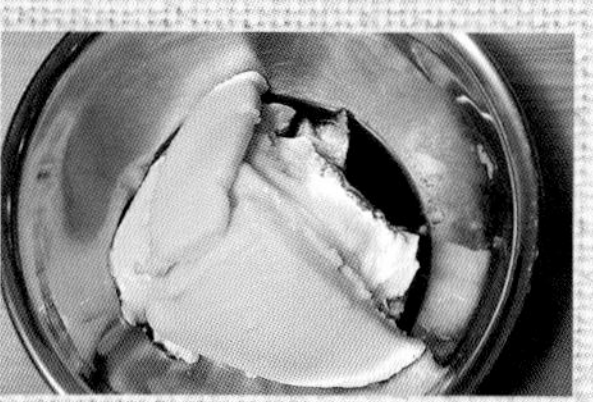

08 カスタードが冷めたら、ダークチェリーの缶詰の残り汁を加える。カスタードにやや色がつくくらいの量が目安。

09 冷めたカスタードは初めのうちは固いので、なめらかになるまでヘラを使ってよく混ぜ合わせる。

10 p96の01～07、09までの工程と同じ方法で生地を作り、その上に、09のカスタードクリームを均等に塗る。

11 p96の10と同様、とじしろにはカスタードを塗らずに、生地の上端から少しずつ巻いていく。

12 最後まで巻いたら、とじしろの方を上にかぶせ、とじ目をしっかり指でつまんでおく。

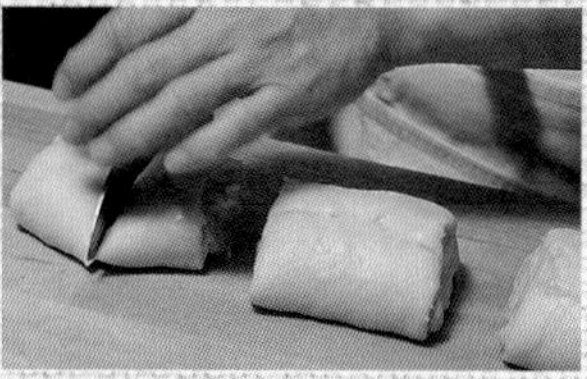

13 生地を包丁で2等分する。それをさらに4等分して、全部で8個取れる。柔らかい生地なので、手で押さえながら包丁で切っていく。

14 ケースを用意して、生地の断面が上になるように置く。生地を横に広げて形を整える。

15 オーブン板に並べて、この状態でホイロをとる。

16 ダークチェリーは、缶詰から出し、クッキングペーパーをしいて水気を切っておく。

17 ホイロが終了したら、卵を塗る。10で使ったカスタードクリームが余ったら、このときに上にのせてもよい。

18 水気を切っておいたダークチェリーをしっかり生地に埋め込んで、約210℃のオーブンで約12分間焼き上げる。

19 焼き上がったら煮詰めたアプリコットジャム(p51)を全体に、フォンダン(p51)をパンの縁に塗る。

パンブレイク

スイートロールの副材料

スイートロールには欠かせない、副材料の作り方

オレンジスライスの煮詰め方

材料

オレンジ…1個（8枚にスライス）
砂糖…150g　水…300g

作り方

オレンジを8枚に輪切りにし、種を取る。鍋に水を入れ、砂糖を溶かし、オレンジスライスを浸して、キッチンペーパーを落としぶた替わりにして火にかける。沸騰したら弱火にして10～15分煮詰める。

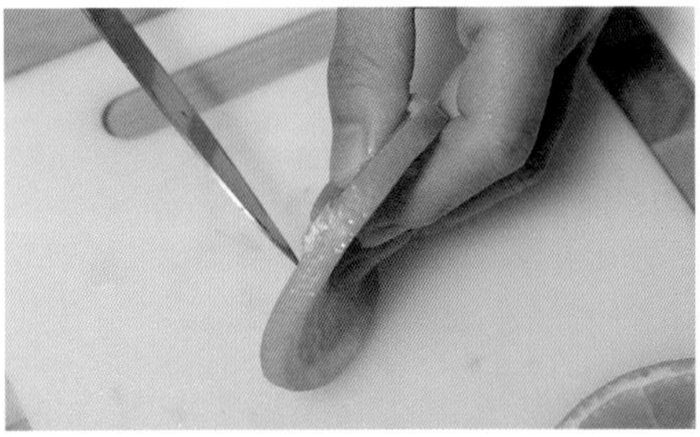

オレンジスライスの種を包丁などで取り除く

キッチンペーパーの中心にハサミで穴を開けて、落としぶたをする

弱火にしてくずさないように煮つめる

カスタードの風味づけ

ダークチェリー風味のカスタードを作る際は、缶詰の残り汁を加えて、ヘラでよく混ぜる

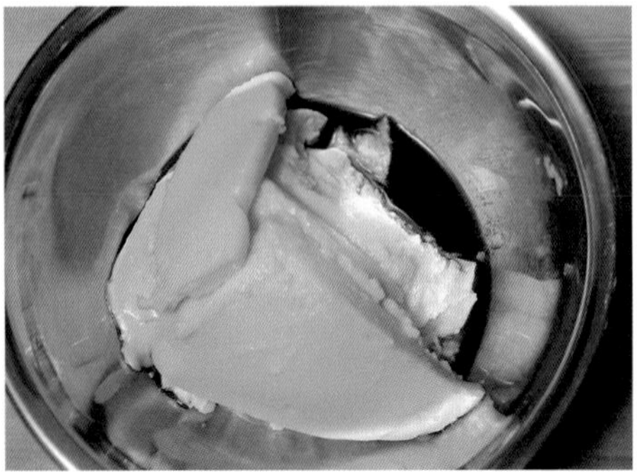

マーマレード風味のカスタードは、常温に戻したマーマレードをカスタードと混ぜる

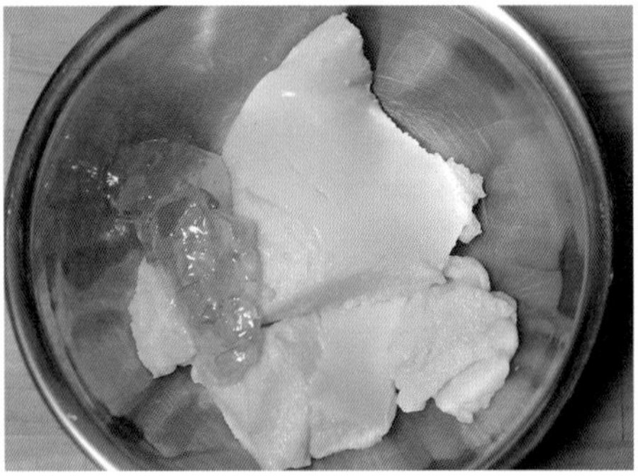

おいしさが倍増する副材料の扱い方

フルーツやカスタードなどの副材料をたくさん使うスイートロールは、ちょっとしたアレンジをすることで、よりおいしくなります。カスタードの風味付けとは、使うフルーツの香りや色を添加することです。たとえばダークチェリーのスイートロールには、缶詰の残った汁をカスタードにちょっと加えるだけで、味わいに統一感が出て、なにより風味も増します。フルーツの煮詰めは、シロップで煮詰めて扱いやすくします。生のままだと水分が多くなって生地が湿ってしまうからです。ちょっとした工夫を省略せずに行うと、よりおいしく楽しめます。

Brioche

ブリオッシュ 2種

独特な形は、キリスト教の僧侶の姿をイメージ

ブリオッシュ・ア・テット

材料（約14個分）

Ⓐ
- フランスパン専用粉（フランス）…250g
- 砂糖…30g
- 塩…5g
- 生イースト…10g（インスタントドライイーストの場合は5g）
- 牛乳…63g
- 卵…125g

バター…125g
溶き卵（仕上げ用）…適量

パンDATA

製法	オーバーナイト法
グルテン膜	薄くてやや強め
こね時間	35分
発酵	約28℃で約90分
ベンチタイム	20分
ホイロ	約32℃で約60分
焼成	約220℃で約12分

所要時間
前日2時間
当日2時間

難易度
★★★

前日に作っておく生地

1
Ⓐの材料をボウルに合わせ、手で混ぜ合わせる。つぎに台に取り出し、押しつけるように混ぜたあとにこねていく。

2
グルテン膜のチェックをしながらしばらくこねる。つぎに冷やしたバターをめん棒で平たくしておく。

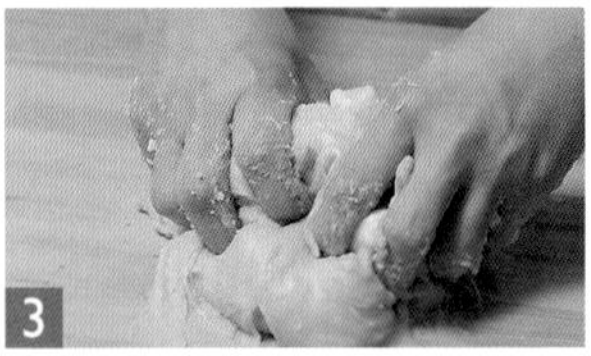

3
生地の上に平らにしたバターをのせ、四方の生地で包み込む。これを一気に引きちぎるようにしながら、生地とバターをなじませる。

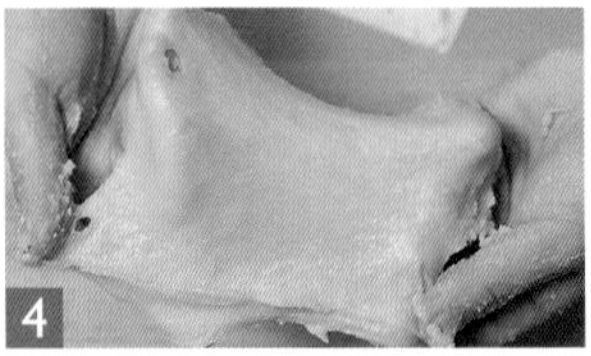

4
しばらくこねたらグルテン膜のチェックして膜が張っていたら、油脂類を塗ったボウルに入れてラップをし、発酵をとる。

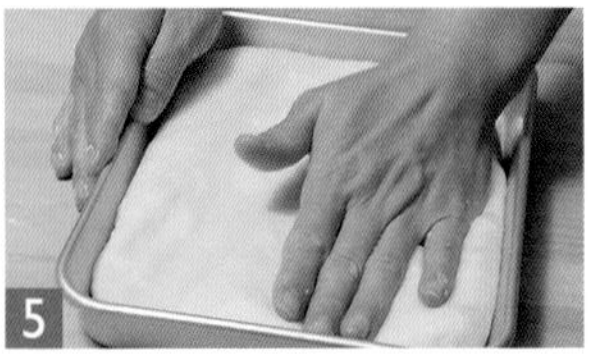

5
台に打ち粉をし、パンチをする。バットに生地を入れ、バットごとビニール袋の中に入れる。冷蔵庫で15～20時間おく。

01 打ち粉をした台に、前日作っておいた生地を取り出す。バットにくっついた生地はカードなどでこまめに取り、一緒にしておく。

02 生地がベタついているので、横に2つ折りにして手のひらで押さえるようにして長方形にしておく。

03 40gになるようにスケッパーで分割する。40gに満たない余った生地は分割済みの生地に均等に加える。

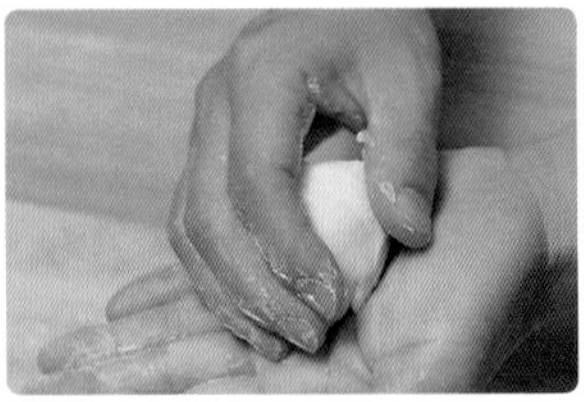

04 左の手のひらに生地を置き、右手で生地を丸める。左手のひらはしっかり開くとよい。ビニールなどをかぶせ、ベンチタイムをとる。

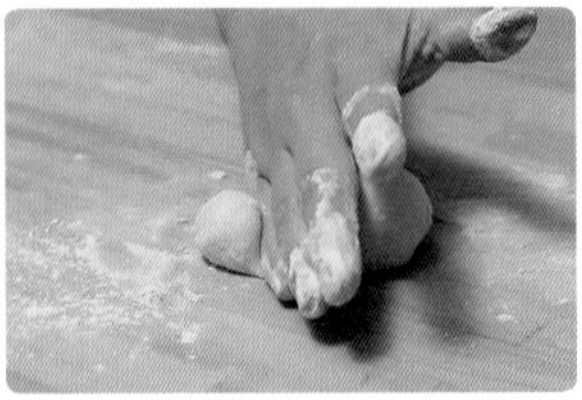

05 ブリオッシュ型にバター（分量外）を塗っておく。手のひらで生地を丸めなおしたら、生地の1/3のところを指で押して首と胴体を分ける。

06 雪だるまのような形になったら、生地をブリオッシュ型に入れ、首が入るような穴を指先で押して作る。

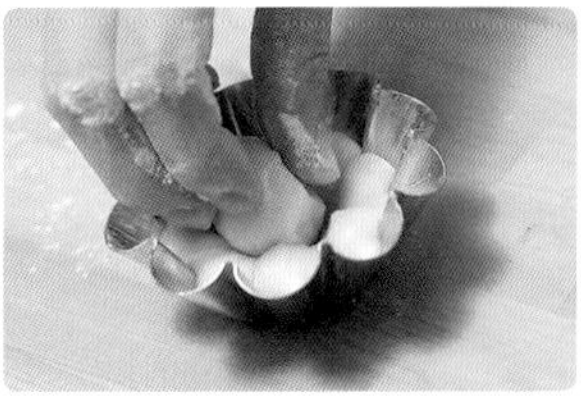

07 つまんだ首の部分を、胴体の部分に作った穴の中に埋めるように押し込む。胴体の部分は型に密着させる。

08 首と胴体の境目を指で少し押して、目立たなくしておく。こうすることで、焼き上げのときに首が落ちないですむ。

09 オーブン板1枚に5～7個を目安に並べ、この状態でホイロをとる。

10 ホイロが終了したら、卵をハケで塗り、約220℃のオーブンで約12分間焼く。

ブリオッシュ・オ・ザマンド

材料（約14個分）

生地の材料はp102と同じ
粉砂糖（仕上げ用）…適量

マカロン生地の材料

卵白…45g
砂糖…50g
アーモンドパウダー…40g
薄力粉…10g

パンDATA

製法・オーバーナイト法／グルテン膜・薄くてやや強め／こね時間・35分／発酵・約28℃で約90分／ベンチタイム・20分／ホイロ・約32℃で約60分／焼成・約220℃で約12分

所要時間	難易度
前日2時間 当日2時間	★★★

01 マカロン生地を作る。卵白を泡立て器で混ぜ、砂糖を加えて混ぜる。

02 01のボウルに、別に合わせたアーモンドパウダーと薄力粉を加え、泡立て器で混ぜ合わせる。

03 右ページを参考に1～5、01～04までの生地を作り、めん棒でアルミケースと同じくらいの大きさに丸くのばす。

04 アルミケースに生地を入れたら、フォークで表面に穴を開ける。

05 オーブン板に生地をのせ、この状態でホイロをとる。

06 時間が経ったら、作っておいたマカロン生地を、生地の表面にスプーンを使って塗る。

07 茶こしで粉砂糖をふりかけてから、約220℃のオーブンで約12分間焼く。

パンブレイク

ブリオッシュとクロワッサン生地で作るパン

リッチなパンの代表格である2種類のミックスパン

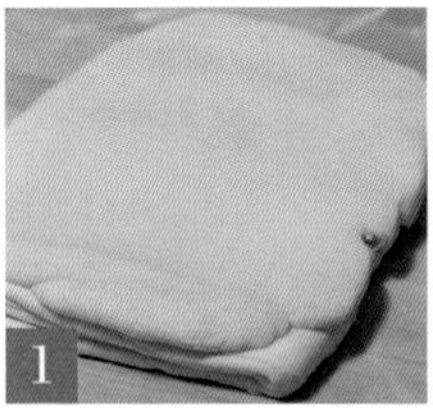

折り込み済みのクロワッサン生地の上にブリオッシュ生地をのせる

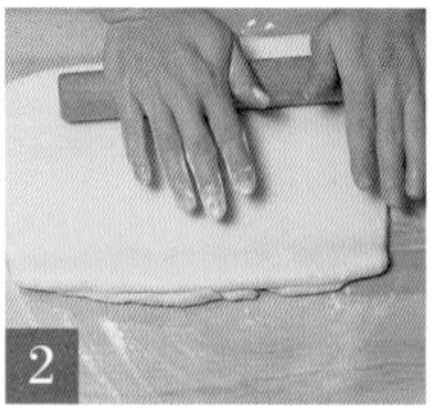

ブリオッシュ生地を下にしてめん棒でのばす

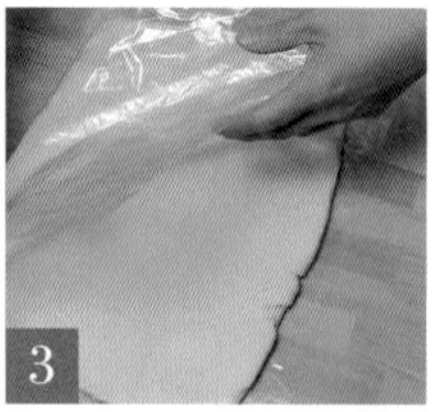

のばし終えたらいったん冷蔵庫で冷やす

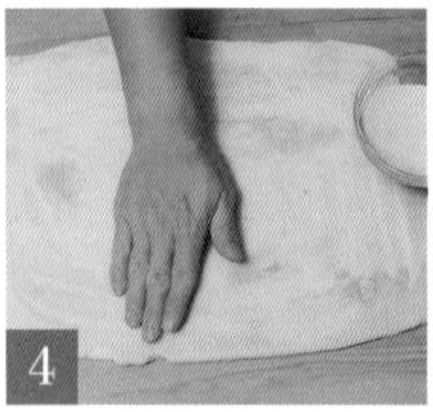

バターを塗りシナモンシュガーをかける

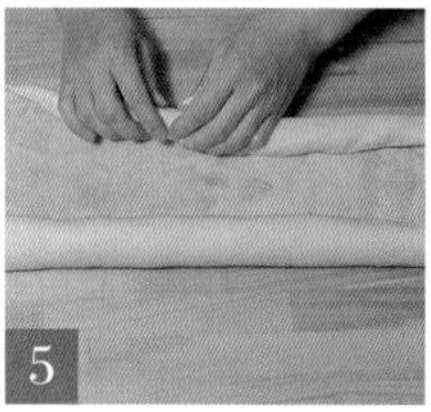

中心で巻き終わるように、両端の生地から巻き始める

巻き終わったらひっくり返す

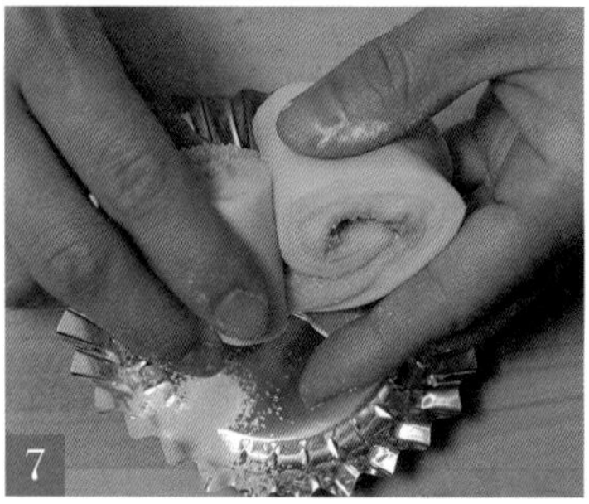

切った生地を、アルミケースの上でねじってから入れる

ミクステ

材料

クロワッサン生地…600g
ブリオッシュ生地…300g
溶かしバター、シナモン（粉末）、グラニュー糖…適量
溶き卵（仕上げ用）…適量

作り方

❶クロワッサン生地とブリオッシュ生地を、それぞれ縦20㎝×横30㎝にめん棒をかけのばす。
❷クロワッサン生地の上にブリオッシュ生地をのせて、縦30㎝×横40㎝にのばしていく。
❸冷蔵庫で約30分冷やす。時間が経ったら、縦40㎝× 横50㎝になるようにめん棒でかける。
❹ブリオッシュ生地の方の表面に溶かしバターを塗り、その上にシナモンシュガーを均等にかける。
❺上端、下端から、中心に向かって巻いていく。巻き終わったら、巻き目を外側へ向かせ、包丁で12等分に切り分ける。
❻アルミケースに生地をのせ、中心でねじって成形する。
❼ホイロを60分ほどとり、卵を塗って 約220℃のオーブンで12〜15分間焼き上げる。

油脂類が多いので こねるときに気を配って

「ミクステ」の生地作りのポイントは、成形時に2種の生地を合わせてめん棒でのばす際に、ブリオッシュ生地を下にしてのばすこと。クロワッサン生地に比べ、ブリオッシュ生地は冷やしても柔らかい状態だからです。こうすることで2つの生地が均等にのびます。

クロワッサンとブリオッシュ、どちらもバターの量が多く配合されたリッチな生地同士を合わせたパンは、サクッとした部分とふんわりした部分が混ざり合い、そこにシナモンの風味も加わった独特の食感と味わいになります。

めがねのような形がユニーク。クロワッサンよりも層が壊れにくいため、食べやすい。プレゼントにも重宝する

Melon Roll

メロンパン

“キング・オブ・ジャパニーズパン” といえばコレ！

メロンパン

材料（約12個分）

発酵種の材料

生イースト…10g（インスタントドライイーストの場合は4g）
水…63g
溶き卵…50g
強力粉（カメリヤ）…175g
砂糖…13g

本ごねの材料

強力粉（カメリヤ）…25g
薄力粉…50g
砂糖…63g
塩…3g
脱脂粉乳…5g
バター…38g
水…45g

メロン生地の材料

バター（柔らかくしておく）…56g
砂糖…112g
卵…60g
薄力粉…214g
バニラエッセンス…適量
レモンの表皮…適量
グラニュー糖（仕上げ用）…適量

パンDATA

製法	加糖中種法
グルテン膜	薄くて強め（中種は張らない）
こね時間	約2分（発酵種）、約30分（本ごね）
発酵	約28℃で約90分（発酵種）、28～30℃で30～40分（本ごね）
ベンチタイム	15分
ホイロ	約35℃で50～60分
焼成	約210℃で10～12分

所要時間 4時間30分

難易度 ★★★

発酵種の作り方

1
ボウルに水を入れ、生イーストを溶かす。そこに卵を加えて泡立て器で混ぜる。

2
強力粉と砂糖を入れた別のボウルに、1を入れて、指を使ってしばらく混ぜる。

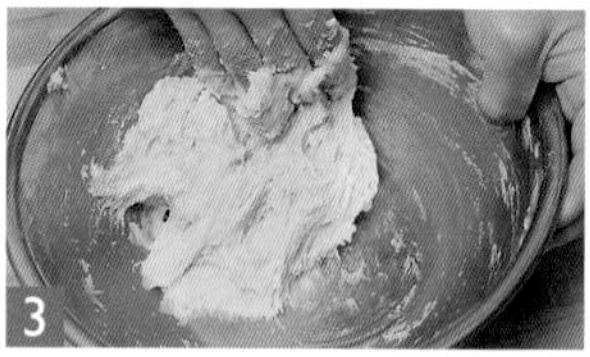

3
ボウルのへりを利用しながら、生地の固さが同じになるまでボウル内でこねていく。

4
こね始めは写真のように少量だが、つぎの発酵過程で、2～3倍ほどにふくらむので、ボウルは大きめのものを用意するとよい。

5
全体が同じ固さになったら、ボウルに入れたまま、約28℃の場所で約90分間発酵をとる。写真のようになったら発酵は完了。

01 メロン生地を作る。ボウルにバターと砂糖を入れ、卵を3回くらいに分けて入れ、レモンの皮とバニラエッセンスも加え、混ぜる。

02 01のボウルに薄力粉を入れて、固さが同じになるまでカードを使ってボウル内で混ぜ合わせる。

03 ある程度混ざったら、台に移し、手のひらでのばすようにして練り込む。なめらかになったら、カードで生地をかき集める。

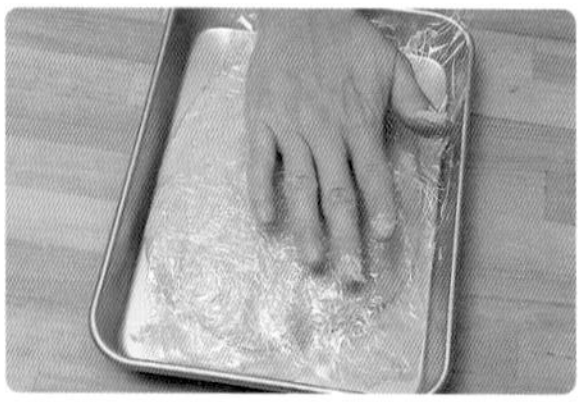

04 バットに移し、手のひらでバットと生地が同じ幅になるように広げる。ラップを密着させるようにかけ、約1時間以上冷蔵庫で冷やす。

05 本ごねに移る。カードで発酵種の中心にすき間を作り、バター以外の本ごね用の材料を入れる。ボウル内で水気がなくなるまで混ぜる。

06 混ざったら台に移して、押しつぶすようにして上下に生地をのばす。固さが同じになったら、p36と同じ要領でこねる。

07 生地がベタついても粉は足さずに根気よくこねる。だいたい15分くらいこねていくと、生地にツヤが出てくる。

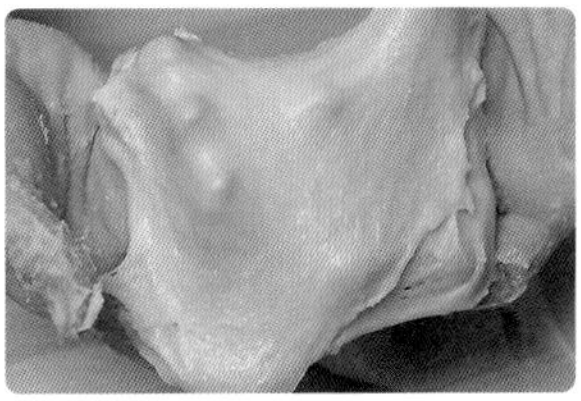

08 しばらくこねたら生地の一部を切り取り、グルテン膜チェックをする。写真のような膜が張っていたら、つぎの工程に移る。

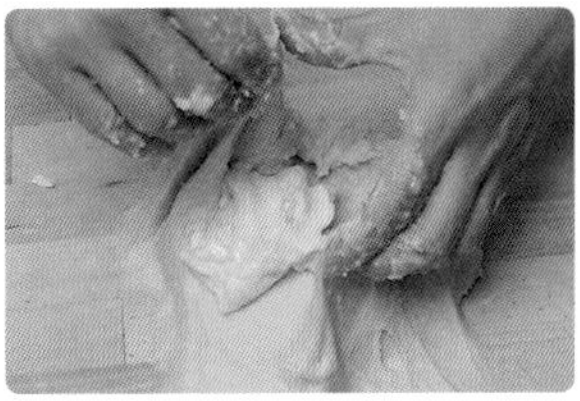

09 生地を平たくして、上にバターをのせ、四方の生地で包み込むようにする。

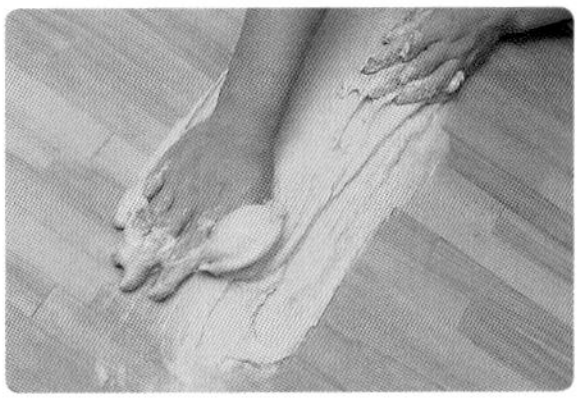

10 ひきちぎるように上下に生地をのばしていく。固さが同じになったらカードでひとまとめにする。

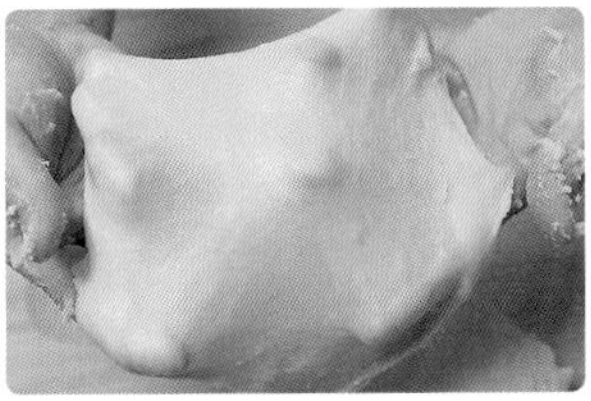

11 約15分間こねていき、08と同様にグルテン膜のチェックをして、膜が張っていたらボウルに移してラップをかけ発酵をとる。

12 冷蔵庫で冷やしておいたメロン生地を台の上に取り出し、スケッパーで30gに分割する。

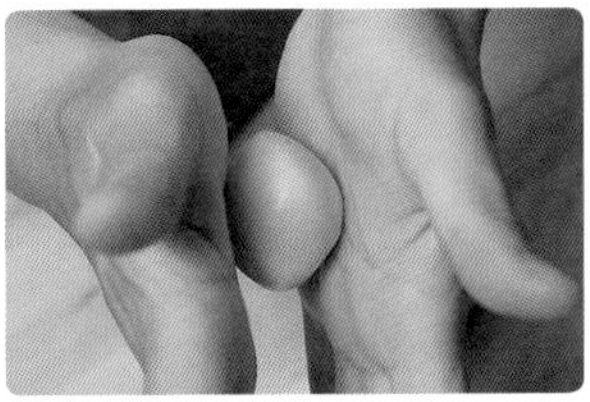

13 メロン生地を両手で丸める。あとで成形するので、だいたい丸まっていればOK。

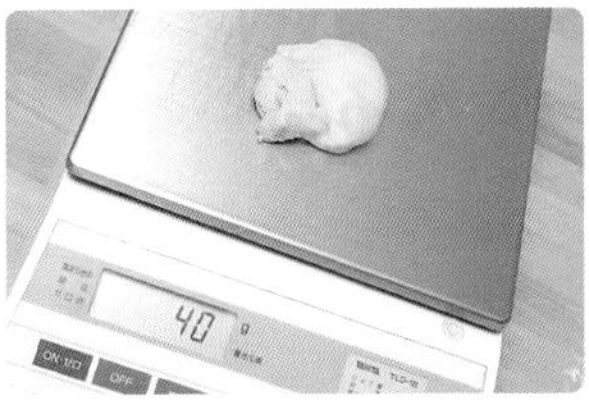

14 発酵が終わった生地は打ち粉をした台に取り出し40gに分割する。つぎに生地を丸めてそのままベンチタイムをとる。

15 生地を一度手のひらでつぶして、ガスを抜き、丸め直す。裏のとじ目は、指でつまんでおく。

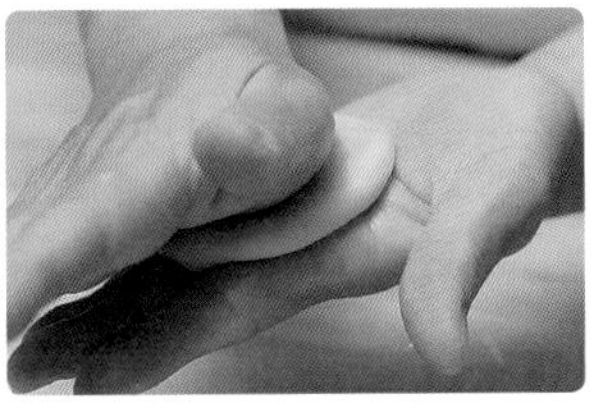

16 メロン生地を、15の生地よりひとまわり大きめに平たくしておく。つぎに15の生地の上にメロン生地をかぶせ、2つを一緒に丸める。

17 生地の表面に、グラニュー糖をつける。グラニュー糖はボウルに入れたままつけるとやりやすい。

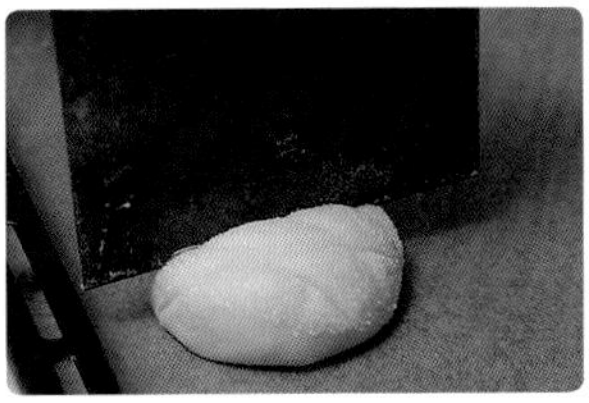

18 オーブン板に並べ、スケッパーで、表面に網目状の切り込みを入れる。このままホイロをとり、約210℃のオーブンで10～12分間焼く。

Q&A

Q 生地がすごくべたつきます

A メロンパンの生地は、通常の生地よりもべたつきます。やわらかいのでまとまるのに時間はかかりますが、打ち粉はせず、根気よくこねましょう。

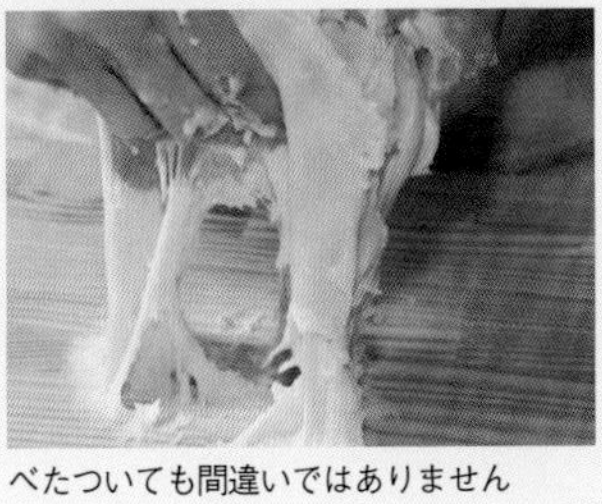

べたついても間違いではありません

Variation

クリームパン

パンDATA

製法	加糖中種法
グルテン膜	薄くて強め（発酵種は張らない）
こね時間	約2分（発酵種）、約30分（本ごね）
発酵	約28℃で約90分（発酵種）、28～30℃で30～40分（本ごね）
ベンチタイム	15分
ホイロ	約35℃で50～60分
焼成	約210℃で10～12分

材料（約12個分）

発酵種と本ごねの生地の材料はp106と同様

溶き卵（仕上げ用）…適量

カスタードクリームの材料

卵黄…3個分

砂糖…75g

薄力粉…25g

バニラエッセンス…少々

牛乳…250ml

所要時間 4時間30分　難易度 ★★★

01 カスタードクリームを作る。卵黄を入れたボウルに、砂糖を加えて泡立て器でしっかり混ぜる。

02 01のボウルに薄力粉とバニラエッセンスを入れて、泡立て器でかき混ぜる。牛乳を鍋に入れ、火にかける。

03 沸騰させた牛乳を02のボウルに加えて、泡立て器で混ぜる。

04 裏ごし器で 03 をゆっくりこして、カスタードをなめらかにする。

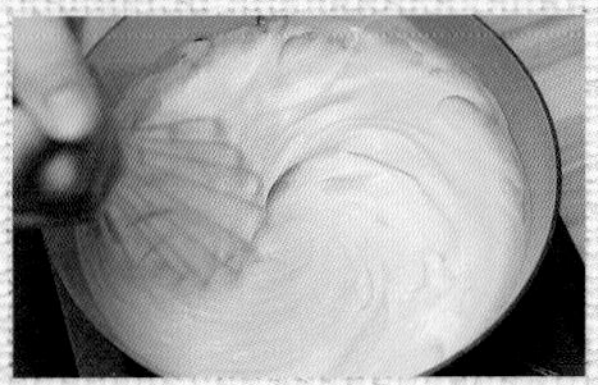

05 鍋に移して、トロミが出るまで火にかける。沸騰し始めは固いが、だんだん柔らかくなるので、焦げつかないようによく混ぜる。

06 バットに移し、密着させるようにラップをかける。氷水が入ったバットを用意し、その上に重ね、よく冷ます。

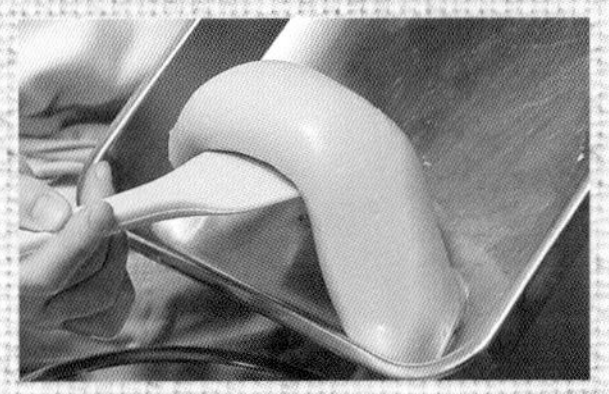

07 冷めたカスタードはゼリーのように固まっているので、バットからボウルに移して、ヘラで少し柔らかくしておく。

08 ボウル内でカスタードを少しだけ混ぜる。

09 絞り出し袋の先端に口金を入れたら、先の方をねじって持ち、カスタードを絞り袋に入れる。

10 p106 の 05 ～ 11、14 の工程と同じ方法で生地を作る。40g に分割したベンチタイム後の生地をめん棒でだ円形にのばす。

11 絞り出し袋で、生地の中心よりやや手前にカスタードクリームを絞る。総重量が生地と合わせて 70 ～ 80g になるようにする。

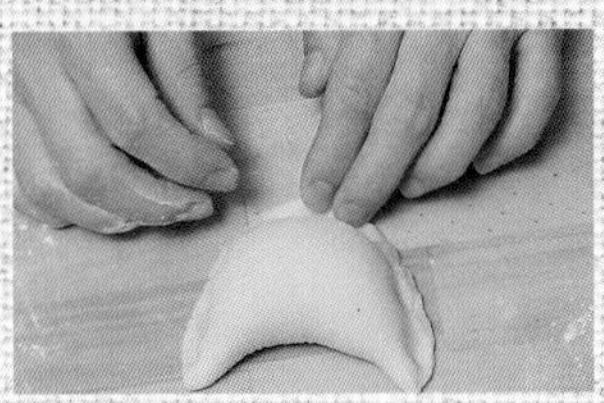

12 中心で 2 つ折りにして、生地のとじ目を指で押してクリームが出ないようにする。

13 生地を裏返して、とじ目に 3 カ所切り込みを入れる。オーブン板でホイロをとり、卵を塗り、約 210 ℃のオーブンで 10 ～ 12 分焼く。

Point Arrange

あんパン

材料（約12個分）

発酵種と本ごねの生地の材料は p106 と同様
つぶあん（こしあんでも可能）…480g　ケシの実…適量
桜の花の塩漬け…適量
溶き卵（仕上げ用）…適量

作り方

❶生地は p106 の 05 ～ 11、14 と同様に作る。❷ 40g に分割し、丸めてベンチタイム後、生地をいったん手のひらで平たくしておく。❸左手に生地を持ち、スプーンなどであんこを生地の上にのせる。あんこの量は、約 40g が目安。❹まんじゅうのあんを包むように、あんこを押し込みながら、生地で包んでいく。❺あんこを生地の四方で包むようにして、指で中心をつまむ。とじ目を下にしてクッキングシートをしいたオーブン板に並べ、ホイロをとる。❻生地に溶き卵を塗る。❼真ん中に桜の花の塩漬けを置く。つぎに泡立て器などの丸い軸に卵をつけ、ケシの実を付着させ、そのまま生地の真ん中に桜の花の塩漬けごとグッと埋め込む。❽約 210℃のオーブンで 10 ～ 12 分間焼き上げる。

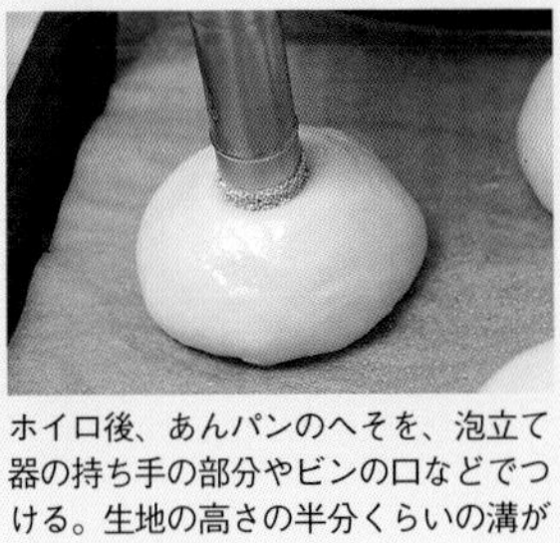

ホイロ後、あんパンのへそを、泡立て器の持ち手の部分やビンの口などでつける。生地の高さの半分くらいの溝ができれば OK。

パンブレイク

メロンパン生地で作るチョココルネ

なつかしの日本の菓子パン、チョココルネを作る

チョココルネ

材料

発酵種と本ごねの生地の材料はp106参照、牛乳…400ml　砂糖…85g、スイートチョコレート…50g、コーンスターチ…40g、ココアパウダー…25g、バター…15g、ブランデー…15ml、溶き卵（仕上げ用）…適量

作り方

❶牛乳を入れた鍋を火にかけ、温まる前にチョコレートを入れ、つぎに砂糖、コーンスターチ、ココアパウダーを入れる。鍋の中でよくかき混ぜながら沸騰させ、１分間炊く。

❷１分たったら、火を止め、バターを加えよく混ぜ合わせる。バットに開けてよく冷やしておく。ヘラなどで混ぜ柔らかく戻してからブランデーを加え、絞り出し袋に入れる。

❸生地の作り方は、p106の１～５、01～11までを参考にする。発酵終了後の生地は40gに分割し、ベンチタイムをとる。

❹生地を棒状にしたら30㎝ほどの棒状に手で転がしながらのばしていく。

❺ショートニングを塗ったコルネ型に、生地を巻く。巻き終わりは生地をつまんでとじる。

❻約35℃で50～60分間ホイロをとり、その後卵を塗って、約210℃のオーブンで約10～12分間焼き上げる。最後に絞り袋に入れたチョコレートクリームをコルネの穴に差し込み、絞る。

1 ボウルに砂糖、ココアパウダー、コーンスターチを入れて混ぜておく。こうすると牛乳に沈みやすく混ぜやすい

2 温かくなる前にチョコレートを入れるとダマになりにくい

3 牛乳に、１のボウルの材料を入れ、手早く混ぜる

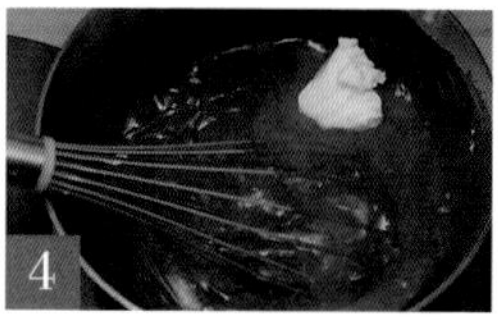

4 沸騰して１分経ったら火を止めバターを入れる

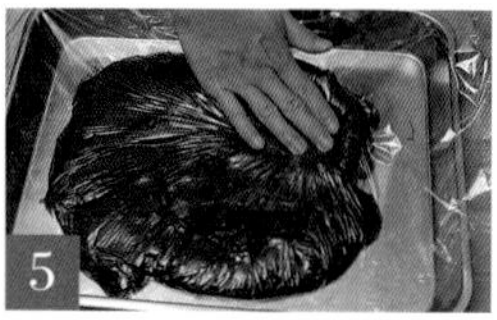

5 バットに入れてラップを密着させながらかけ、冷ます

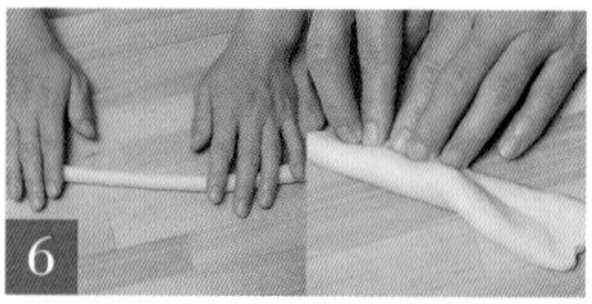

6

7 コルネ型に生地を巻く。３～４巻きがベスト

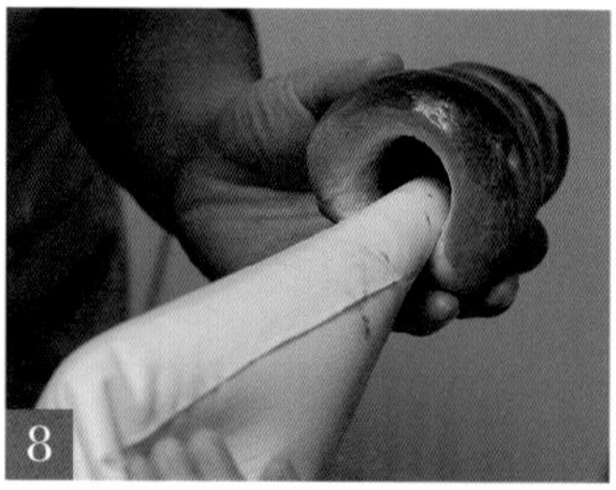

8 焼き上がったら、チョコクリームを生地内に詰め込む。チョコクリームが生地からはみ出さないようにする

チョコクリームの作り方と成形のしかたがポイント

p106のメロンパン生地を利用して、チョココルネを作ってみましょう。まず特別に必要なのがコルネ型です。ポイントは、チョコクリームの作り方と生地の巻き方です。火にかけた牛乳の中にココアやコーンスターチなどを入れるときは、温めすぎるとコーンスターチがダマになってしまうので注意します。コルネ型に生地を巻きつけるときは、少し斜め上に巻きつけるようにして、巻き終わりをしっかりと指でつまんでとじておくと形が崩れにくくなります。

Croissants

クロワッサン

基本をマスターすれば、決して難しくはありません！

クロワッサン

材料（約10個分）

Ⓐ
- フランスパン専用粉（フランス）…250g
- 砂糖…30g
- 塩…5g
- 脱脂粉乳…5g
- バター…25g

水…130g
卵…13g
生イースト…9g（インスタントドライイーストの場合は4g）
折り込み用のバター…125g
溶き卵（仕上げ用）…適量

パンDATA

製法	オーバーナイト法
グルテン膜	厚くて弱い
こね時間	約5分
発酵	28～30℃で40～60分
ベンチタイム	なし
ホイロ	約32℃で60～80分
焼成	約230℃で約15分

所要時間
前日1時間
当日5時間

難易度
★★★

前日に作っておく生地

1
Ⓐの材料をボウルに入れる。別のボウルに水に生イーストを溶かし、卵を入れる。両方を合わせて混ぜる。

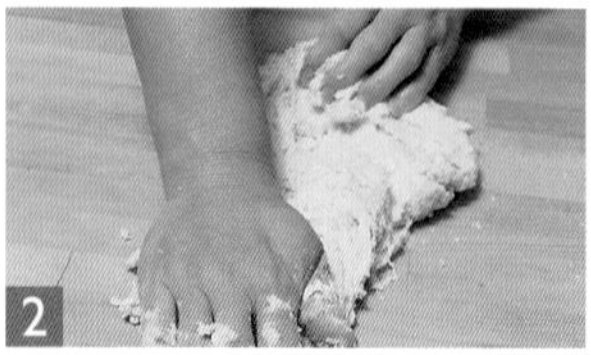

2
ボウル内で水気がなくなるまで混ぜたら台に移し、押しつけるようにして均等の固さに整える。

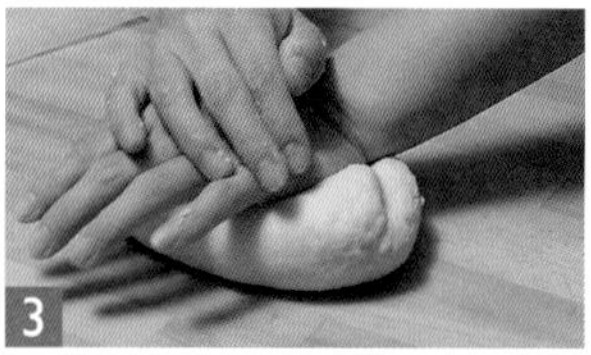

3
手のひらで押し出すようにこねる。台に生地がつかなくなったらボウルに入れ、ラップをかけて28～30℃で40～60分発酵をとる。

4
発酵後、台に取り出し、軽く丸めながらパンチをする。

5
ビニール袋で生地を包み、冷蔵庫で約15～20時間おく。

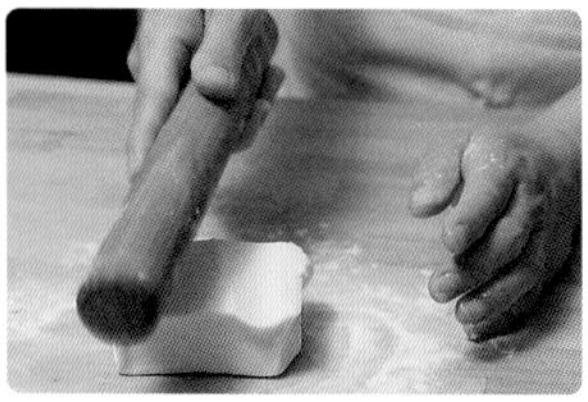

01 台に打ち粉をして、冷やしておいた折り込み用のバターを出す。両面をめん棒でたたきながら、正方形になるように平たくしていく。

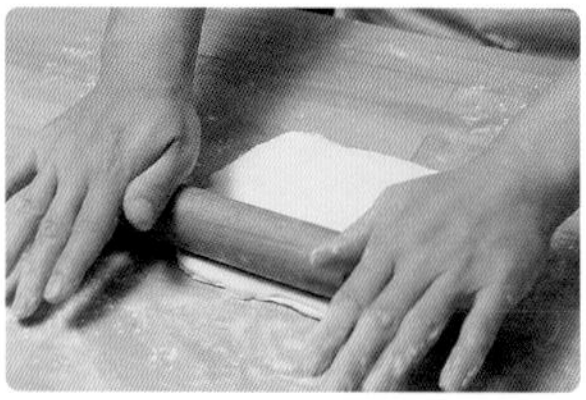

02 たたく途中でバターが溶けたら、いったん中止し、冷蔵庫で冷やす。ある程度平たくなったらめん棒でのばし、20㎝四方に整える。

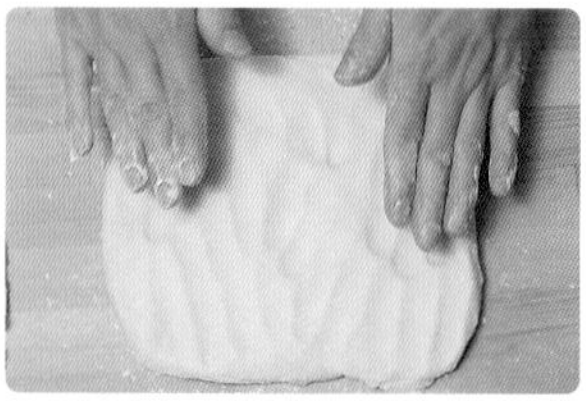

03 前日に作っておいた生地を打ち粉をした台に取り出し、25㎝四方になるようにめん棒を均等にかけながらのばしていく。

04 生地の上にバターを45度ずらしてのせる。四方の生地でバターが見えないように包んでいく。とじ目は指でつまむ。

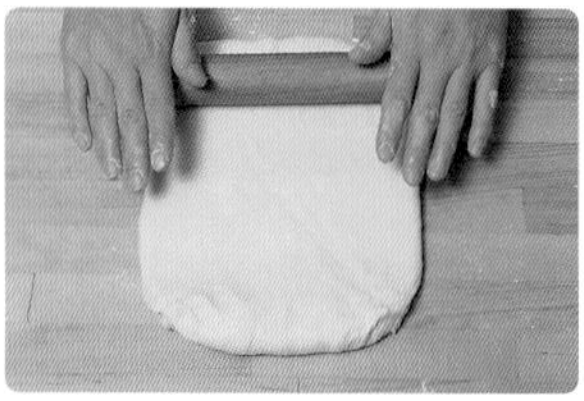

05 04をめん棒を使って生地をのばす。この時点でバターが溶け出してきたら、作業を中断し、ビニールに包んで冷凍庫で冷やす。

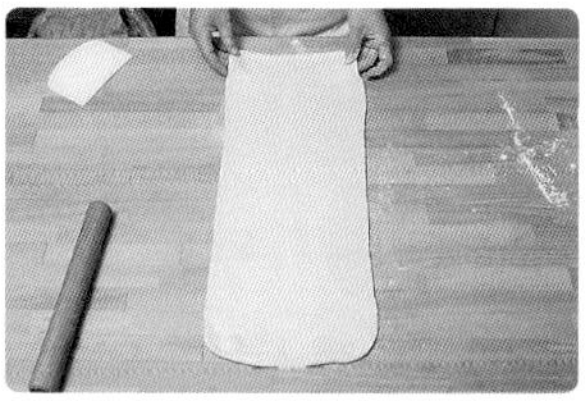

06 生地の表と裏を均等にめん棒をかけ、横20㎝×縦50㎝にする。時間がかかりすぎるとバターが溶け出すのでスピーディーに。

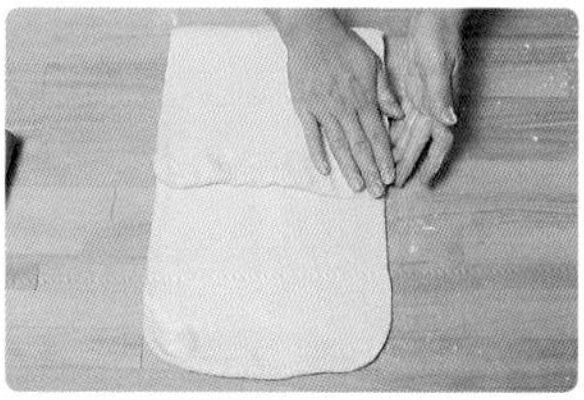

07 1回目の折り込み：生地を3つ折りにする。ビニールで包んだ生地をバットにのせ、冷凍庫で30分間冷やす。

08 再度めん棒でのばす。折り目を右にして、中央から上下へ均等の厚さになるようめん棒をかける。表が終わったら裏面もかける。

09 めん棒をかけるとき、生地の上からバターがにじみ出てきたら作業を中断し、冷凍庫で冷やす。ここでも横20㎝×縦50㎝にする。

10 2回目の折り込み：横20㎝×縦50㎝になったら07と同様に生地を3つ折りにして、めん棒で厚さを整えながら、ビニールで包む。

11 ビニールで包んだ生地をバットにのせ、冷凍庫で約30分間冷やす。

12 さらにめん棒でのばす。打ち粉をした台に取り出し、折り目を左にしてから、まずはざっと表面をめん棒でのばす。

13 再度横20㎝×縦50㎝にのばす。ここで3回目の折り込み：3つ折りにしてビニールで包み、再度11の作業を行なう。

14 成形のためののばしに入る。横18㎝×縦60㎝になるようにめん棒でのばす。のびにくくなったら11のように冷凍庫で休ませる。

15 冷凍庫で休ませるときは20～30分間は冷やすこと。横18㎝×縦60㎝になるまで2～3回、のばしたら冷やすをくり返す。

16 手直し程度に横18㎝、縦60㎝にめん棒でのばす。生地を横向きにして、三角形に包丁で切る。底辺が約10㎝になるようにする。

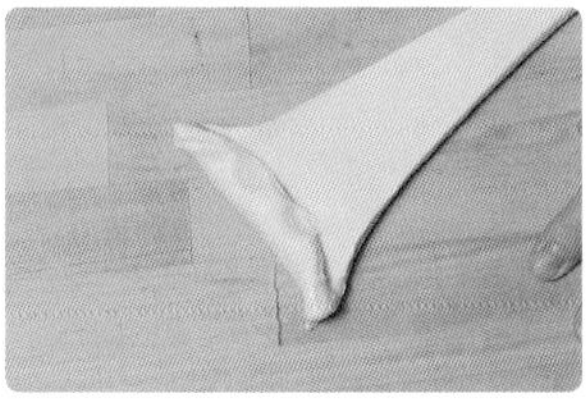

17 三角形の底辺を少しつぶして軸を作り、頂点を多少ひっぱりながら上端から巻いていく。

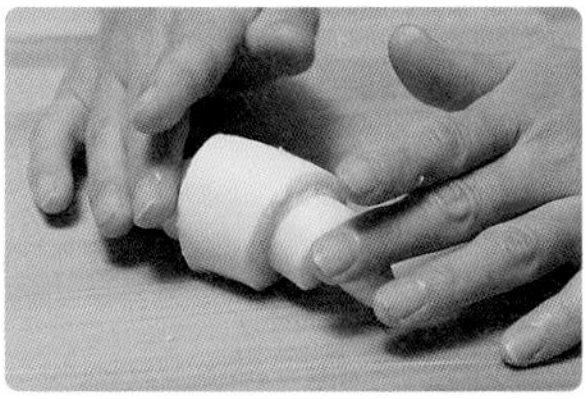

18 中間まで巻いたら、手早く、生地の両端に両手を添えて巻いていく。成形に時間がかかるとバターが溶けてくるので注意。

19 きれいな成形は、生地の側面にバターの層ができる。成形の途中でバターが溶けだすとベチャっとした生地になってしまうので注意。

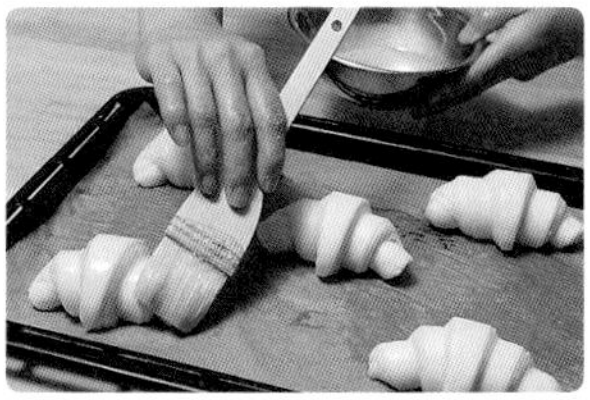

20 クッキングシートをしいたオーブン板にのせてホイロをとる。終了後、卵を塗って、約230℃のオーブンで約15分間焼く。

Variation

パン・オ・ショコラ／クロワッサン・オ・ノア

パンDATA

製法	オーバーナイト法	ベンチタイム	なし
グルテン膜	厚く弱い	ホイロ	約32℃で60～80分
こね時間	約5分	焼成	約230℃で約15分
発酵	28～30℃で40～60分		

所要時間
前日1時間
当日5時間

難易度
★★★

材料（4個がショコラ、6個がノア）
生地の材料はp112と同様
溶き卵（仕上げ用）…適量

パン・オ・ショコラの材料
チョコレート（棒状）…8本

クロワッサン・オ・ノアの材料
クルミ（ロースト）…50g
フォンダン…25g
バター…15g
クルミ…6個（トッピング用。ローストはしない）

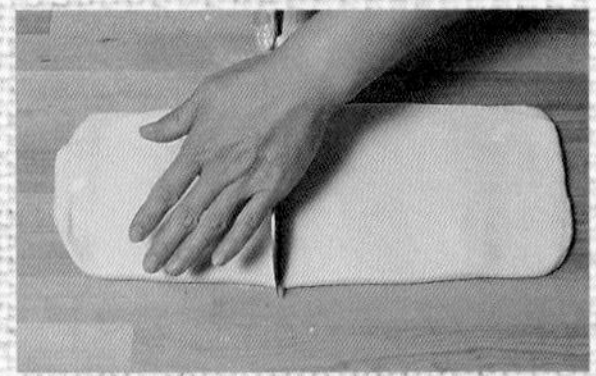

01 生地はp112の1～5、01～15までを参考に作る。縦18cm×横60cmの生地の横が20cmと40cmになるように1:2に包丁で切る。

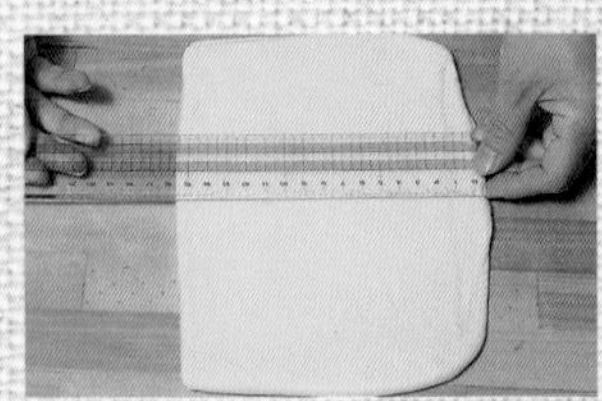

02 20cm×18cmの生地はショコラで使う。めん棒で横20cm×縦24cmにのばす。

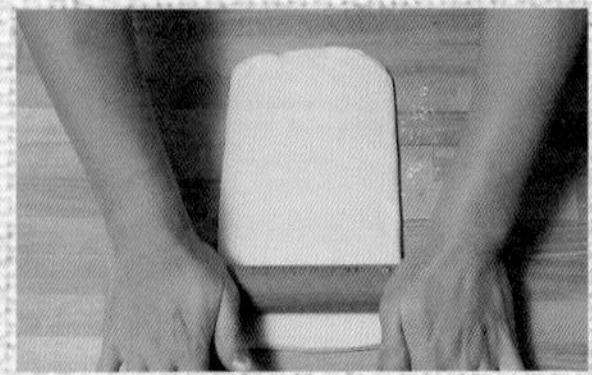

03 18cm×40cmの方の生地はノア用なので、18cm×45cmになるよう生地を整える。

04 ビニールの上に両方の生地をのせ、余ったビニールを生地の上にかぶせ、両方の生地を重ねて、冷蔵庫で約20～30分間冷やす。

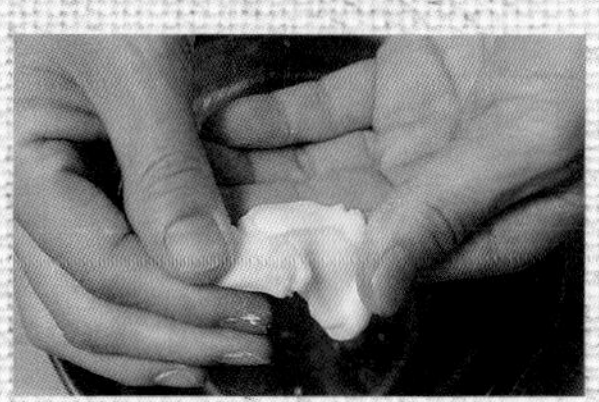

05 その間にノアの方の下ごしらえをしておく。フォンダンを手で練って柔らかくする。適当にちぎり、ボウルに入れる。

06 柔らかくしたバターを入れて、カードやヘラなどで、ダマにならないように混ぜ合わせる。

07 約180℃のオーブンで約6分間ローストしたクルミを、冷ましてから手で細かく砕き、ボウルに加える。

08 07のボウルの材料をカードやヘラなどでよく混ぜ合わせる。

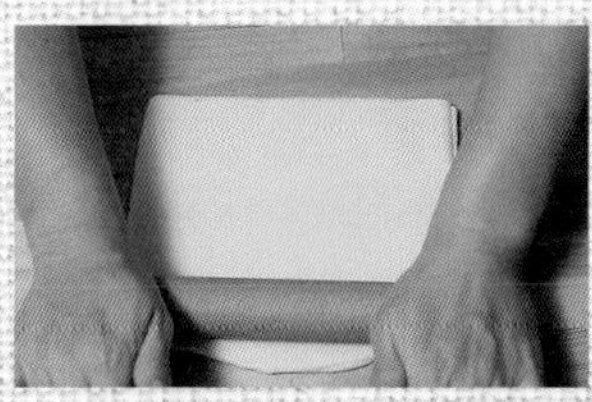

09 04で冷やした生地を取り出し、ショコラ用はもう一度幅24㎝×長さ20㎝にめん棒で整える。

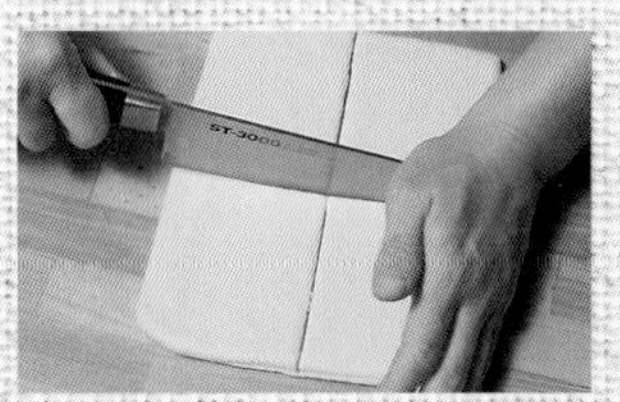

10 生地が4分割になるように包丁で切る。少し生地が縮むので1枚が9㎝×11㎝くらいになる。

11 棒状のチョコレートを用意し、生地の上にのせ、これを軸にして2回巻く。

12 とじ目を下にして手のひらで固定する。つぎにシートをしいたオーブン板にのせてホイロをとり、時間が経ったら卵を塗り、焼く。

13 ノアの生地は横18㎝×縦45㎝になるようにめん棒でのばす。バターがとけてきたら冷凍庫で冷やす。

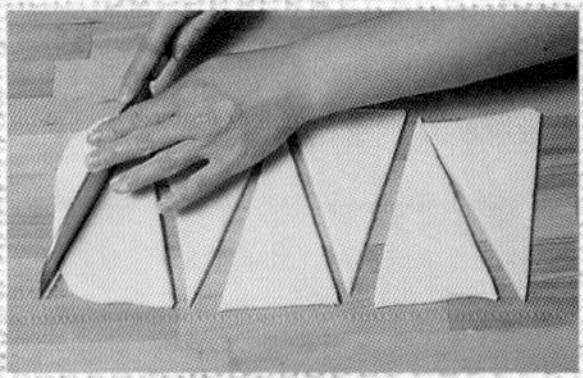

14 生地を横にして、底辺が10㎝の三角形に包丁で切る。こうすると、約6枚の生地が取れる。

15 三角形の底辺に、08で作ったクルミをのせ、頂点の生地をひっぱりながらクルミを包むようにして巻いていく。

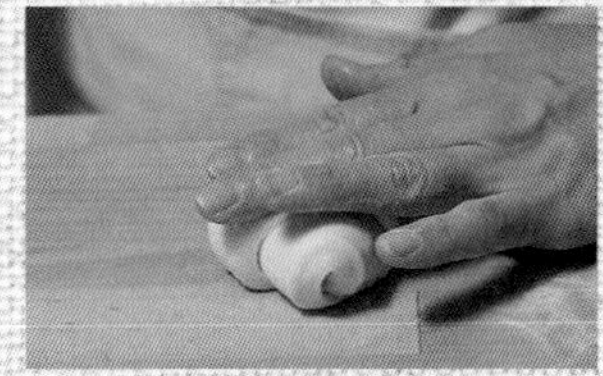

16 最後まで巻き終わったら、上から少々押さえておくと、形がくずれない。つぎにクッキングシートをしいたオーブン板でホイロをとる。

17 ノアにトッピングするクルミは水に浸しておく。

18 溶き卵を塗り、クルミをノアの生地の上に押し込み約230℃のオーブンで約15分間焼く。

パンブレイク

クロワッサン作りの陥りやすい失敗

難易度3のクロワッサン作りの悩みを解決！

Q バターと生地が均一の厚さにならない

A バターを均一にのばすときは、両面を少しずつ叩いていきます。また、バターを包み込んだ生地を均一の厚さにのばすには、力をかけすぎず、何度も回数をかけ、かつスピーディに行います。1回ののばしは5分以内が目安。この時間内にのばせないなら、10分間ほど冷凍庫に入れてから再度のばすとよいでしょう。

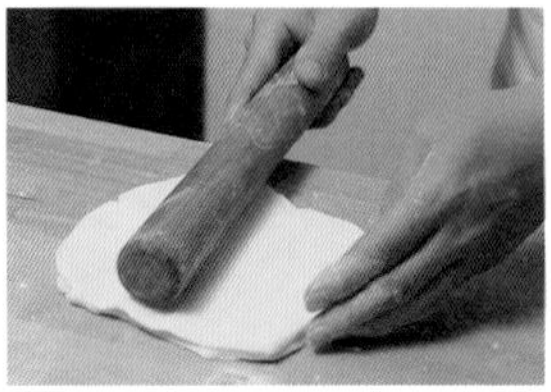

めん棒でバターをたたくときは、力まかせに平たくせず、均等に力が入るようにゆっくりたたく

生地でバターを包むときは、生地と生地をしっかりとじること。とじ目の線は×のようになるのがベスト

Q なんだか焼き上がりがサクッとしていない

A バターが作業中に溶けている可能性があります。バターをめん棒でのばすとき、外に出している時間が長かったり、熱い場所で作業を行ったりすると溶けてしまいます。こうなるとバターの水分が生地に吸い込まれるので、バターが溶けたか見た目ではわかりにくいのです。生地をしっかり冷やしながら行うことが大切です。

始めに、めん棒で全体を平たくしてからのばすとやりやすい。とにかくバターが溶けないように注意を

Q クロワッサンの層がきれいにできません

いくつかの問題が考えられます。①バターを冷やしすぎてのばすときに生地内でバターが割れたままのびてしまった②のばす厚みがバラバラだから層の厚みも不均一になった、などです。もう一回、バターの温度に気をつけ、めん棒のかけ方を再確認しておきましょう。

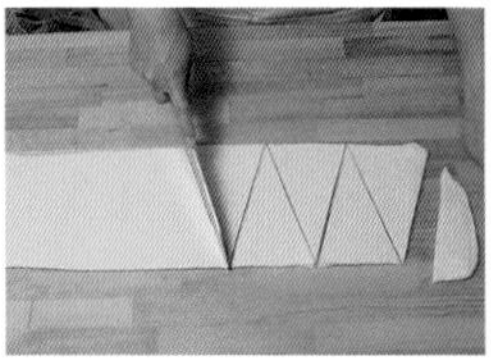

生地の端は形がいびつになっているので、そこだけ切り落としてから、包丁で三角形に切り取る

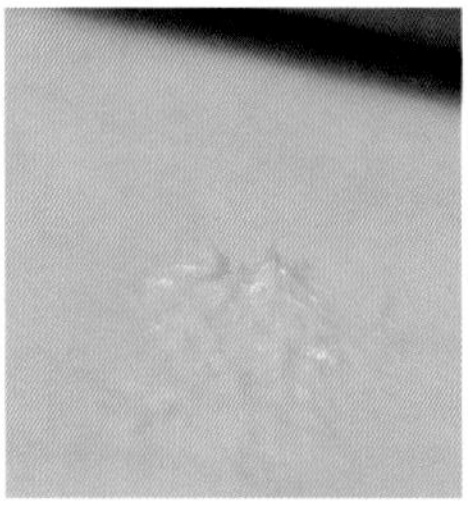

折り込みの最中に、写真のようにバターが生地から飛び出たら、作業を中止して冷凍庫で冷やすこと

サクサクのクロワッサン目指して失敗を改善して！

パン作りがある程度慣れている人でも、失敗を繰り返すほど難易度の高いクロワッサン作り。クロワッサン作りで失敗しやすいのは、めん棒のかけ方です。生地に対して均等にめん棒をかけられなかったり、めん棒のかけ方が強すぎたりすると、クロワッサンの身上であるバターの層が形成できません。クロワッサンを上手に作りたいなら、めん棒を上手にかけられるよう練習しましょう。

Cinnamon Roll

シナモンロール

シナモンの豊かな香りのパンはぜひコーヒーと一緒に

シナモンロール

材料（約8個分）

強力粉（カメリヤ）…250g
砂糖…40g
塩…4g
脱脂粉乳…10g
シナモン（粉末）…小さじ1/2
水…90g
生イースト…8g（インスタントドライイーストの場合は4g）
卵…75g
バター…50g
溶かしバター（仕上げ用）…30g
溶き卵（仕上げ用）…適量

シナモンシュガーの材料

砂糖…90g
シナモン（粉末）…10g

パンDATA

製法	ストレート法
グルテン膜	薄くてやや強め
こね時間	約25分
発酵	28～30℃で約60分
ベンチタイム	なし
ホイロ	約35℃で約50分
焼成	約210℃で10～12分

01 ボウルに、強力粉、砂糖、塩、脱脂粉乳、シナモンを入れ、別のボウルに水にといた生イーストに卵を足したものを加える。

02 ボウル内で、水気がなくなるまで手で混ぜ合わせる。

03 ひとまとまりになったら、台の上に出し、押しつけるようにして、上下に動かしながら均等の固さにしていく。

04 カードで生地をひとまとめにして、こねる。柔らかい生地だが、粉を足さないようにして、生地に張りが出てくるまでこね続ける。

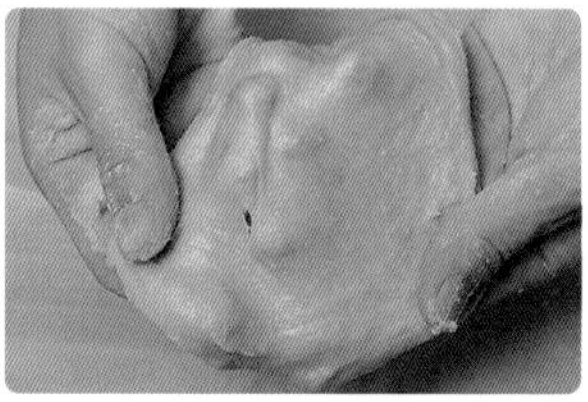

05 しばらくしたら生地の一部を切り取り、グルテン膜のチェックをして、写真のような膜が張っていたら、つぎの工程に移る。

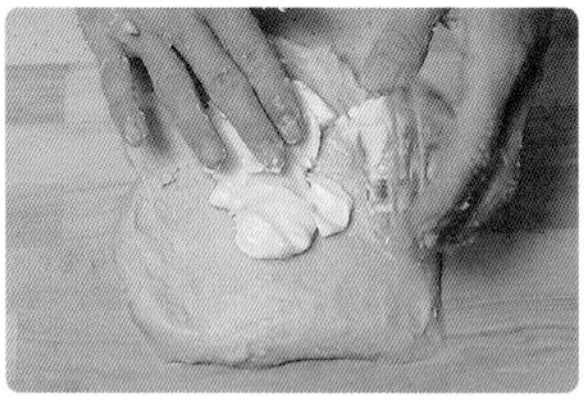

06 生地を平たくして、その上に、バターを置く。生地の四方でバターを包み込むようにする。

07 ひきちぎるように上下に生地を動かしながら、バターと生地を混ぜ込んでいく。

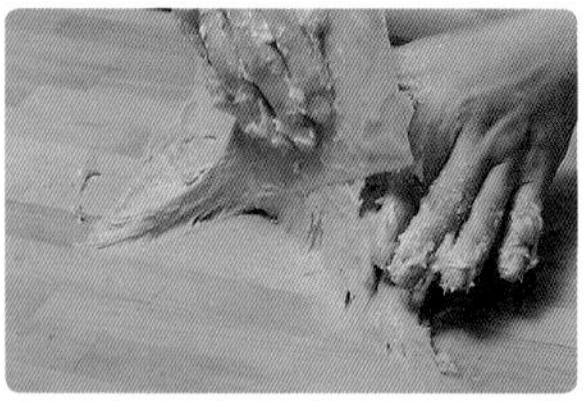

08 生地になじんだら、カードでひとまとめにする。手や台についた生地はこまめに取り、一緒にしておくこと。

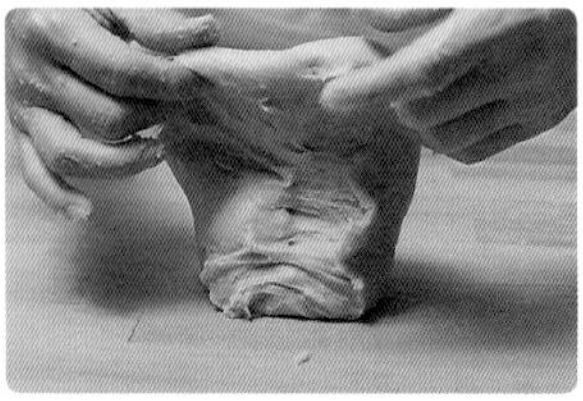

09 04と同様にこねていく。たたいてはかぶせ、角度を90度変えてまたたたいてかぶせるといった方法で根気よくこねる。

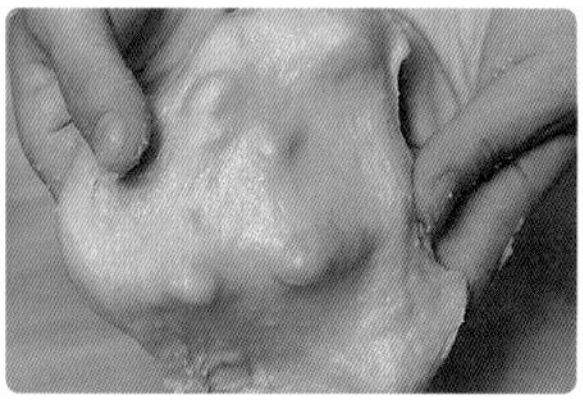

10 05と同様にグルテン膜のチェックをする。写真のような膜が張っていたら、油脂類を塗ったボウルに移し、ラップをして発酵をとる。

所要時間
3時間30分

難易度
★★☆

11 時間が経ったら、打ち粉をした台に取り出し、手のひらで生地を平たくして、四角い形を崩さないようにする。

12 めん棒で縦35cm×横25cmにのばす。のばすときは、厚さが均等になるように、上半分、下半分と少しずつていねいにめん棒をかける。

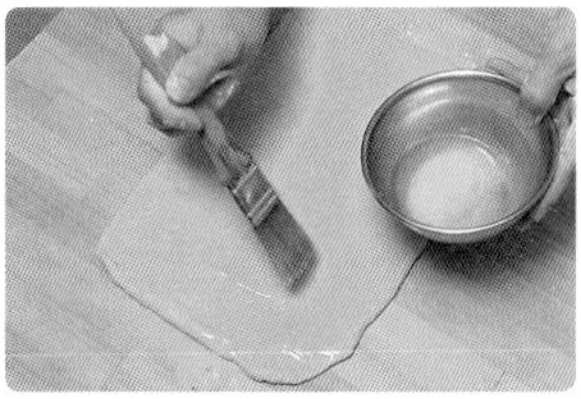

13 のばした生地に、溶かしバターをハケで塗る。生地の下端の数cmはとじしろになるので、塗らなくてよい。

14 砂糖とシナモンの粉末をボウルで混ぜ、シナモンシュガーを作る。砂糖の分量に対して粉末のシナモンが1割だと濃厚な味わいになる。

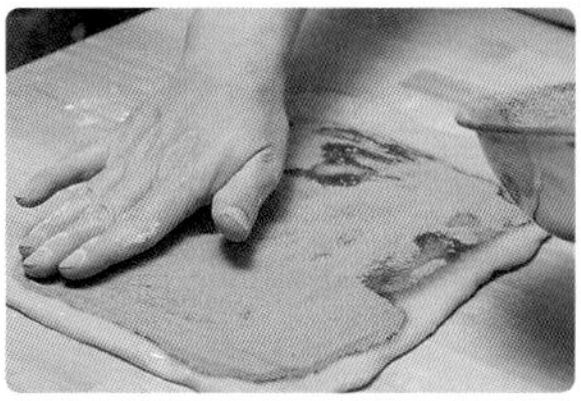

15 生地にシナモンシュガーをふりかけ、手のひらでまんべんなく広がるようになじませる。生地の下端にはシナモンシュガーはふらない。

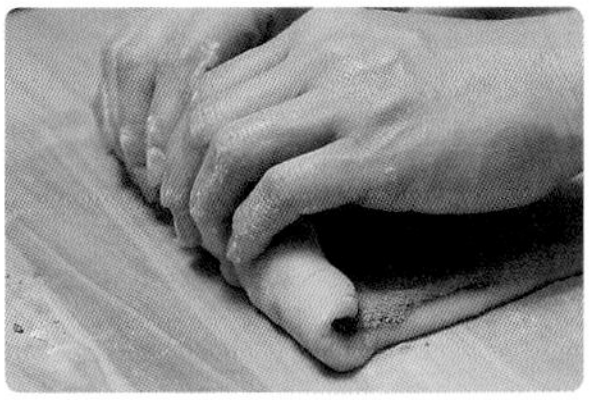

16 生地の上端を折り曲げ、これを軸にしながら巻いていく。途中、巻き目を整えながら、均等に巻いていく。

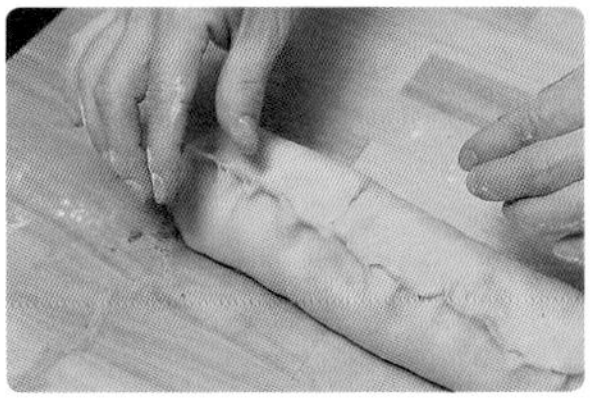

17 最後は、とじしろを利用して巻き終える。とじ目は指でつまんで離れないようにする。

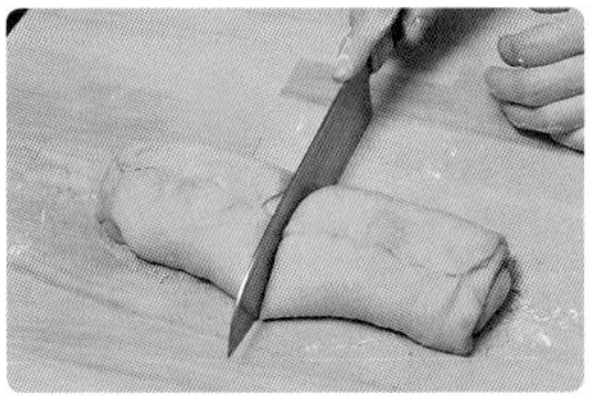

18 まず真ん中を包丁で切り、これを4等分して、計8個にする。柔らかい生地なので、くずれないように気をつけながら行う。

19 アルミケースに断面を上にしてのせて、生地を指で押し広げながら、ケースと同じ高さくらいに整える。

20 オーブン板の上に置いて、ホイロをとる。時間が経ったらハケで卵を塗って約210℃のオーブンで10～12分間焼き上げる。

Point Arrange

シナモンレーズン

材料（約10個分）

生地の材料は右ページと同様
レーズン…80g
溶き卵(仕上げ用)…適量

作り方

❶生地の作り方は右記の01～09までと同様。❷グルテン膜のチェックをして、膜が張っていたら、生地を平たくして、レーズンを埋め込むように上にのせる。❸レーズンと生地が混ざり合うように、しっかりこねていく。❹混ざったら、油脂類を塗ったボウルに入れて、ラップをして28～30℃の場所で約60分間発酵をとる。❺発酵が終わったら打ち粉をした台に取り出し30gに分割したら、生地を丸めていく。❻台の上でベンチタイムをとる。❼手のひらでつぶして平らにした生地を3つ折りにして、とじ目を指でつまむ。生地の両端を台の上で転がしながら細くして棒状に整える。❽これを2本横に並べてつなげ、唇のような形に整える。❾クッキングシートをしいたオーブン板にのせ、約35℃で約50分ホイロをとり、ハケで卵を塗って約210℃のオーブンで10～12分間焼き上げる。

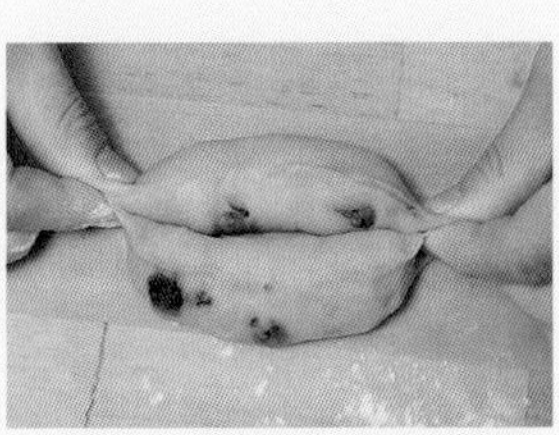

とじ目を上に向け、縦に並べて先端と先端を指でつまんで合わせる。プレートにのせる時はとじ目は下に。

パンブレイク

パンの味を引き立てるスパイスたち

より香り高いパンに仕上げるためには欠かせません

ナツメグ

刺激性をともなった甘い香りが特徴。油っこいドーナツなどに入れるとそれを和げる効果も

シナモン

独特な香りと清涼感が特徴。砂糖が多く含まれたパンに使うと甘さが引き立つ

クローヴ

丁字という名でも知られる甘くスパイシーな香りが特徴。肉料理にもよく使われる

カルダモン

甘くてほろ苦く、強い芳香を持つ高級香辛料。熱を加えると刺激が弱まり、扱いやすくなる

バジル

フレッシュで使い勝手のいいことから、別名「香草の王様」。ピザやフォカッチャなどに最適

オレガノ

ほろ苦く、爽快感のある香り。ピザパンを焼く前にふりかけると香りよく仕上がる

パンに香りをプラスする影の協力者

スパイスやハーブは料理の香味付けによく使われますが、パン作りにも欠かせません。食品にスパイスとして利用されるハーブはハーブスパイスと呼ばれ、バジルやローズマリーがそれにあたります。ローズマリーはフォカッチャに使うと爽やかな仕上がりになります。

スパイスには2種類あり、果実やつぼみ、花、樹皮などを利用したものをスパイシースパイスと呼びます。いっぽう、植物の種子部分をスパイスとして利用するものをシードスパイスといい、油分が豊富に含まれていて、加熱すると香りを放つものが多くあります。そういったスパイスは煎ってから使うとよいでしょう。

ハーブもスパイスも、粉末ものを使用する場合は、できるだけ挽きたてのものを選ぶと香り高いパンに仕上がります。

Doughnuts

ドーナツ

ちょっぴりバニラ風味のドーナツは、揚げたてを楽しんで

ドーナツ

材料（約4個分）

Ⓐ
- 強力粉（カメリヤ）…175g
- 薄力粉…75g
- 塩…3g
- 脱脂粉乳…10g
- ナツメグ…適量
- レモンの表皮…適量

Ⓑ
- バター（柔らかくしておく）…13g
- ショートニング（柔らかくしておく）…17g
- 砂糖…30g
- バニラエッセンス…適量

卵…50g
生イースト…10g（インスタントドライイーストの場合は4g）
水…93g
バニラシュガー（仕上げ用）…100g
シナモンシュガー…100g（砂糖90gにシナモン(粉末)10gを混ぜる）

パンDATA

製法	ストレート法
グルテン膜	薄く弱め
こね時間	約20分
発酵	28～30℃で約45分
ベンチタイム（2番生地のみ）	15分
ホイロ	約35℃で1番生地が約30分、2番生地が約40分
揚げる	170～180℃の油で約2分

所要時間
2時間

難易度
★

01 ボウルにⒷの材料を入れ、泡立て器で混ぜる。つぎに分量の卵の半量を4～5回に分けて分離しないようによく混ぜながら入れる。

02 Ⓐの材料を合わせたボウル、水と生イーストと01で残った半量の卵を合わせたボウル、そして01のボウルと3つに分けて用意する。

03 それぞれのボウルの材料を1つのボウルに合わせて、手で混ぜる。

04 台の上に取り出し、ひきちぎりながら生地を上下に動かして均等の固さになるまで混ぜる。

05 つぎにひとまとめにし、台や手についた生地もカードでかき集め一緒にする。つぎに台の上でp36と同様にこねていく。

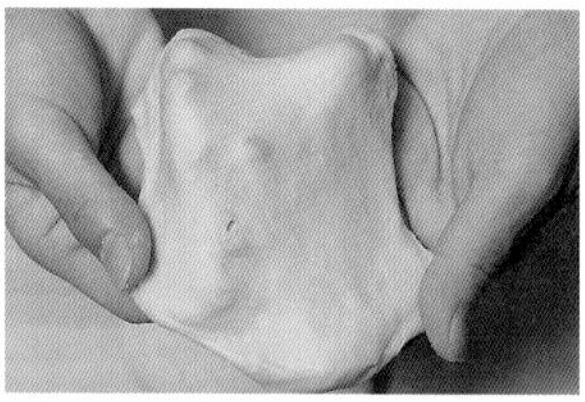

06 グルテン膜のチェックをして写真のような膜が張っていたら、発酵をとる。

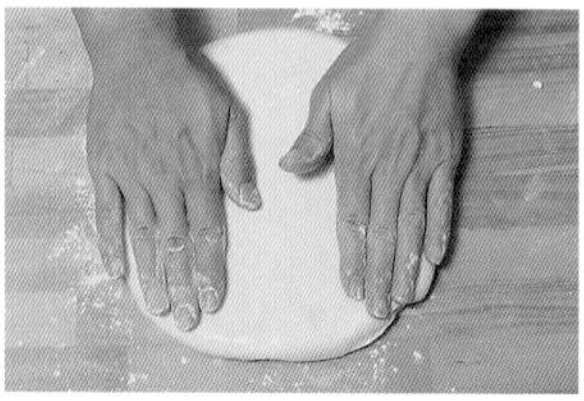

07 時間が経ったら打ち粉をした台に取り出し、軽く均等に生地を押さえる。

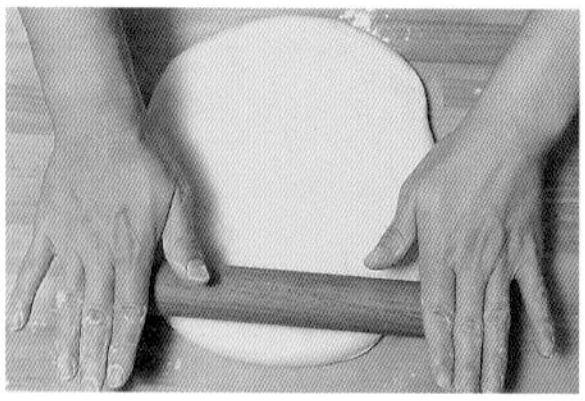

08 つぎに、均等の厚さになるようにめん棒をかける。最終的に20㎝四方になるようにする。

09 9㎝前後の円い抜き型を用意し、型を抜く。これで計4つがとれる。

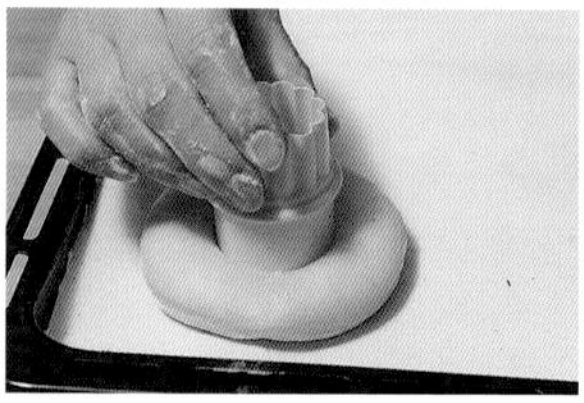

10 布をしいたオーブン板に生地を並べ、その上で直径3㎝の円い抜き型で内枠を抜き、リング状に型をとる。このままホイロをとる。

11 09で残った生地を2番生地という。これをはかりで40gに分割する。これを一度丸めてから生地を手のひらで平たくし、3つ折りにして棒状にする。台にのせたままベンチタイムをとる。

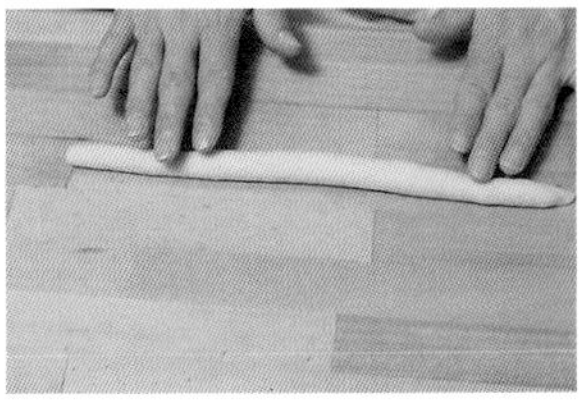

12 ベンチタイム後、生地をつぶして2つ折りにし、手のひらで約25cmの棒状にのばす。両端を少し細くしておくと成形しやすい。

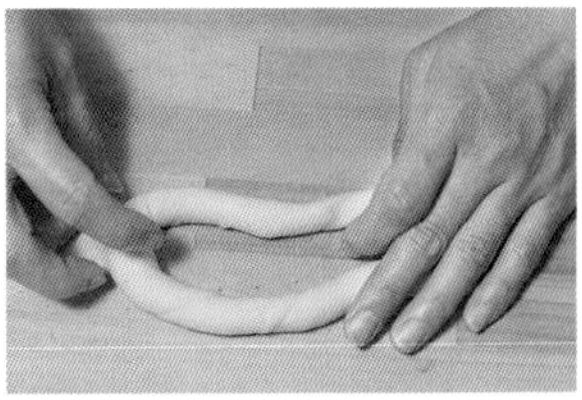

13 のばした生地を転がすように左右にねじり、Uの字に置く。

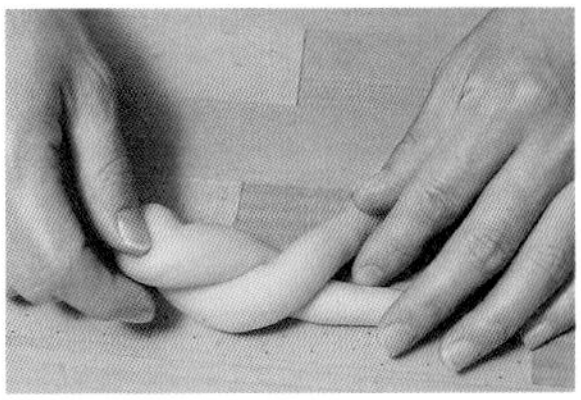

14 これを3回ねじってツイストにする。ねじり終わりの生地は軽くつまんでおく。

15 布をしいたオーブン板に並べ、ホイロをとる。

16 10の1番生地は170～180℃にした油で揚げる。1～2分ほどで生地がふくらんでくる。

17 片面が少し薄茶色っぽくなったら裏返す。何度も裏返しながらゆっくりと揚げると、キツネ色になり、ムラもできにくくなる。

18 両面がキツネ色に揚がったら、揚げ網に上げて油を切る。ドーナツの側面に、白いリング状のラインを作りたかったらひっくり返すのは1度だけにする。ドーナツならではのホワイトラインがつくので試してみよう。

19 バットにバニラシュガーを出しておく。そこへ揚げたドーナツを入れて、両面にまんべんなくまぶす。

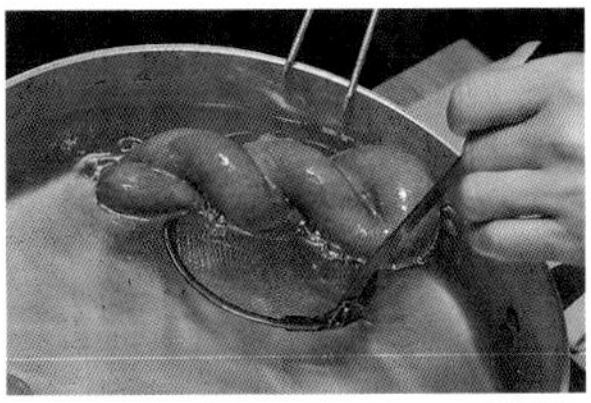

20 2番生地で作ったツイスト生地も、170～180℃の油で揚げる。裏返しながら揚げるという方法で、ムラなくこんがりと揚げる。

21 揚がったら、網に上げてしばらく油を切る。つぎに19と同様に、シナモンシュガーをまんべんなくまぶして仕上げる。

パンブレイク

イーストドーナツとケーキドーナツの違い

ふんわり生地のイーストとさっくり生地のケーキドーナツはどう違う?

ケーキドーナツ

ベーキングパウダーの化学膨張剤の力でふくらませるケーキドーナツは、ボリュームが小さく内側の生地の気泡がランダムになる。しっとりしていてケーキのような食感が特徴

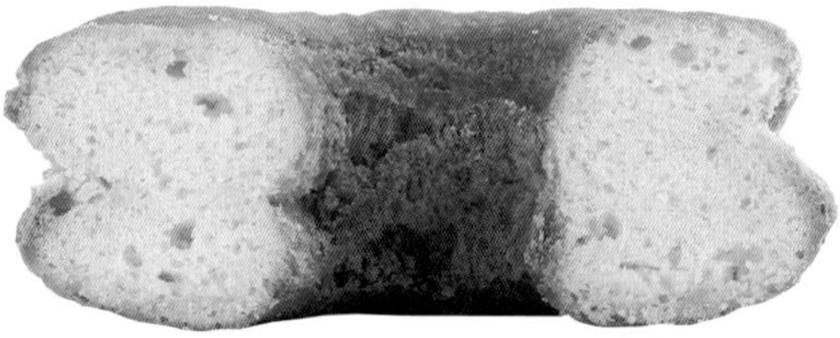

イーストドーナツ

イーストを使用したイーストドーナツは、生地を発酵させているため、できあがりのドーナツの気泡は細かく、ひとつひとつがしっかりしている。食感は、ふんわりとして食べごたえがある

イーストドーナツは揚げた後、バニラシュガーをまぶすと風味よく仕上がる。いっぽう、ケーキドーナツはしっとりした食感を生かすよう、そのまま楽しみたい

パンタイプとケーキタイプで作り方が異なります

ドーナツにはイーストドーナツとケーキドーナツの2種類があります。イーストドーナツはイーストを使って発酵させた生地を使って揚げるのでふっくらとした揚げパンのような仕上がりになります。イーストドーナツのほうがふっくらとしているため大きく、食べ応えがあるのが特徴です。

いっぽうケーキドーナツは、食感がさくっと軽く、スポンジケーキのような食感が特徴です。ベーキングパウダーを使用しているため発酵工程は必要なく、短時間で作ることが出来ます。

Q&A

ベーキングパウダーと重曹はどう違う?

A 重曹とは炭酸水素ナトリウムという物質で、高い温度になると炭酸ガスを発生し、生地をふくらます役割があります。ベーキングパウダーは、重曹が主成分で、副材料としてリン酸塩などを加えた食品添加物で、重曹よりも効果的に生地をふくらませる力があります。

Danish Pastry

デニッシュペストリー3種

パンの中でもっともバターの量が多いリッチな菓子パン

デニッシュペストリー（アーモンド）

材料（約12個分）

Ⓐ
- フランスパン専用粉（フランス）…250g
- 砂糖…25g
- 塩…5g
- 脱脂粉乳…10g
- カルダモン…1g
- バター…20g

卵…63g
生イースト…13g（インスタントドライイーストの場合は6g）
水…83g
バター（折り込み用）…250g
溶き卵（仕上げ用）…適量

アーモンドクリームの材料

ローマジパン…50g
バター…20g
砂糖…20g
卵…20g
ラム酒…5ml

01 ボウルにⒶの材料をすべて入れ、水に溶かした生イーストの中に卵を加えたものを一緒にする。しばらくボウル内で混ぜる。

02 台に出し、固さが同じになるまでこねる。発酵をとり、パンチをしたらビニールに包んで冷蔵庫でひと晩寝かせる。

03 台に打ち粉をし、折り込み用バターと生地をめん棒で平たくする。p112の04と同様に包み、めん棒で横20㎝×縦60㎝にのばす。

04 生地を3つ折りにしてビニールに包み、30分間冷凍庫で冷やす。この作業を合計3回行う。

05 3度目の冷凍庫の冷やしが終わったら、横20㎝×長さ60㎝にのばし、また冷凍庫で30分間冷やす。

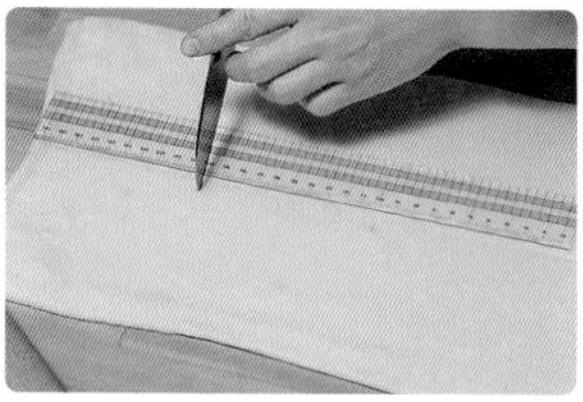

06 生地を横にして、10㎝四方の生地が12枚取れるように、定規を使って切り取り線をつける。

07 包丁で12枚に切ったら、バットに移して、冷凍庫で30分間冷やしておく。

08 ローマジパンとバターをヘラで少しずつ一緒にし、砂糖、卵、ラム酒の順に入れて混ぜる。これを07の生地の中央にのせ2つに折る。

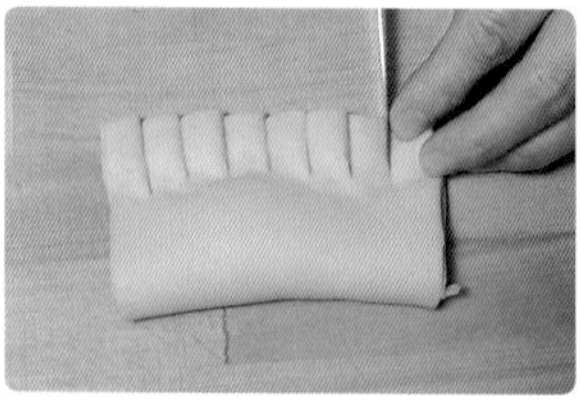

09 折った端の部分を少し指で押しておき、包丁で約1㎝の切り込みを入れる。少し外側に開いて扇形に整え、オーブン板の上にのせる。

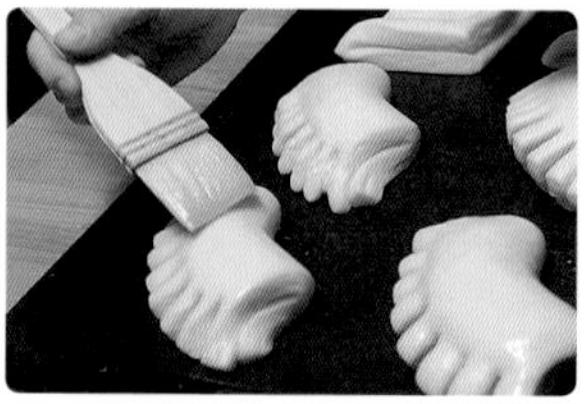

10 09の状態でホイロをとる。時間が経ったら、溶き卵を塗り、約220℃のオーブンで約12分間焼く。

パンDATA

製法	オーバーナイト法
グルテン膜	厚くて弱め
こね時間	約5分
発酵	28～30℃で40～60分
ベンチタイム	なし
ホイロ	約32℃で約40分
焼成	約220℃で約12分

所要時間
前日1時間
当日5時間

難易度
★★★

デニッシュペストリー（洋ナシ）

材料（約12個分）

生地の材料は右ページと同様
洋ナシの缶詰（ない場合は黄桃の缶詰でも可）…12切れ
溶き卵（仕上げ用）…適量
アプリコットジャム…適量
フォンダン…適量

カスタードクリームの材料

牛乳…250ml
バニラエッセンス…少々
卵黄…3個分
砂糖…75g
薄力粉…25g

パンDATA

製法・オーバーナイト法／グルテン膜・厚くて弱め／こね時間・約5分／発酵・28～30℃で40～60分／ベンチタイム・なし／ホイロ・約32℃で約40分／焼成・約220℃で約12分

所要時間	難易度
前日60分 当日5時間	★★★

01 生地はp126の01～07と同様に作る。10cm角の生地を対角線で折り、右側のみに、包丁で切り込みを入れる。

02 生地をいったん開く。もともとの生地が正方形ではないと美しく仕上がらないので、07の工程ではきちんと正方形に整えること。

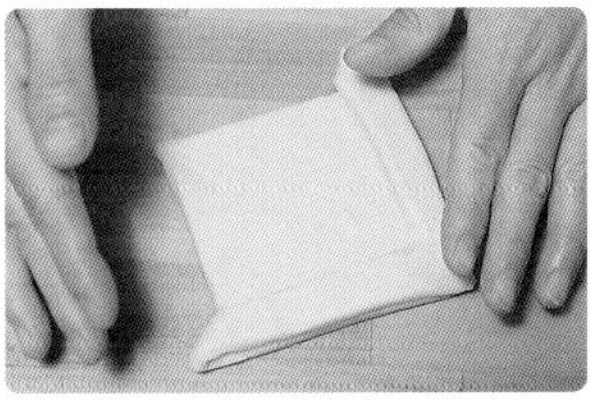

03 Vの字に切り込みが入った部分だけを折り、対角線の生地に合わせる。つぎにオーブン板にのせ、ホイロをとる。

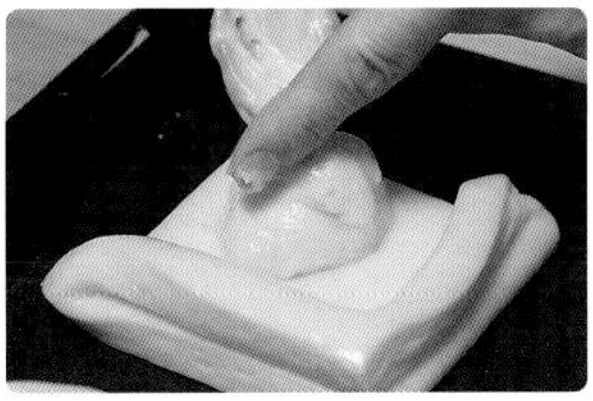

04 V字の切り込みにハケで卵を塗る。カスタードクリーム（p50）を作り、生地にスプーン1杯分をのせる。

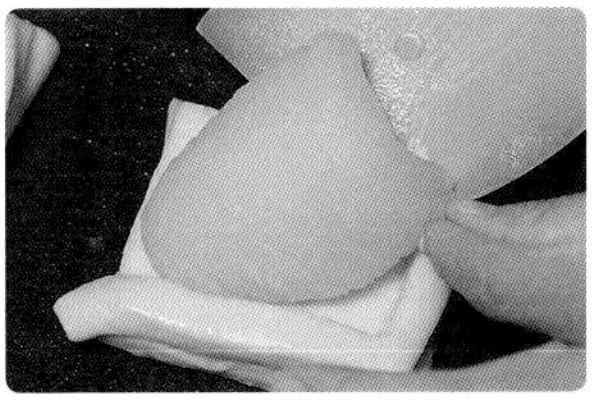

05 カスタードクリームの上に、スライスした洋ナシの半切れ分をトッピングする。

06 約220℃のオーブンで約12分間焼く。焼き上がったら、ハケで生地の上にアプリコットジャム（p51）を塗る。

07 最後に、アプリコットジャムを塗った上にフォンダン（p51）を塗って仕上げる。

Point Arrange

デニッシュペストリー（サワーチェリー）

材料（約12個分）

生地とカスタードクリームの材料は右ページと同様
アプリコットジャム…適量
溶き卵（仕上げ用）…適量
フォンダン（仕上げ用）…適量

キルシュコンポートの材料

サワーチェリーの缶詰…100g（無い場合はダークチェリーの缶詰でも可）　サワーチェリーの缶詰の汁…75g　コーンスターチ…15g　砂糖…15g

作り方

❶生地はp126の01～07と同様に作る。❷鍋を火にかけ、分量の缶詰の汁2/3量と砂糖を沸騰させたら、1/3の缶詰の汁でコーンスターチを溶いたものを加えて混ぜる。固くなったら、サワーチェリーを入れてからめる。❸容器に移し、ラップをして冷ましておく。❹生地は四隅を折り、中心を手のひらで押さえながら平たくしておく。この状態で成形し、オーブン板に並べホイロをとる。❺溶き卵を塗ったあと、生地の中心にスプーン1杯のカスタードクリームをおき、その上にサワーチェリーを5～6粒のせる。❻約220℃のオーブンで約12分間焼き上げる。アプリコットジャム、フォンダンを塗る。

4

四隅を折ったあと、手のひらでいったん平たくしないと、ホイロ後にとじ目が取れてしまうことがある。

パンブレイク

デニッシュの成形いろいろ

カラフルなフルーツで彩られたデニッシュの成形パターンを紹介

2つ折り型

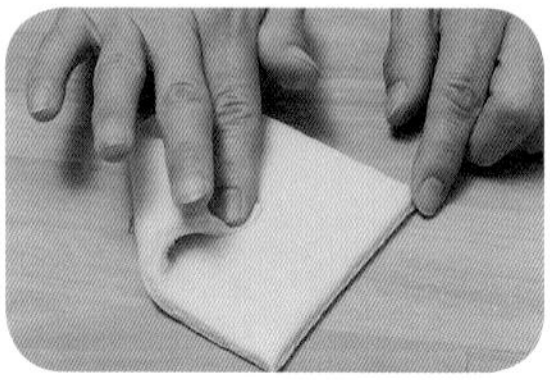

1 正方形に切った生地の隅を中心にくるように折る

2 対角線上の生地の隅を同じように折る

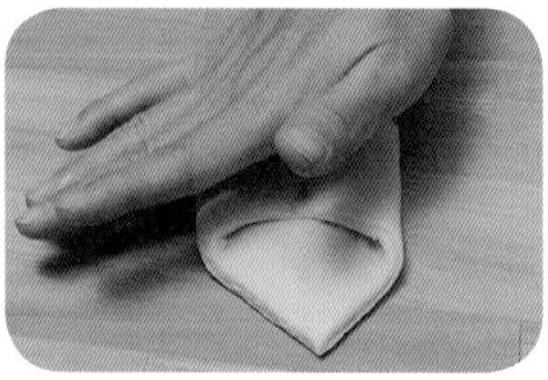

3 折り目をしっかり手のひらで押さえる。この上にフルーツをのせる

風車型

1 正方形の生地を三角形に折る。生地の端が重なった三角形の頂点に3～4㎝の切り込みを入れる

2 切った端を中心に向かって折る。どこから折ってもかまわない

3 2で折った生地の切り込みからひとつとばした切り込みの生地を折っていく。残り2カ所も同じように折っていくと、風車型になる

ねじり型

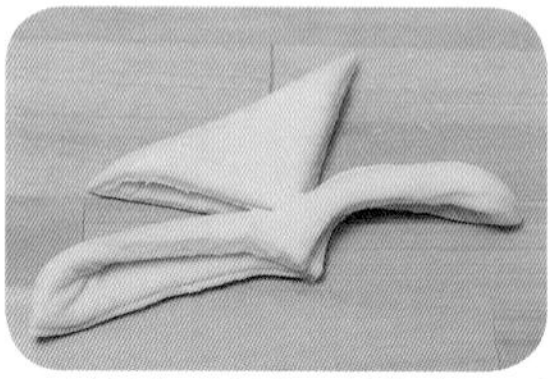

1 正方形の生地を三角形に折る。2辺の内側1㎝ほどのところに切り込みを入れる。頂点は1㎝くらいを切り離さず残しておく

2 生地を広げて、切り込んだ生地を対角線上の生地に重ねるようにして折る

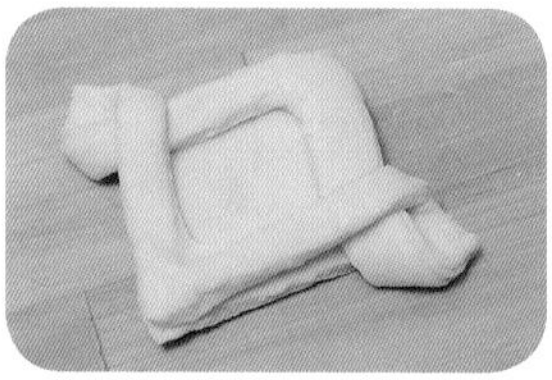

3 もう一方の切り込まれた生地も同じく、対角線上の生地に重ねるようにして折る

フルーツや生地のバリエが豊富なデニッシュ

デニッシュは、デンマークが発祥の菓子パンです。デニッシュは、パンのなかでもっともリッチなパンといってもいいほど、生地にバターが多く含まれています。折り込むバターの量は、クロワッサンをしのぐほど。ヨーロッパでは、生地の配合や折り込むバターによってさまざまな種類があります。

成形した生地にカスタードやフルーツをたっぷり詰めるのもデニッシュの魅力で、成形の形やトッピングのバリエーションも豊富です。ここでは、126ページで紹介した成形パターンを少しアレンジした方法を紹介します。

のせる副材料が同じでも
成形を変えれば新鮮に！

第5章

調理&サンドイッチパン

Column*

日本のパンの歴史と変遷

戦後から本格的に広まったパンの歴史

１５４３年に、ポルトガルの貿易船が種子島に漂着したことで、日本人はパンという食べ物を知りました。しかし鎖国令を経て、のちに開国までパンの名前は日本であまり聞かれなくなります。パンの普及の引き金を引いたのは明治2年創業の、木村屋總本店でした。ここが考案したあんパンが、明治天皇の大好物だったこともあり爆発的ブームを呼びます。その後、第二次世界大戦後の米不足での代用品として、高度成長期を通して日本の食文化の洋風化などさまざまな歴史背景を経て、日本のパンはどんどん進化します。勉強熱心で器用な日本人は、世界的に有名なパンコンテストで1位になるなど、欧米のまねではない、自国のパンを作ることができるようになったのです。

日本のパン年表

1543年（天文12年）	ポルトガルの貿易船が種子島に漂着。このとき鉄砲や洋服などとともにパンが日本に上陸したといわれている。パンという名前はポルトガルの「PAO」に由来するものといわれている
1639年（寛永16年）	鎖国令発令。南蛮貿易や宣教師の来日で広まるかのように見えたパンの普及が止まる。その後200年あまり、パンという名前は日本からあまり聞こえなくなる
1842年（天保13年）	伊豆韮山の代官、江川太郎左衛門が、自宅のパン窯で日本人で初めてパンを焼く。これが4月12日だったので、それにちなんで日本のパン業界では、毎月12日をパンの日としている
1874年（明治7年）	木村屋總本店が、酒種によるあんパンを作る。これを明治天皇が気に入り、日本中にあんパンブームが巻き起こる
1913年（大正2年）	京都のパン屋、進々堂の初代、続木斉が、フランスに渡り、本場のフランスパンの作り方を習得し、日本で初めてフランスパンを出した
1945年（昭和20年）	戦後の食糧難のなか、米不足を補う食料としてパンが庶民に広がる。また、ビタミン、ミネラルの豊富なパンは、学校給食にも取り入れられ、日本人にパン消費が広がることになる
高度成長期〜現代	日本の高度成長によって食の洋風化が進み、パンも主食として家庭に浸透していく。食パンやあんパンなどのほかデニッシュペストリーやパイ類がパン屋に並ぶことが多くなる。21世紀になり、欧米だけではなく世界中の食文化が流通するなか、パンの種類も多岐にわたり、日本にいながら世界のパンが楽しめるようになる

あんパンを作った木村屋總本店

日本人で初めてあんパンを作ったのは、木村屋總本店の初代、木村安兵衛氏でした。とはいえ、当時の日本にはパン作りに必要なイースト菌が入手できず、代わりになるようなものを探した結果、酒種を使うことを思いつきました。それから試行錯誤を重ねてようやくできあがったのが、酒種あんパンです。酒種は非常に多くの時間と手間を費やします。しかし完成したパンはアルコール臭はまったくなく、ほんのりと甘酒のような香りがする日本独特の風味を持った仕上がりとなったのです。木村屋総本店では今でもその当時と変わらないあんパンが楽しめます。

当時の木村屋總本店のベーカリー風景。ヨーロッパ発のパンと日本のあんがミックスされた酒種あんパンは、東京中大ブームになり、店も大忙しだったという。

Pain Viennois

パン・ヴィエノワ

ソーセージやハムをはさんでサンドイッチで楽しんで

パン・ヴィエノワ

材料（約8個分）

フランスパン専用粉（フランス）…250g
塩…5g
砂糖…15g
脱脂粉乳…13g
水…155g
生イースト…8g（インスタントドライイーストの場合は4g）
卵…13g
バター…13g
ショートニング…13g
溶き卵（仕上げ用）…適量

パンDATA

製法	ストレート法
グルテン膜	薄くて弱め
こね時間	約20分
発酵	28～30℃で約60分
ベンチタイム	15分
ホイロ	約35℃で約50分
焼成	約220℃で約12分

01 ボウルにフランスパン専用粉、塩、砂糖、脱脂粉乳を入れる。別のボウルに水で溶いた生イーストと卵を入れて、2つを合わせる。

02 ボウル内で指を立てながら混ぜ合わせ、均等の固さになったら、台に移し、押しつけながら混ぜ合わせていく。

03 混ざり合ったら、カードでひとまとめにして、p36と同じ要領でたたきながらこねる。

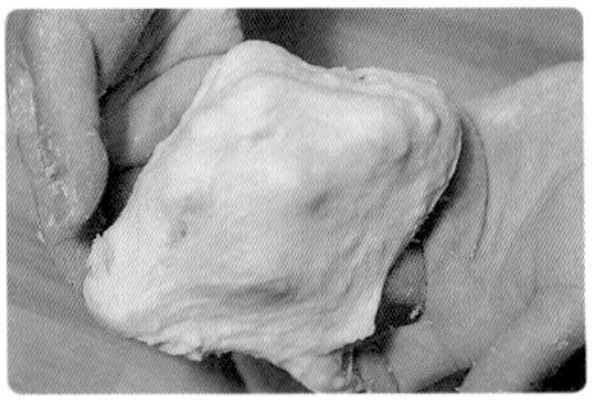

04 しばらくこねたら生地の一部を切り取り、グルテン膜のチェックをする。写真のような膜が張っていたら、つぎの工程に移る。

05 生地をいったん平たくして、バターとショートニングをのせる。生地の四方でバターを包むようにして隠す。

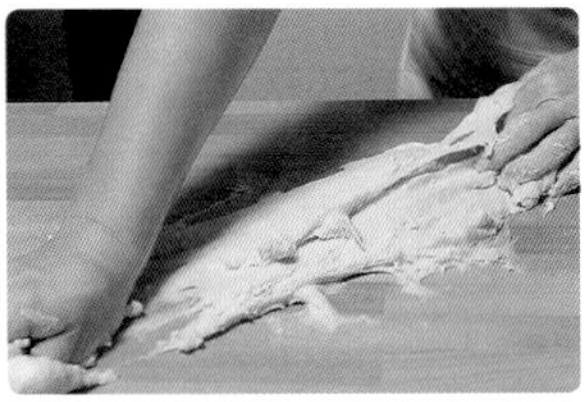

06 台の上で05の生地を上下にひきちぎりながら、生地とバターとショートニングを混ぜていく。

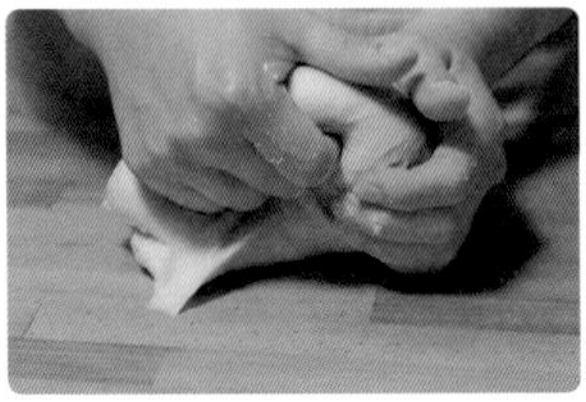

07 均等の固さになったら、カードでひとまとめにしてしばらくこねる。手や台についた生地もカードでこまめに取り、一緒にしておく。

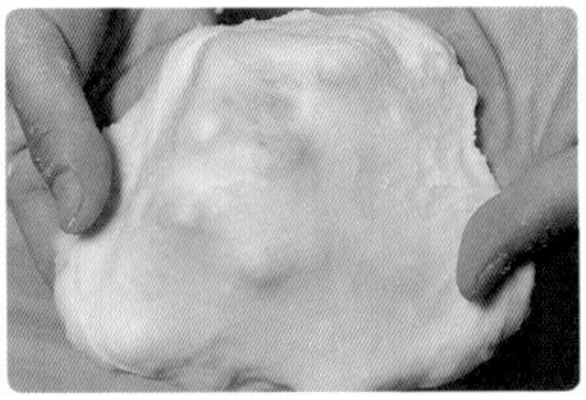

08 グルテン膜のチェックをして、写真のような膜が張っていたら、油脂類を塗ったボウルに生地を入れ、ラップをして発酵をとる。

09 時間が経ったら、打ち粉をした台に生地を取り出す。

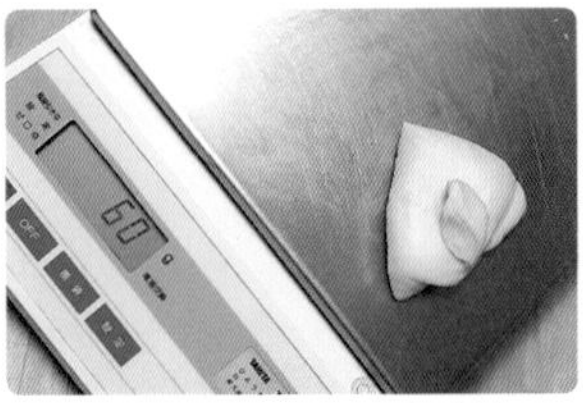

10 スケッパーで60gに分割する。60gに満たない余った生地は、それぞれの生地に均等に分ける。

所要時間
3時間

難易度
★★☆

11 生地を手のひらで軽く包んで、台の上で丸めていく。

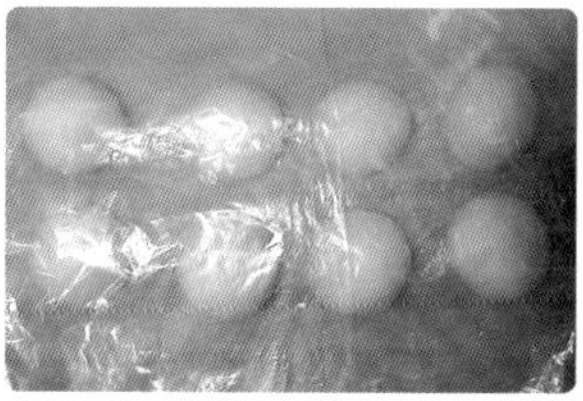

12 すべての生地を丸めたら、台の上に並べ、ビニールをかけてベンチタイムをとる。

13 台に打ち粉をして、とじ目が上にくるように生地を置き、手のひらで平たくつぶす。

14 下1/3を折り、上1/3を折って、同時にしっかり生地内のガスを抜いていく。

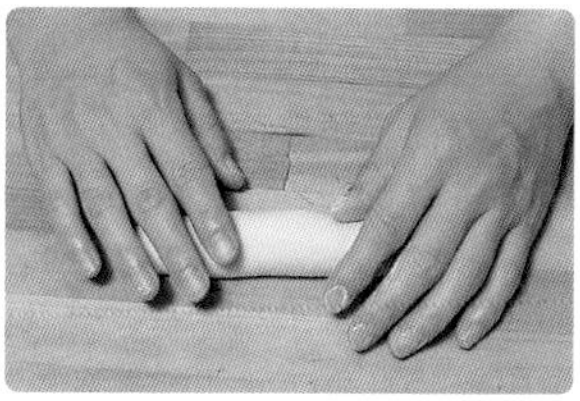

15 これを再度2つ折りして、手のひらで生地を転がして15㎝の棒状に整える。

16 クッキングシートをしいたオーブン板にのせ、卵を塗る。卵を塗りすぎると底にたれて焦げるので注意する。

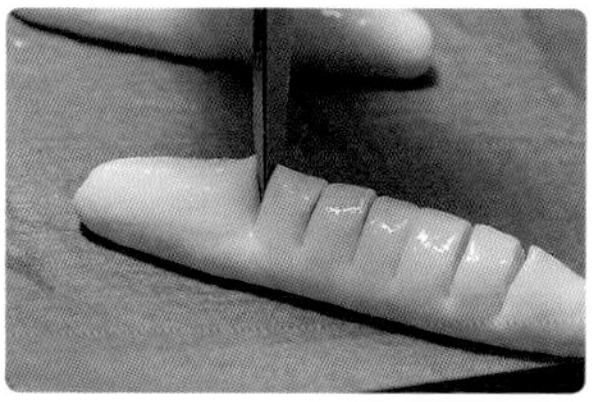

17 つぎにハサミを立てて持ち、横に6～7本切り込みを入れる。

18 このまま約35℃の場所で約50分間ホイロをとる。時間が経ったら、約220℃のオーブンで約12分間焼き上げる。

Point Arrange

ヴィエノワサンドイッチ

材料（各1個分）

右ページで焼き上がったパン2個を使用

ソーセージサンドイッチの材料

レタス…適量
ソーセージ…1本
マスタード…適量
ケチャップ…適量

ハム卵サンドイッチの材料

ゆで卵（4枚にスライスする）…1個
ロースハム…2枚
レタス…適量

作り方

❶パンがオーブンで焼き上がったら、そのうち1個に縦に切り込みを入れて、間にマスタードを塗る。レタスをしき、マスタードを塗り、ソーセージをはさむ。最後にケチャップをかける。

❷もう1個のパンは側面に切り込みを入れる。レタス、ハム、卵の順ではさむ。

パンブレイク

パンをサンドイッチで楽しむときの注意

たかがサンドイッチといってもポイントはあります

1　焼き上げ直後のパンは使わない

焼き上げ直後のパンには、多くの水分が含まれているため、カットするのが難しい。また風味の点でも劣る。とくに食パン系のパンは、焼き上げ後しばらくたったもののほうが、クラム（内側の生地の目）が落ちつくので美しく仕上がる

焼き上げ直後
両端の生地がしっかりしておらず、腰折れしている。この状態だとカットもしにくい

しばらくたったもの
全体的にしっかりしている。腰折れしにくく、切りやすい。切り口も美しくなる

2　材料の水分をしっかり切っておく

レタスやトマト、キュウリなどの野菜は、キッチンペーパーなどでよく水気を切っておく。水気を切らないとパンに水分が染みこみ、フニャっとした食感になってしまう。ツナマヨネーズなどの具も、しっかり汁気を切ってからはさむとよい

3　パンと材料の間には油脂類を塗っておく

生野菜や水分の多い具などを使う場合は、パンの裏にバターやマーガリンなどの油脂類を塗っておく。また、マスタードバターを使うと、マスタードが菌の繁殖をおさえるので衛生的にもおすすめ。

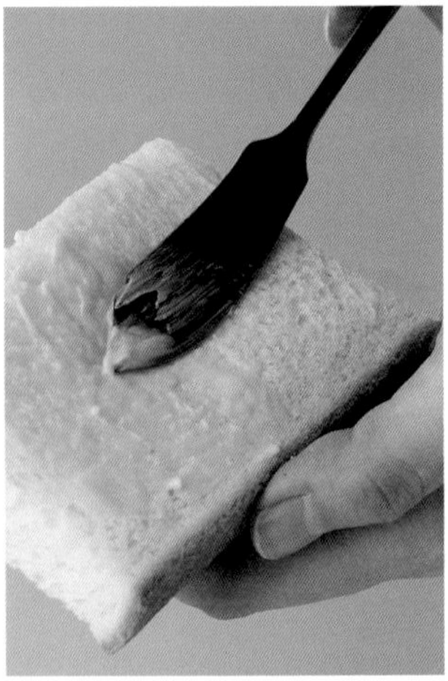

パン生地には水分はNG はさむ具は水気を切る

フレッシュなサンドイッチを楽しむためのちょっとしたコツを紹介します。まず、使うパンは焼き上がってから少し経ったものにしましょう。焼き上がりすぐのパンは、内側に水蒸気がたまっているため、この状態でパンをスライスすると形がゆがんだり、均等の厚さに切れなかったりします。また、サンドイッチの具に野菜を使う場合は、水気をしっかりと切らないと、ベタベタとした仕上がりになるので気をつけましょう。

火を通した具材の場合もよく冷ましてからサンドしたほうが、パン生地がベタつきません。パンと具の間には、バターやマーガリン、マヨネーズなどを塗っておくとなおいいでしょう。

具材に揚げものや惣菜を使うときは、よく熱を冷ましてからパンにはさみましょう。

Focaccia

フォカッチャ２種

チキンやチーズなどをはさめばフォカッチャサンドにも

フォカッチャ（オリーブ）

材料（約3枚分）

フランスパン専用粉（フランス）…250g
砂糖…5g
塩…5g
生イースト…8g
水…150g
オリーブ油…13g
オリーブ油（仕上げ用）…適量

上にのせる具の材料

オリーブの実、ローズマリー…適量

パンDATA

製法	ストレート法
グルテン膜	厚くて弱い
こね時間	約10分
発酵	28～30℃で約50分
ベンチタイム	15分
ホイロ	約35℃で20～30分
焼成	約230℃で10～12分

所要時間
2時間

難易度
★★★

01 ボウルに、フランスパン専用粉、砂糖、塩を合わせる。ここに水で溶いた生イーストを合わせる。

02 01のボウルに、オリーブ油を入れる。ボウルの中で指を立てながら混ぜる。

03 均等の固さになったら、台に取り出す。

04 台の上で押しつけながら、なめらかになるまで混ぜる。

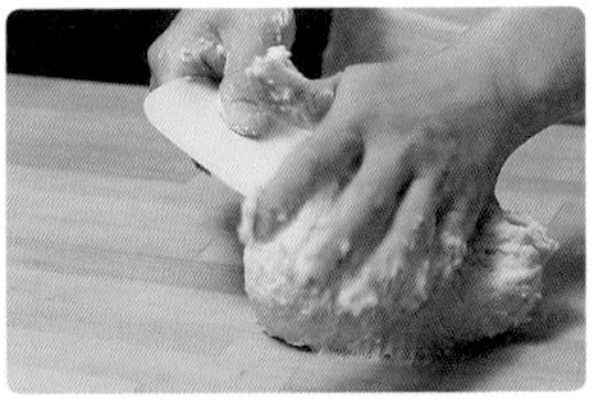

05 カードで生地をひとまとめにする。台や手についた生地もこまめに取り除き、一緒にしておく。

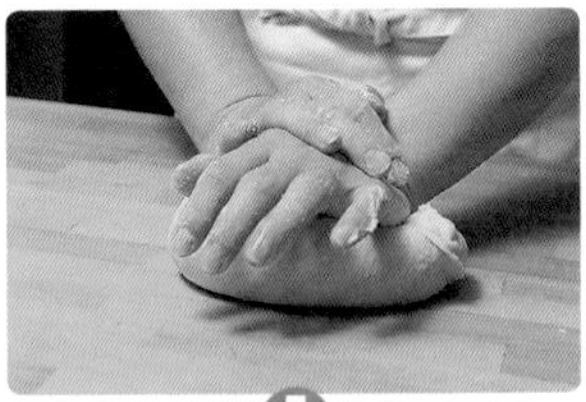

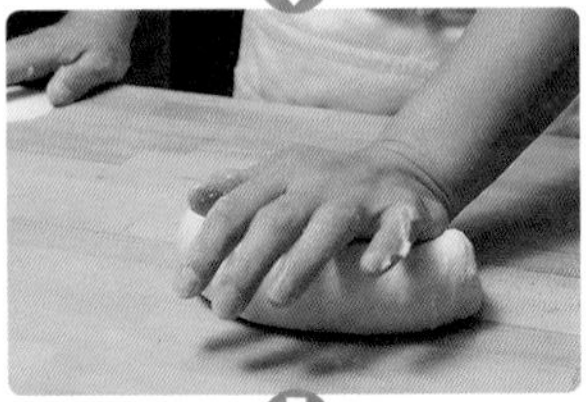

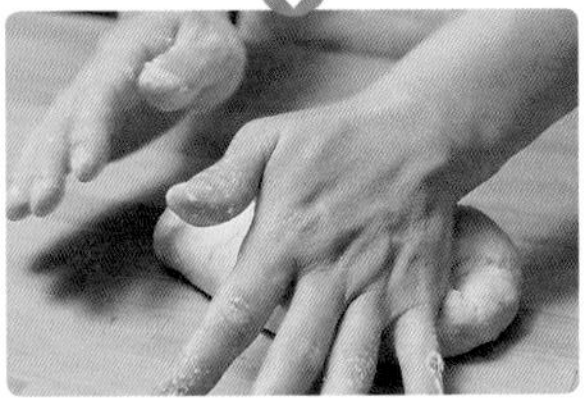

06 手のひらを利用して、前へ押し出すようにしてこねていく。つぎに角度を90度変えて、再び押し出すようにしてこねる。固い生地なので多少力を入れてこねること。上から押しつけるようにすると台についてしまうので、転がしながら行うのがポイント。

07 グルテン膜のチェックをして、やや厚くて弱めの膜が張っていたら、油脂類を塗ったボウルに移し、ラップをかけて発酵をとる。

08 台の上に取り出し、140gに分割したら生地を両手で持って手前に引き寄せるようにして丸めていく。そのままベンチタイムをとる。

フォカッチャ（オニオン）

材料（約3枚分）

生地の材料は右ページと同様
乾燥オニオン…20g
ロックソルト(または粗塩)…適量
オリーブ油（仕上げ用）…適量

パンDATA

製法・ストレート法／グルテン膜・厚くて弱い／こね時間・約10分／発酵・28～30℃で約50分／ベンチタイム・15分／ホイロ・約35℃で20～30分／焼成・約230℃で10～12分

所要時間	難易度
2時間	★☆☆

01 生地は右ページの01～06までを参考に作る。生地をいったん平たくして、乾燥オニオンをのせ、巻いていく。

02 手のひらを利用して、オニオンが生地に混ざるようにこねていく。

03 混ざりきったら、油脂類を塗ったボウルの中に入れ、ラップをして発酵をとる。

04 発酵が終わったら、3等分に分割し、台に取り出し、手前へ引き寄せるようにして丸めていく。このままベンチタイムをとる。

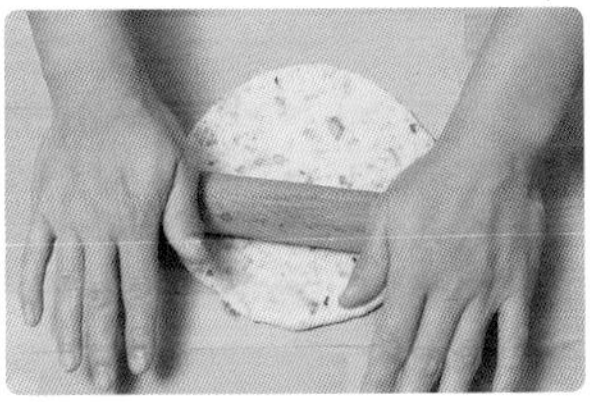

05 時間が経ったら、手のひらでいったん平たくする。つぎにめん棒で円状に形を整える。

06 シートをしいたオーブン板に並べる。ハケでオリーブ油を塗り、生地の端を指で押さえつけておく。このままホイロをとる。

07 ホイロ後、生地に指でピケをして、ロックソルトまたは粗塩を少々トッピングする。約230℃のオーブンで10～12分間焼く。

09 生地をめん棒で長さ20㎝×幅15㎝のだ円形に整える。全体が均一の厚さになるように、まんべんなくめん棒をかける。

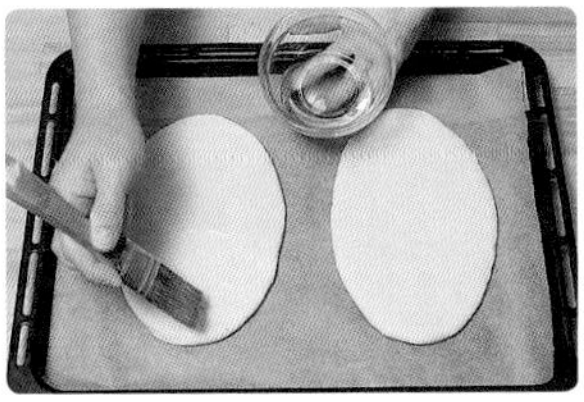

10 クッキングシートをしいたオーブン板に並べオリーブ油を塗る。このままホイロをとる。

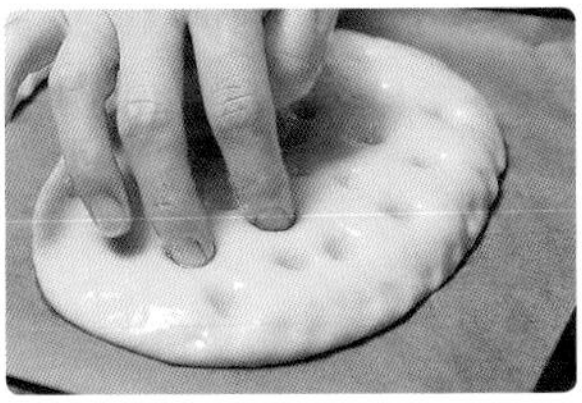

11 ホイロ後は、指で穴をランダムに開けていく。これをピケという。

12 オリーブの実を半分に切り、ピケに埋め込んでいく。

13 オリーブの間にローズマリーを散らせると香味がよくなる。この状態で、約230℃のオーブンで10～12分間焼く。

パンブレイク

パンの保存について

食べきれなくなったパンはどうやって保存したらいい？

スイートロール

デニッシュペストリー

冷凍できないもの

デニッシュやスイートロールなど、フルーツやカスタードクリームが入っているものは、解凍するときに離水したりぱさついてしまう。フルーツの食感も悪くなるので避けたほうがよい

冷凍できるもの

食パンやフランスパン、クロワッサンなど、生地がシンプルで副材料が少ないものは基本的に冷凍できる。フォンダンやそのほかのトッピングがのっているものでも、生地がシンプルならば可能

冷凍保存するときのキマリ

1	冷凍するときは必ずビニールやラップに包んでから！	パンを冷凍していても、水分が少しずつ失われていくので、厚手のビニールやラップに包んで冷凍を。ラップに包むときは空気が通るようにゆとりをもって包むとよい
2	焼きたての状態はNG！完全に冷めたパンを冷凍すること	焼きたてのパンは、中に水蒸気がたまっている状態。ここで冷凍をすると傷みやすく風味も落ちる。焼き上がりから1～2時間たったものを冷凍保存するのがベスト
3	ソフト系パンを解凍するときは常温でハード系のパンは焼き戻しを	冷凍保存したパンは、基本的に常温でそのまま解凍すればOK。ただし、フランスパンなどのハード系は、霧吹きをして焼き戻す（p54）となお風味よく仕上がる

いつでもおいしく楽しむための保存方法

食べ切れなくなったパンは、時間が経つ前に冷凍保存をしておきましょう。冷蔵保存ではカビの繁殖は抑えられますが、水分が蒸発しやすく、常温で保存する以上に劣化することも。サンドイッチやクリーム類の入ったパンなどの保存程度にしておきましょう。

冷凍が可能なのは、食パンやフランスパンなど生地がシンプルなものです。冷凍保存するときは、1個ずつ大きめのラップやビニール袋に厚めに包むと冷凍庫のにおいがつきにくくなります。

再び食べるときは、室温で自然解凍させます。とくにロールパンなどソフト系のパンは、焼き上がりの柔らかさがよみがえります。ハード系のパンの場合は外皮がくたっとしてしまうので少しオーブンで焼き上げると香ばしくなります。ただし、解凍したパンを再び冷凍するのは避けましょう。

English Muffin

イングリッシュマフィン

こんがりとトーストしてから楽しむのがおすすめ

イングリッシュマフィン

材料（約6個分）

強力粉（カメリヤ）…250g
砂糖…5g
塩…5g
脱脂粉乳…5g
生イースト…8g
水…188g
バター…5g
コーングリッツ（またはコーンミール）…適量（成形用）

パンDATA

製法	ストレート法
グルテン膜	薄くて強め
こね時間	約30分
発酵	28～30℃で40分パンチ後40分
ベンチタイム	なし
ホイロ	約35℃で約50分
焼成	約200℃で約18分

所要時間
3時間30分

難易度
★★☆

01 強力粉、砂糖、塩、脱脂粉乳を入れたボウルに、水で溶いた生イーストを入れる。

02 ボウル内で指を立てながら水気がなくなるまで混ぜ合わせる。

03 台に取り出し、押しつけながら均等の固さになるまで混ぜる。

04 生地の水分量が多いので混ぜにくいが、粉は足さずに根気よく混ぜていく。

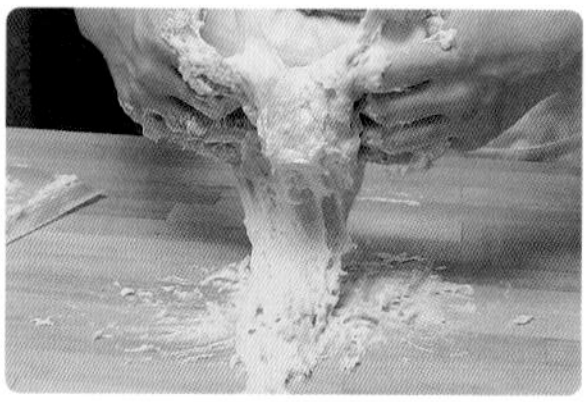

05 均等に混ざったら、カードで生地をひとまとめにする。つぎにp36と同じ要領でこねていく。

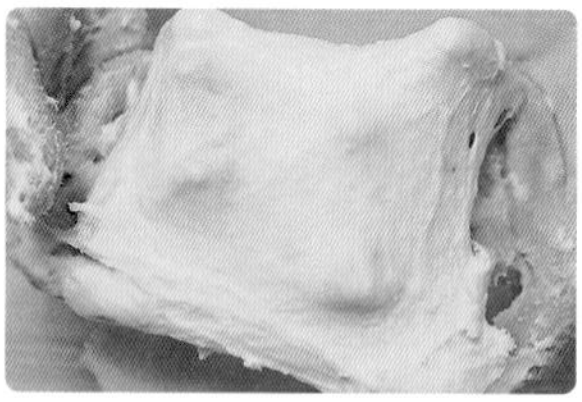

06 柔らかい生地なのでバターを入れるまで約15分かかる。グルテン膜のチェックをして写真のような膜が張っていたらつぎの工程へ。

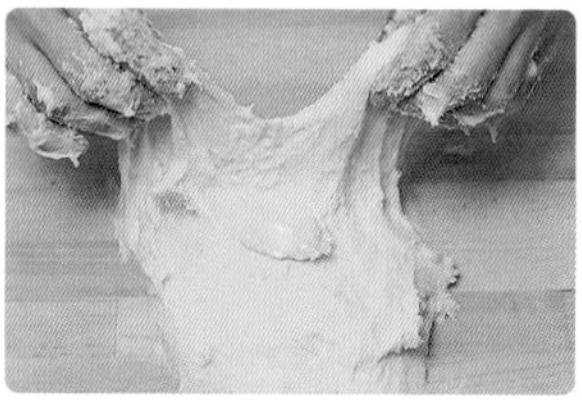

07 生地をひとまとめにしたら、手で生地を平たくして、バターを上にのせる。四方の生地でバターを包む。

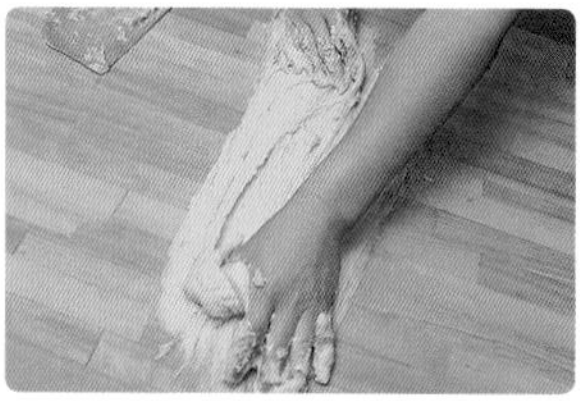

08 引きちぎるようにして07の生地を混ぜ合わせていく。かなりベタつくが、打ち粉は足さないこと。

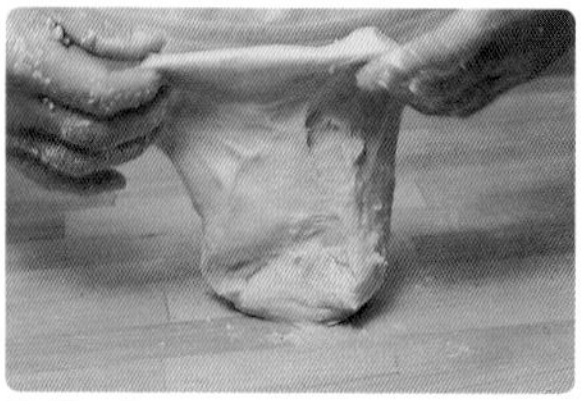

09 均等の固さになったら、たたいてかぶせるという方法でしばらくこねていく。生地がつるりとなったら、グルテン膜のチェックをする。

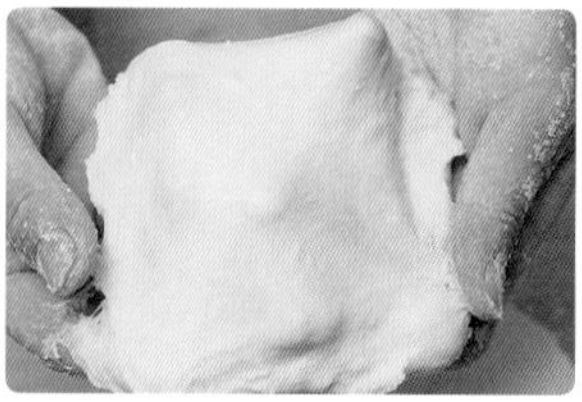

10 写真のような膜が張っていたら、油脂類を塗ったボウルに生地を移し、ラップをして発酵をとる。

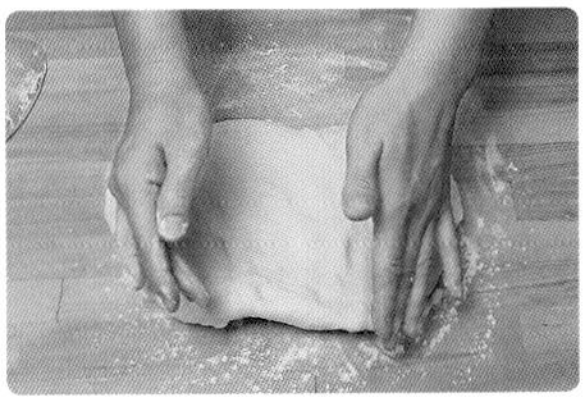

11 約40分経ったら、打ち粉をした台に生地を取り出し、手のひらでつぶすようにパンチする。

12 生地を四方から中心に向かって折りたたんでいく。

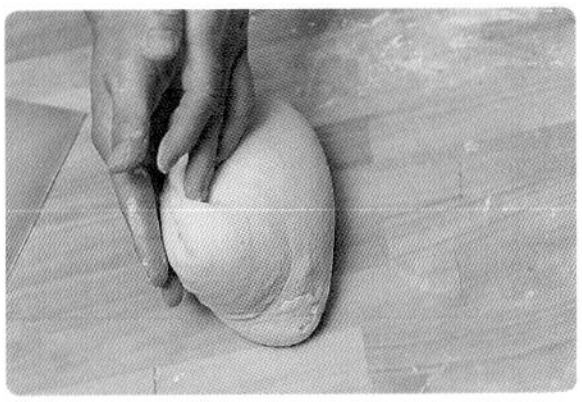

13 折り目を下にして、発酵で使ったボウルに入れて、ラップをし、再度約40分間発酵をとる。

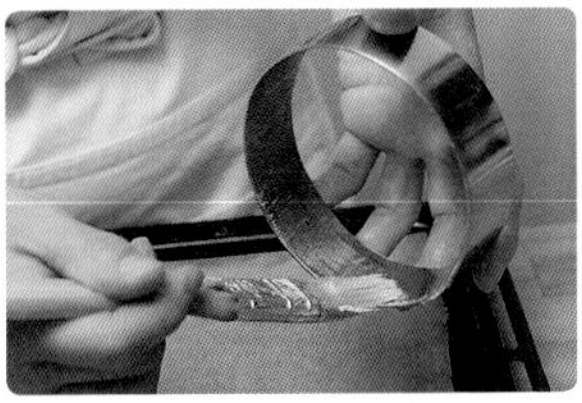

14 オーブン板にクッキングシートをしく。マフィン型の内側にショートニング（分量外）をハケで塗り、オーブン板の上に並べる。

15 バットにコーングリッツまたはコーンミールを入れておく（写真はコーングリッツ）。

16 発酵した生地はスケッパーで70gに分割する。70gに満たない生地はそれぞれに均等に足す。全部で6個に分割する。

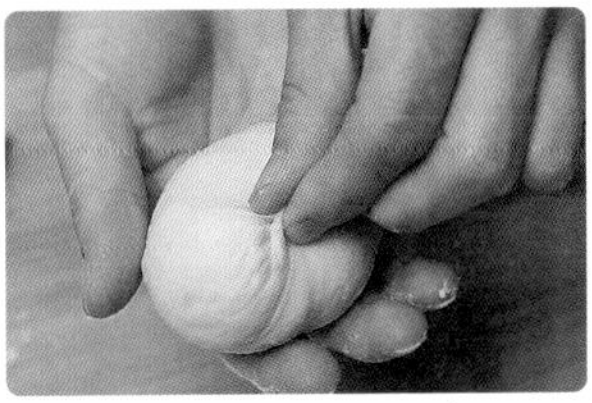

17 分割した生地を丸める。裏面のとじ目は指で軽くつまんでおく。

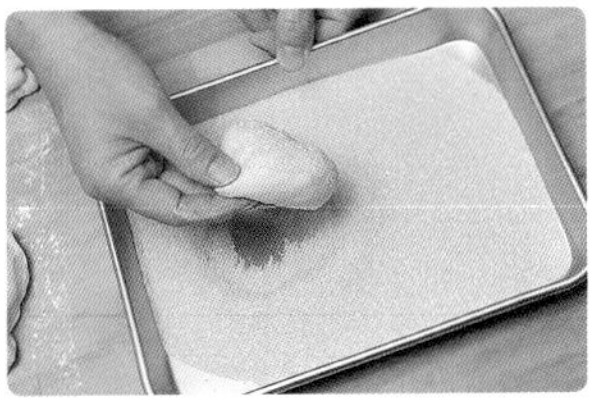

18 表も裏もまんべんなくコーングリッツをまぶす。このとき軽く平たくつぶしながら行うと、マフィン型に入れやすくなる。

19 マフィン型の中心に生地を入れ、この状態のままホイロをとる。

20 オーブンに入れてもいいような鉄板やプレートを用意して、生地をのせたオーブン板の上にかぶせる。約200℃のオーブンで約18分焼く。

Column

イングリッシュマフィンの正式な食べ方とは？

イングリッシュマフィンとは、イギリス発の小さな型焼きパンのこと。コーングリッツの香ばしい味わいが特徴です。現地では、軽くトーストしてからバターやマーマレードを塗って食べます。フォークで穴を開けて2つに分けて楽しむのが本場流。ぜひ試してみてください。

側面にフォークで穴を開ける

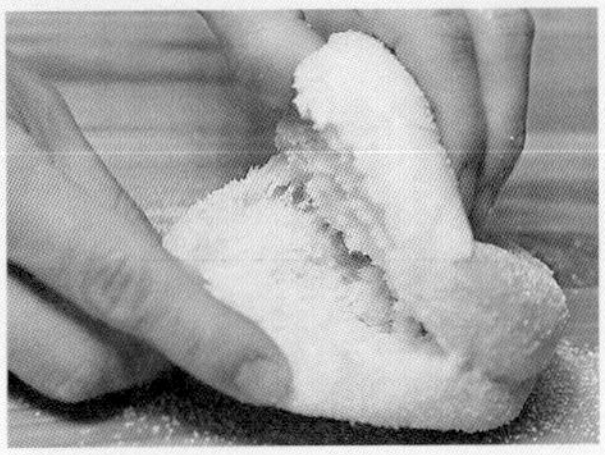

手で思い切って2つに割る

Q&A

Q こねているとき手にへばりつきます

A 生地の水分の割合がとても多いので、こねるときに少しとまどうかもしれませんが、根気よくこねていくとまとまってきます。打ち粉はしないようにしましょう。

最初はベチャッとするが打ち粉はしない！

パンブレイク

ベーカーズパーセントについて

プロが使う材料の計量法とは？

食パン1斤型（250g）を1本作りたいときは

食パン 材料（1斤分）		食パン 材料（1斤分）
強力粉…100％	→	強力粉…250g
砂糖…10％	→	砂糖…25g
塩…2％	→	塩…5g
脱脂粉乳…3％	→	脱脂粉乳…7.5g
バター…3％	→	バター…7.5 g
ショートニング…5％	→	ショートニング…12.5g
水…70％	→	水…175g

計算は簡単

100g＝100％と考えるとわかりやすい。
上記のレシピの、％をとってgに置き換えてみる。
そうすると、強力粉100g、砂糖10g、塩2g……となる。
粉を250g使う配合のパンを作る場合は、
％の数字を2.5倍すればよい。
そうすると、100g×2.5＝250g
粉を500g使う配合のパンを作る場合は、
100g×5＝500g

材料を百分率で表すと便利なワケ

パン作りのレシピでは、ふつう、グラム数で分量が表記されています。しかし、プロのレシピでは、パーセンテージで表示されていることがほとんど。この場合、パン作りでの百分率は、材料の総合の重量を百分率にする一般的な考え方とは異なり、材料の中の、粉の重量を１００％と考え、そのほかの材料を粉に対する割合で表しています。

粉を基準にするのは、パンを作るうえで、粉が主材料で、なおかつもっとも多く使用するからです。普通の百分率より、このベーカーズパーセントのほうが計算しやすく、準備も早くできるので、慣れてきたらこちらを基準にしてみてもいいでしょう。

このパン作りにおいての百分率は、国際表示として公式な計量法になっています。

Tiger Roll

タイガーロール

虎の毛皮のような模様がインパクト大！

タイガーロール

材料（約8個分）

Ⓐ
- フランスパン専用粉（フランス）…250g
- 砂糖…5g
- 塩…5g
- 脱脂粉乳…8g
- ショートニング…8g
- モルトシロップ…1g

水…150g
生イースト…8g（インスタントドライイーストの場合は4g）
卵…13g
チーズ、サラミ…各適量

タイガー生地の材料

水…75g
モルトシロップ…1g
生イースト…7g

Ⓑ
- 上新粉…63g
- 薄力粉…4g
- 砂糖…2g
- 塩…2g

ラード（熱して液状にしておく）…8g

パンDATA

製法	ストレート法
グルテン膜	厚くてやや弱め
こね時間	約15分
発酵	28～30℃で40分パンチ後30分
ベンチタイム	15分
ホイロ	約35℃で約50分
焼成	約220℃で14～16分

所要時間
3時間30分

難易度
★★☆

01 ボウルにⒶの材料をすべて合わせる。そこへ水に溶かした生イーストに卵を入れたものを合わせる。

02 指を立てながら、水気がなくなるまで混ぜる。ひとかたまりになったら、台に取り出す。

03 押しつけるようにして全体を混ぜ合わせる。つぎにp36を参考にしてしばらくこねていく。

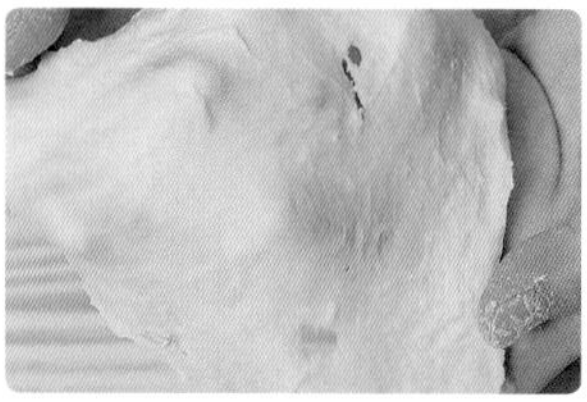

04 生地がつるんとしてきたら、生地の一部を切り取りグルテン膜チェックをして、写真のような膜が張っていたら、つぎの工程へ移る。

05 油脂類を塗ったボウルに生地を入れ、ラップをして発酵をとる。

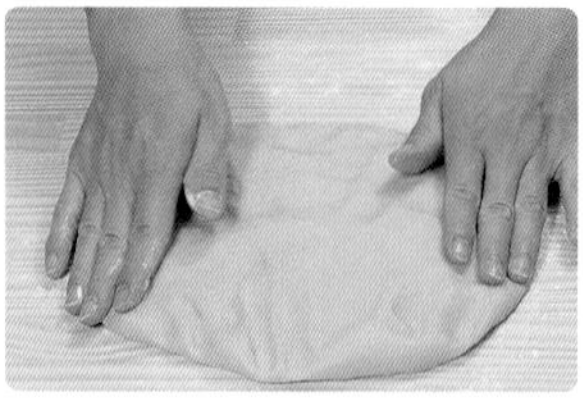

06 約40分経ったら手のひらでパンチをする。つぎに生地を平たくして、四方から中心に向かって折りたたみ、折り目を下にする。

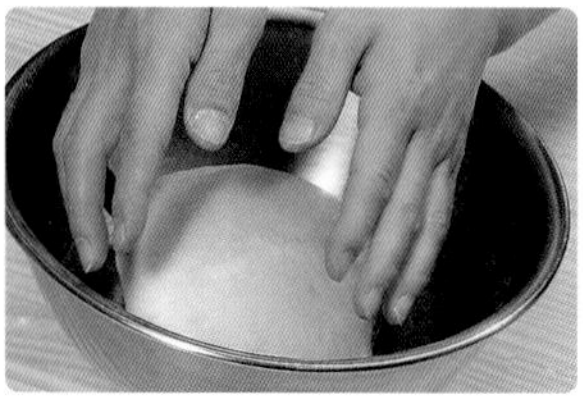

07 05で使ったボウルに06の生地を入れて、ラップをして再度約30分間発酵をとる。

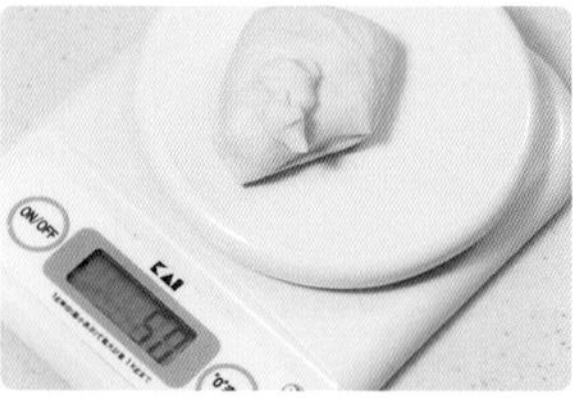

08 発酵後は、スケッパーで50gに分割する。50gに満たない生地は、それぞれの生地に均等に分ける。

09 分割した生地は、手のひらで軽く包み込み、台の上で回転させながら丸める。

10 丸め終わった生地を台の上に置き、ビニールをかけてベンチタイムをとる。

11 チーズとサラミを角切りにしてボウルで混ぜる。チーズとサラミの割合は 1：1 が基本。サラミの塩分が気になる人は、分量をやや少なくする。ベンチタイム後の生地を手のひらで円状にし、上にチーズとサラミをのせる。

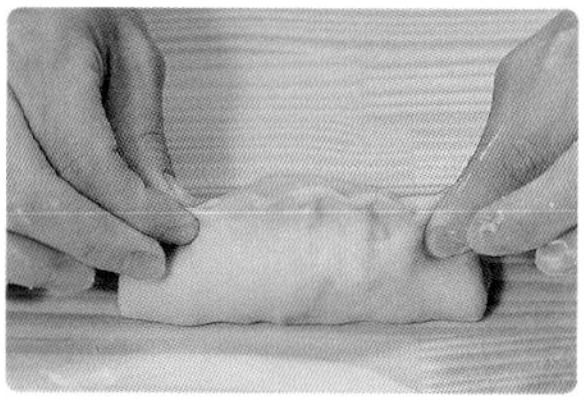

12 生地の手前からくるくると巻く。とじ目を指でつまんでおき、ギョウザのような形に整える。

13 クッキングシートをしいたオーブン板に、とじ目を下にした状態で並べる。この状態でホイロをとる。

14 タイガー生地を作る。水を入れたボウルにモルトシロップ、生イーストを溶かす。つぎにⒷの材料を入れ、泡立て器で混ぜる。

15 とろみが出てきたら、熱して溶かしたラードを入れて、再び混ぜ合わせる。生地がまんべんなく合わさるまで泡立て器で混ぜる。

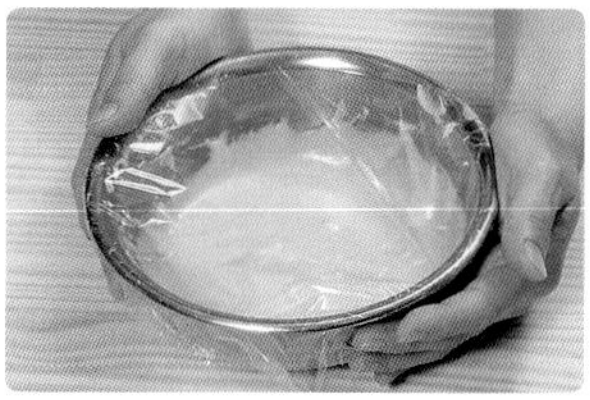

16 上新粉の種類によって生地の固さが変わるのでとろみが出なければ水で調整をする。ラップをして常温で 30 ～ 40 分間発酵をとる。

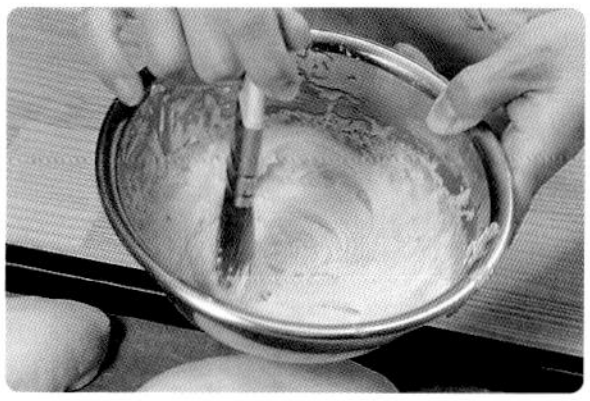

17 発酵したタイガー生地を取り出し、なめらかさが戻るまでハケで混ぜる。

18 ホイロ後の生地に 17 をハケで塗る。下のパン生地が見えなくなるくらいの厚さで塗る。ただしあまり厚く塗りすぎると、焼き上げのときにひびが入らなくなるので、気をつけること。

19 焼く前に霧吹きをしてから、約 220℃のオーブンで約 14 ～ 16 分間焼き上げる。

Q&A

Q 生地がひび割れなかったのですが…

A それはタイガー生地の塗りすぎか、生地が硬すぎたり柔らかすぎたりしたせいでしょう。タイガー生地は下の生地が見えなくなるくらいで、やや薄く塗るのがベストです。

この写真は塗りすぎ

パンブレイク

パンの種類別 おすすめチーズ

パンとチーズをおいしく楽しむ黄金ペアの紹介！

ベーグル

合うチーズはコレ

クリームチーズ

もちもちのベーグルには、やはりクリームチーズを添えて楽しむのがいちばん。ここにスモークサーモンを組み合わせてもOK。クリームチーズ＆ブルーベリージャムなど、そのほかいろいろなジャムと組み合わせてもいい

パン・トラディショネル

合うチーズはコレ

白カビタイプ

白カビタイプとは、白カビを繁殖させたチーズのこと。フランスの「カマンベール・ド・ノルマンディ」や「ブリー・ド・モー」が代表格。シンプルなパンなので、白カビ以外のどんなチーズとも比較的相性がよい

パン・ド・カンパーニュ

合うチーズはコレ

青カビタイプ

ブルーチーズとも呼ばれる、青カビを繁殖させたチーズ。素朴な味わいのパン・ド・カンパーニュとともに楽しめば、個性的な風味を生かした味わいに。ほかに、熟成しないフレッシュタイプのチーズとも相性がよい

フロッケンブロート

合うチーズはコレ

ウォッシュタイプ

ライ麦のパンのなかでも、フロッケンブロートのように独特な酸味を持つパンには、個性的なウォッシュタイプのチーズを。香りにややクセはあるが、中はクリーミーなので、穀物の香りあふれるブロート系のパンにはぴったりだ

パンの個性によってチーズを選びましょう

パンにもさまざまな種類があるように、チーズの種類も世界中で1000種類以上あるといわれています。パンと楽しむときは、お互いの持ち味を生かすチーズを選びたいところです。

　まず、フランスパンやライ麦パンのようにシンプルでハード系のパンは、比較的どんなチーズでも合います。少し重めのサワー種を使ったパンは、ウォッシュタイプや青カビタイプと相性がよく、パンの酸味とチーズの塩気のバランスがとれた味わいになります。

　時間が経って固くなってしまったパンは、薄くスライスしてトーストをします。そして相性のよいチーズをのせ、カナッペ風に楽しむのもおすすめです。クルトンにしたりパン粉に再利用したりと、おいしく楽しむ方法はまだまだあります。固くなったらすぐには捨てず、うまく再利用しましょう。

Sausage, Ham and Egg, Tuna Potato

調理パン3種

難しそうな惣菜パンでも、基本をマスターすれば簡単！

調理パン３種

材料（約６個分）

Ⓐ
- 強力粉（カメリヤ）…250g
- 砂糖…20g
- 塩…4g
- 脱脂粉乳…5g

水…140g
卵…25g
生イースト…8g（インスタントドライイーストの場合は4g）
ショートニング…20g
溶き卵（仕上げ用）…適量

具の材料

Ⓑ
- ソーセージ…２本
- ピザ用ソース…適量
- ピザ用チーズ…適量

Ⓒ
- ロースハム…２枚
- ゆで卵…１個
- マヨネーズ…適量

Ⓓ
- ジャガイモ…大１個
- ツナ缶…小１缶
- マヨネーズ…適量
- 塩、コショウ…各適量

パンDATA

製法	ストレート法
グルテン膜	薄くてやや弱め
こね時間	約20分
発酵	28～30℃で約60分
ベンチタイム	15分
ホイロ	約35℃で約50分
焼成	約220℃で約15分

所要時間
3時間

難易度
★★★

01 ボウルにⒶを入れ、p144の01と同様に材料を合わせる。ひとまとまりになったら台に出し、押しつけるようにして混ぜる。

02 カードでひとまとめにして、p36を参考に台の上でこねる。しばらくこねてグルテン膜チェックをしたらつぎの工程へ移る。

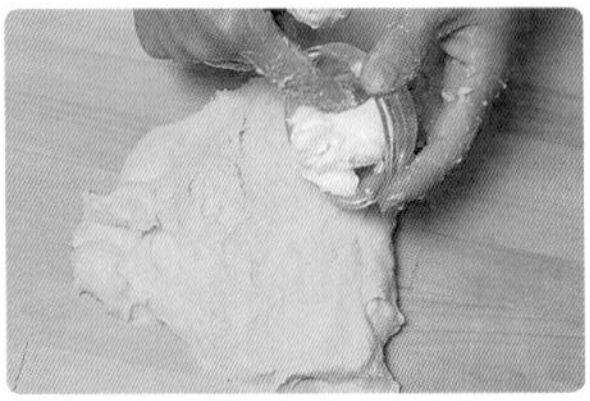

03 生地を平たくして、その上にショートニングをのせ、四方の生地で包んだらひきちぎるようにして生地とショートニングを混ぜる。

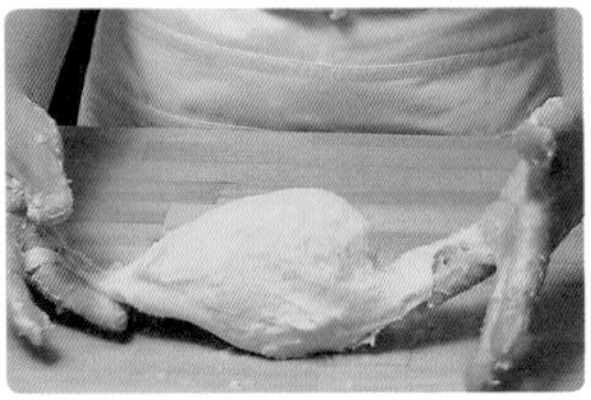

04 均等の固さになったら、再び台の上でこねていく。

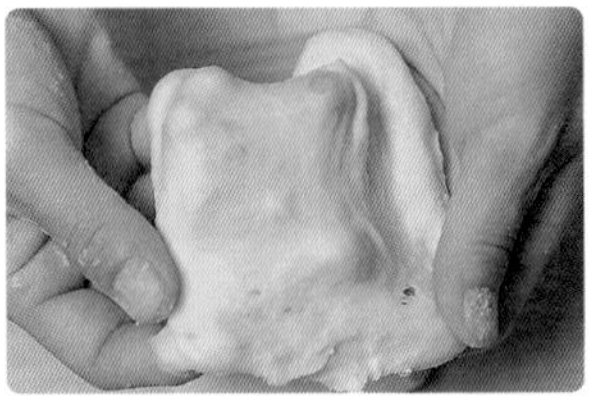

05 しばらくこねていき、写真のようなグルテン膜が張っていたら、油脂類を塗ったボウルに生地を移し、ラップをして発酵をとる。

06 Ⓓのツナポテトを作る。ジャガイモはまるごとゆで、皮を取ってつぶす。ツナ缶、マヨネーズ、塩コショウを入れてよく混ぜ合わせる。

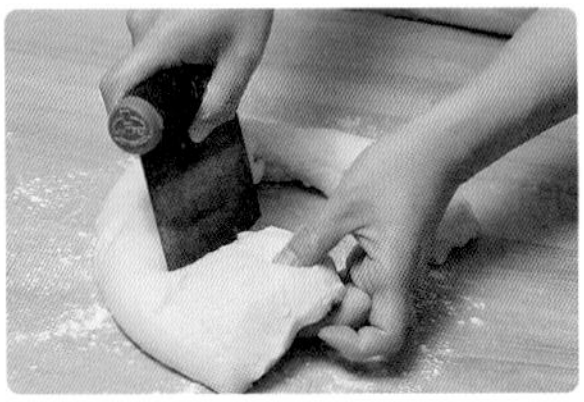

07 発酵を終えた05の生地を打ち粉をした台に取り出し、スケッパーで60gに分割する。余った生地は均等に分けて加える。

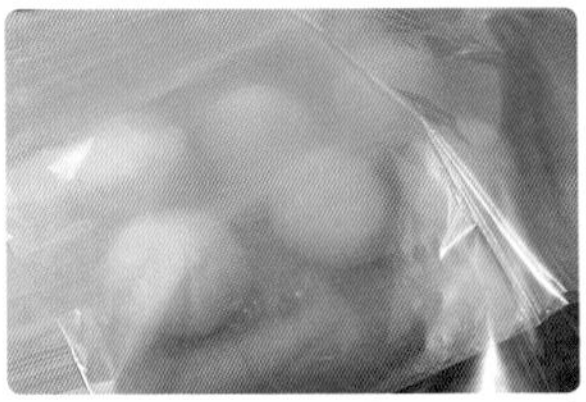

08 分割した生地を台で丸める。つぎにビニールをかけてベンチタイムをとる。

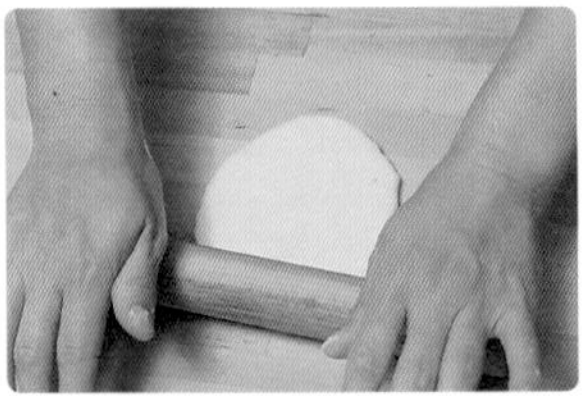

09 Ⓒのハム卵タイプから成形する。まず、丸めた生地を手のひらでつぶしてからロースハムの直径よりもやや大きめにめん棒でのばす。

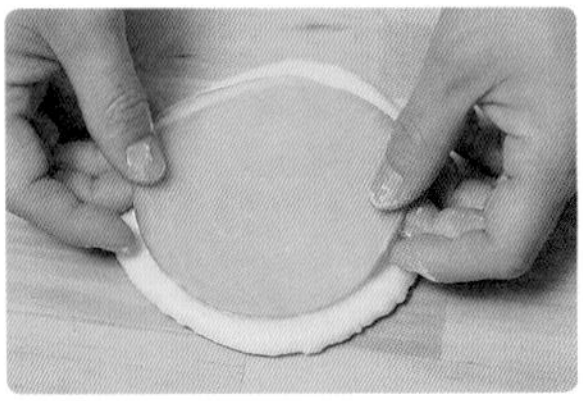

10 ロースハム１枚を生地の上にのせて、上端から巻いていき、棒状に整える。

11 棒状にした生地はとじ目をしっかりつまんでおく。

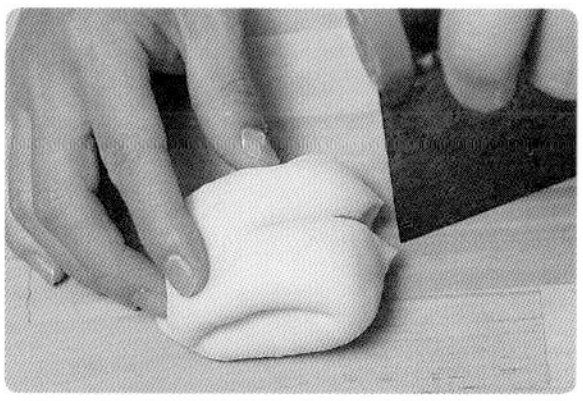

12 横に2つ折りにして、折り目に対して垂直にスケッパーで切り込みを入れる。

13 切り込みを上に向けて生地を立たせ、切り込みを横に開いていく。

14 平らになるように、指で押し広げながら、うずまき状の形に整える。アルミケースを用意し、生地を入れる。これを全部で2個作る。

15 Ⓑのソーセージタイプを成形する。ベンチタイム後の生地をだ円形にめん棒でのばし、上半分にピザ用ソースを塗りソーセージを置く。

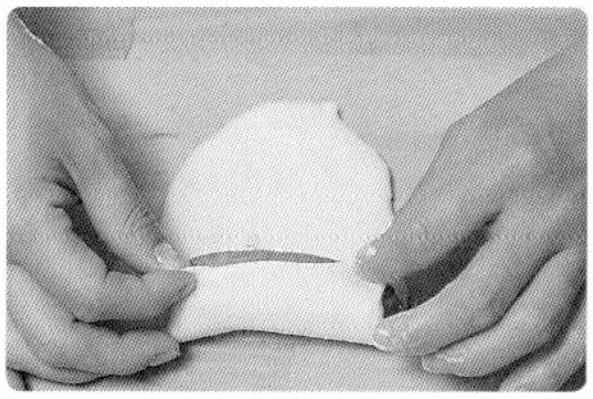

16 上端からソーセージを軸にして巻いていく。巻き終わりの生地は11のように指でつまんでおく。

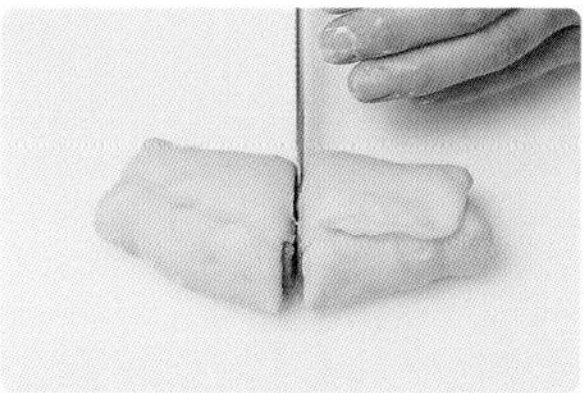

17 巻き終わった生地を半分に切り、さらに半分に切って4つに分ける。

18 アルミケースに切った断面を上にして並べる。

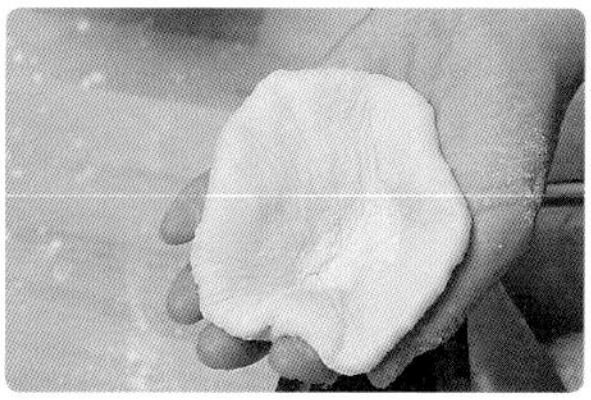

19 Ⓓのツナポテトタイプを成形する。丸めた生地を手のひらに乗るくらいの大きさにめん棒で円形にのばす。

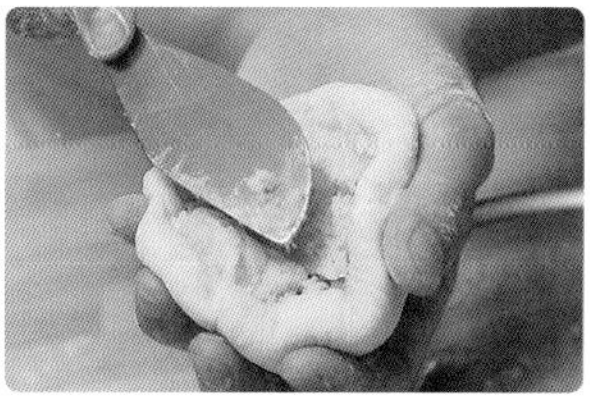

20 生地を手のひらに置き、06で作ったツナポテトをのせて包む。生地と具で110～120gになるように、計りながら包んでいくとよい。

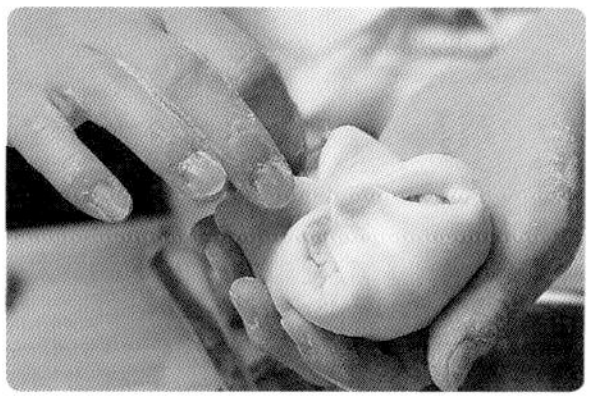

21 四隅をつまんで生地を閉じながら、丸い形に整える。3種の生地をシートをしいたオーブン板に並べ、ホイロをとる。

22 すべての生地に卵をハケで塗る。ハム卵タイプに円を描くようにマヨネーズをしぼり、縦に半割りしたゆで卵を上にのせ押し込む。

23 ツナポテトタイプの生地には、中央にハサミで十字に切り込みを入れる。中の具が少し見えるくらいの深さに切る。

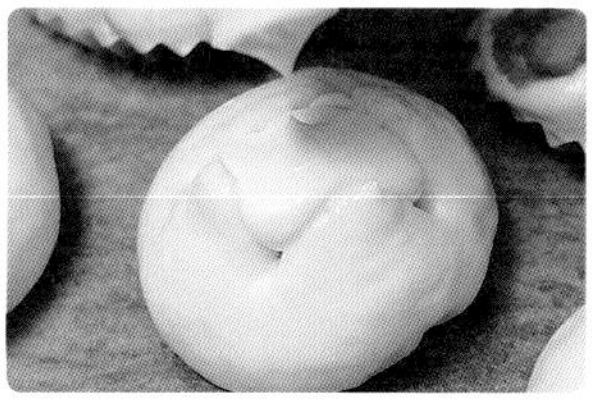

24 切り込みの間にマヨネーズを絞り出す。

25 ソーセージタイプの上にピザ用チーズをトッピングする。すべての生地を約220℃のオーブンで約15分間焼き上げる。

パンブレイク

調理パンのアイデアが光る具材

アレンジを加えた、世界でただひとつのパンを作る！

オニオンチーズパン（左）

材料（1個分）

生地の材料と作り方はp148の01～08（06は除く）までを参考にする
タマネギ…1/10個（薄くスライスしておく）
ピザ用チーズ…適量

作り方

❶ベンチタイム後の生地を平たくして、めん棒で円状にのばす❷上端から3分の1折り、下端も3分の1折って棒状にする❸折った端は指でつまんでおき、離れないようにする。オーブンシートをしいたオーブン板の上にのせ、約35℃で約50分間ホイロをとる❹ホイロ終了後、縦に1本、ハサミで切り込みを入れ、薄切りにスライスしたタマネギをのせ、その上にピザ用チーズをのせて、220℃のオーブンで約15分間焼き上げる

ベーコンエピ（右）

材料（1個分）

生地の材料と作り方はp148の01～08（06は除く）までを参考にする
ベーコン…1枚　ピザ用チーズ…適量

作り方

❶ベンチタイム後の生地を平たくして、めん棒でだ円型にのばし、その上にベーコンを重ねる❷上端から3分の1折り、下端も3分の1折ってさらに2つ折りにし、棒状にする❸折った端は指でつまんでおき、離れないようにする。❹クッキングシートをしいたオーブン板の上にのせ、約35℃で約50分間ホイロをとる❺ホイロ終了後、縦にハサミで斜めに切り込みを入れて左右に枝分かれさせる❻ピザ用チーズをふりかけ、220℃のオーブンで約15分間焼き上げる

ツナコーンマヨネーズ（奥）

材料（1個分）

生地の材料と作り方はｐ148の01～08（06は除く）までを参考にする
ツナ缶…小1/2缶（汁気を取る）
コーン缶…50g　マヨネーズ…適量

作り方

❶ベンチタイム後の生地を平たくして、めん棒で円状にのばす❷のばした生地の上に、ツナ、コーンをしく❸下端の生地から巻いていき、巻き終わりの生地は指でつまんで離れなくしておく❹オーブンシートをしいたオーブン板の上にのせ、約35℃で約50分間ホイロをとる❺ホイロ終了後、縦1本、ハサミで切り込みを入れて、切った生地を広げマヨネーズを絞る。つぎに220℃のオーブンで約15分間焼き上げる

チーズの香りが食欲をそそる調理パン。焼きたてがおすすめ

いつものパンに飽きたら自分だけのオリジナルを

パン専門店のように具材のバリエーションを考えて、ほかでは味わえない自分だけのオリジナルを作るのも、パン作りの醍醐味です。パン作りに少し慣れてきたら、調理パンの生地を使ってアレンジしてみましょう。

　アレンジといっても、ただ好きな具を好きなようにのせるだけ。具材により成形を変えると、よりバリエーションが広がります。簡単なのは棒状に成形して、真ん中に縦1本切り込みを入れ、そこに具材を入れる方法。生地を平たくめん棒でのばし、具材をしいて巻いていく方法や、棒状にした生地に斜めに切り込みを入れるエピ型も新鮮な形です。

　いろいろな具を組み合わせて試行錯誤しながら、自分だけのオリジナルパンを作ってみてください。

Curry Bread

カレーパン

香辛料の香りが食欲をそそります

カレーパン

材料（約10個分）

強力粉（カメリヤ）…200g
薄力粉…50g
砂糖…20g
塩…5g
脱脂粉乳…10g
生イースト…9g（インスタントドライイーストの場合は4g）
水…115g
卵…50g
ショートニング…25g

カレーパンの具の材料

油…大さじ1
タマネギ…1/4個
ニンジン…1/8本
豚挽き肉…50g
ジャガイモ…1/2個
インスタントカレールー…50g
水…適量
塩、コショウ…適量

揚げる際の材料

ショートニング…2kg以上（サラダ油の場合は2ℓ以上）
パン粉（写真は著者オリジナルのもの）、溶き卵…適量

パンDATA

製法	ストレート法
グルテン膜	薄く弱め
こね時間	約20分
発酵	28～30℃で約50分
ベンチタイム	15分
ホイロ	約35℃で40～50分
揚げる	約170℃の油で約7分

所要時間
3時間

難易度
★★☆

01 強力粉、薄力粉を入れたボウルに砂糖、塩、脱脂粉乳を合わせる。水で溶いた生イーストに卵を混ぜたものを一緒にする。

02 ボウルの中で、水気がなくなるまで手で混ぜる。

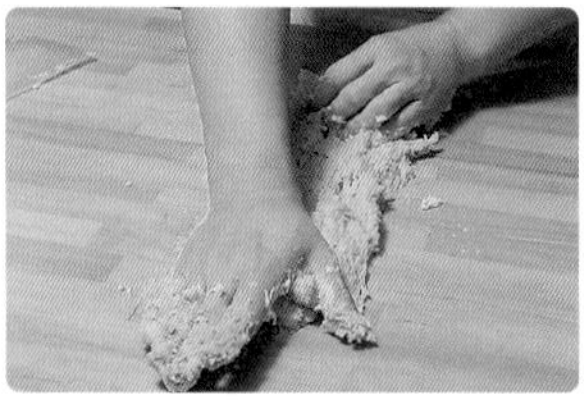

03 水気がなくなったら、台の上で押しつけるようにしてのばす。

04 カードで生地をひとまとめにして、p36と同様にこねていく。グルテン膜チェックをして膜が張っていたらつぎの工程に移る。

05 生地を平たくして、その上にショートニングをのせて四方の生地で包む。これをひきちぎるようにして混ぜ、均等の固さにしていく。

具の作り方

カレーパンの具を作っておく。鍋に油をしき、みじん切りにしたタマネギとニンジンを中火で炒める。

タマネギが透き通ったら豚挽き肉を入れて、炒める。挽き肉に火が通ったら塩、コショウで下味をつける。

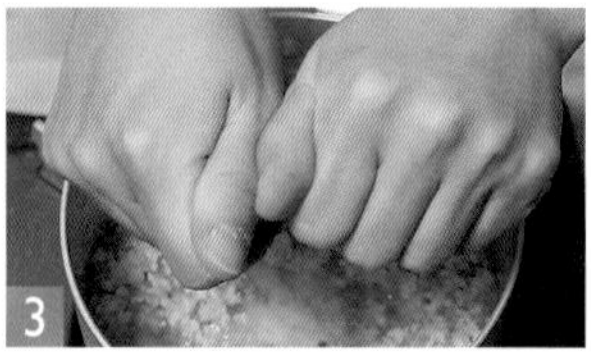

鍋にひたひたになるくらいの水を入れたら、カレールーを手で砕きながら入れる。

カレールーが溶けてきたら、ゆでて皮をむいたジャガイモをよくつぶしたものを入れ混ぜ合わせる。

味をみながら5～10分間煮込む。固くなりすぎてしまったら水を足す。できあがったらバットに移して冷ましておく。

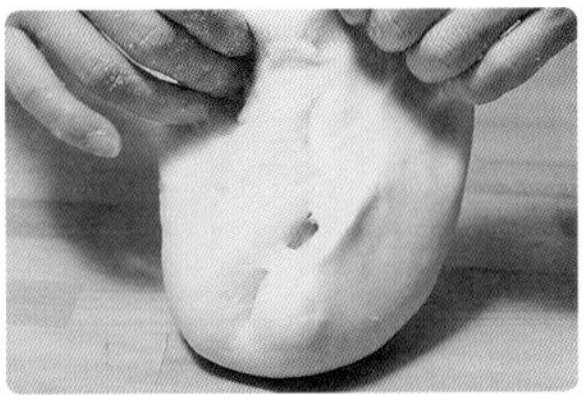

06 均等の固さになったら、再度04と同じようにこねていく。しばらくこねたらグルテン膜のチェックをする。

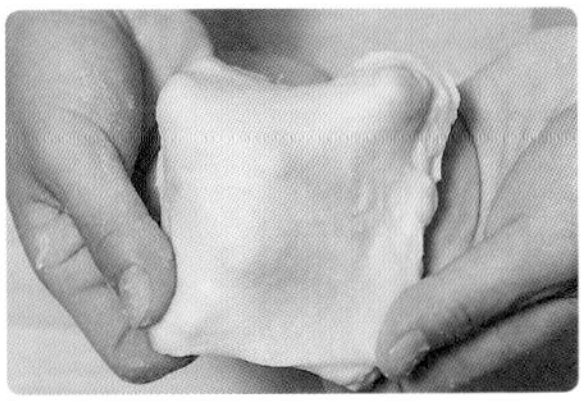

07 写真のような膜が張っていたら、生地を丸めて、油脂類を塗ったボウルに入れ、ラップをして発酵に移る。

08 発酵が終了したら、打ち粉をした台に取り出し、スケッパーで棒状に切ってから45gに分割する。

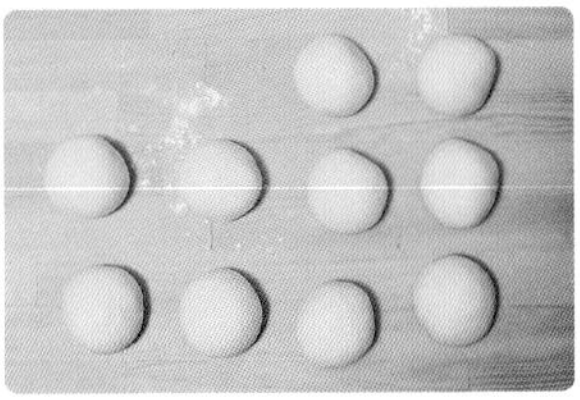

09 生地を丸めて台に置き、ビニールをかけてベンチタイムをとる。

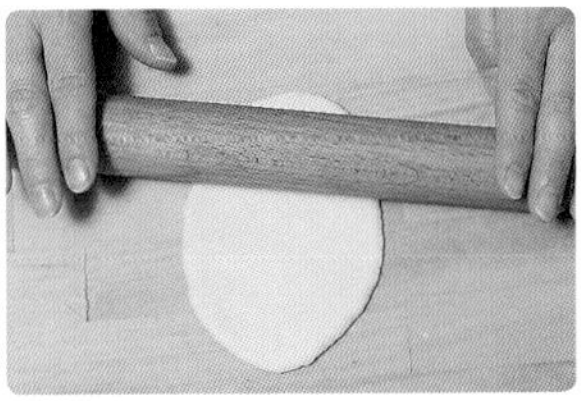

10 ベンチタイム後、生地をいったん手のひらで平たくする。つぎにめん棒でだ円形に整える。

11 手のひらに生地を取り、ヘラなどで中央に具をのせる。

12 手のひらをVの字にして、ヘラなどで押し込みつつ具を包み込んでいく。

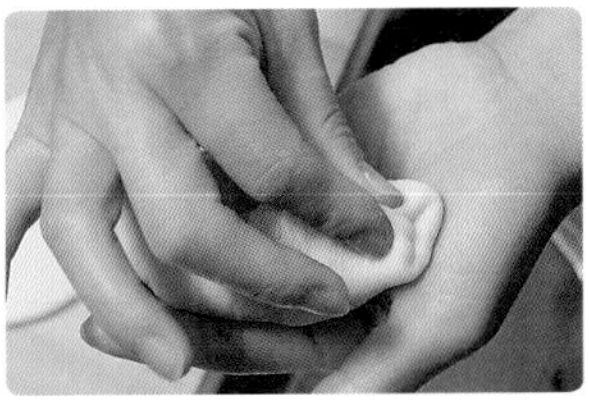

13 端の生地をひっぱりながら具を包む。とじ目は指でつまんでおき、具が出ないようにしながら、ラグビーボール形に成形する。

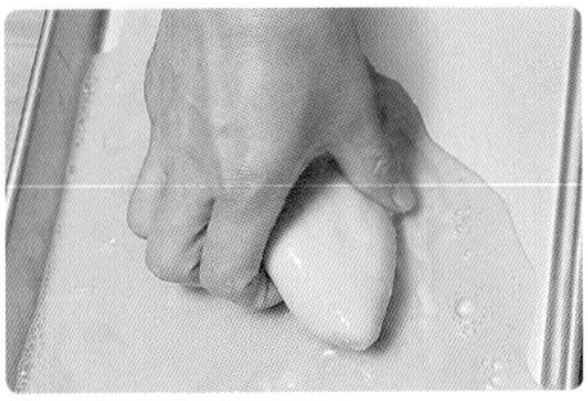

14 バットに溶き卵を入れて、成形した生地にまんべんなくつける。

15 つぎにパン粉をしいたバットに生地を入れて、均等にパン粉をまぶす。余分についた粉はしっかり払っておく。

16 布をしいたオーブン板に並べて、この状態でホイロをとる。

17 鍋に入れたショートニングを約170℃に熱したら、とじ目を下にして生地を入れ、両面で7分間は揚げる。

18 両面がこんがりキツネ色に揚がったら、揚げ網に上げて油を切る。揚げ油は生地が浮くくらいの量を用意する。

Q&A

Q 具を詰めるとき、閉じられません

A 具を入れすぎると、真ん中がふくれて閉じることができなくなります。生地と具で約80～90gになるように計りながら行うとよいでしょう。

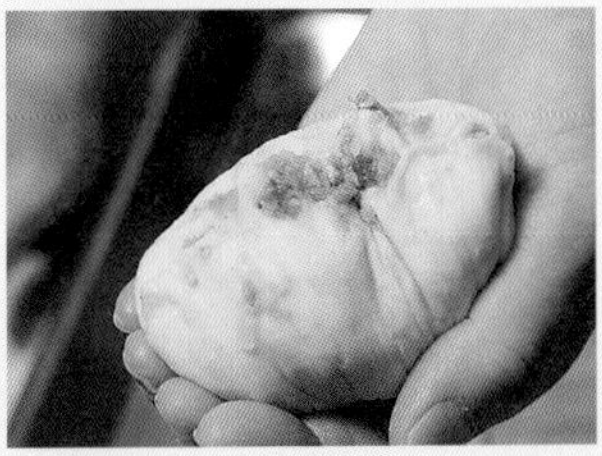

具が柔らかすぎてもNG

Variation

ピロシキ

パン DATA

製法・ストレート法／グルテン膜・薄くて弱め／こね時間・約20分／発酵　28～30℃で約50分／ベンチタイム・15分／ホイロ・約35℃で40～50分／揚げる・約170℃の油で約5分

材料（約5～10個分）

生地の材料はp152と同様
ショートニング（揚げ用）…2kg以上
（サラダ油の場合は2ℓ以上）

ピロシキの具の材料

油…大さじ1
豚挽き肉…50g
タマネギ…1/4個
春雨…8g
ゆで卵…1個
ナツメグ、塩、コショウ…各適量

01 具を作る。ゆで卵をボウルに移し、カードでみじん切りにする。

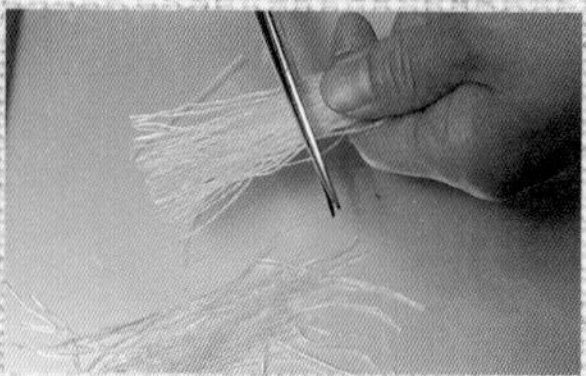

02 春雨をハサミで4等分する。

03 フライパンに油をしき、中火でみじん切りにしたタマネギを透き通るまで炒める。

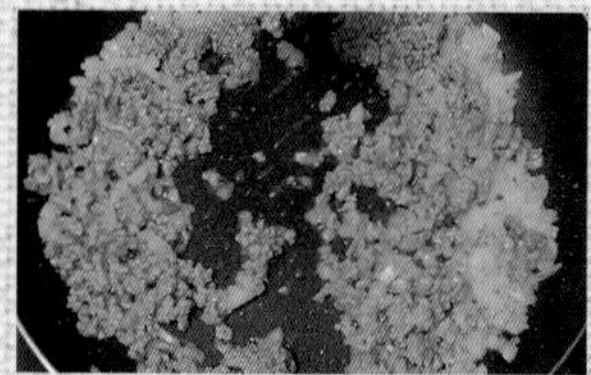

04 つぎに豚挽き肉を入れて少し炒める。

所要時間	難易度
3時間	★★☆

05 豚挽き肉とタマネギの水気が出てきたら、乾燥したまま春雨を加える。強火だと春雨が乾いてしまうので、弱火で炒める。

06 ここで下味をつけるために塩、コショウを少々加えて少しなじませる。味見をしてみて薄味ならもう少し加えて調節する。

07 ナツメグを加える。ナツメグを加えると風味が増すので、なるべく入れるようにしたい。

08 みじん切りにしたゆで卵を加えて、よく炒める。しっかり味をつけたほうが風味がよいので、さらに塩、コショウを加える。

09 よく混ざったら、バットに移して常温でよく冷ましておく。

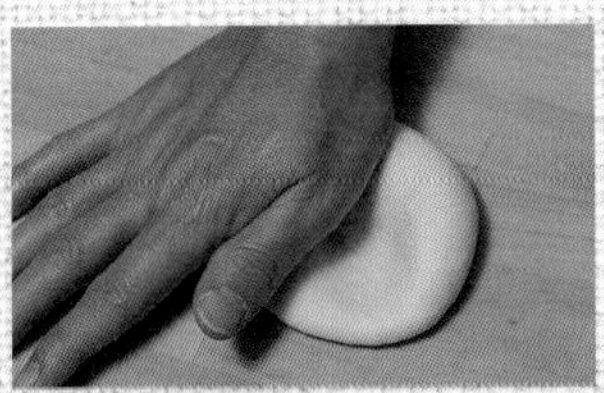

10 生地は p152 ページの 01 ～ 09 と同様に作る。ベンチタイム後の生地を一度手のひらで平たくつぶしておく。

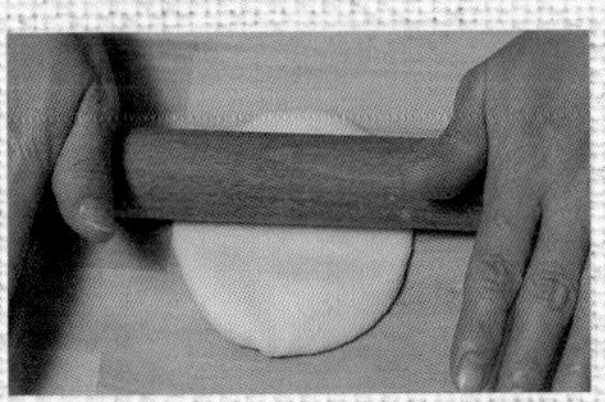

11 上半分にめん棒をかけたら、下半分の生地もめん棒でかけながら、円形に整えていく。

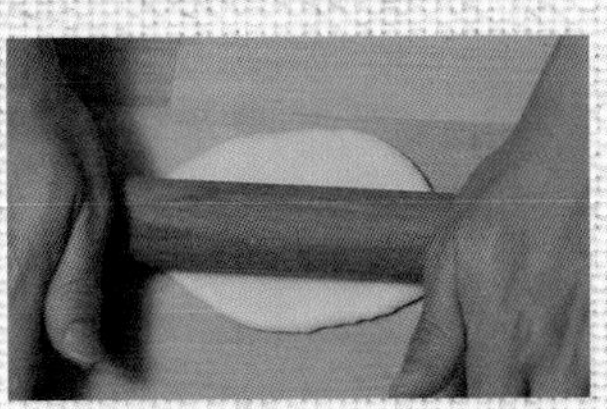

12 角度を 90 度ずつ変えながらまんべんなくめん棒をかける。最終的に手のひらに乗るくらいの大きさに形を整える。

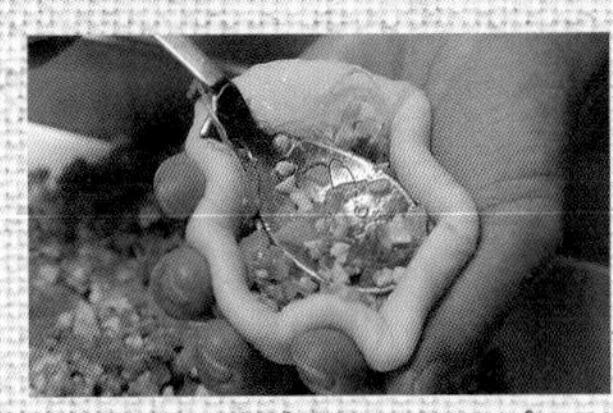

13 手のひらに生地をのせ、スプーンなどを使って具を入れていく。あまり詰め込みすぎると閉じられなくなるので注意する。

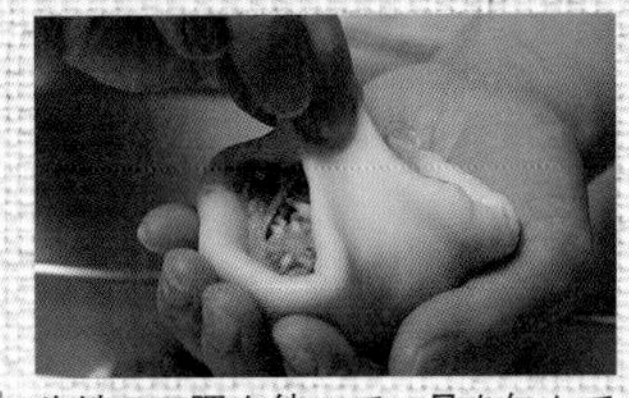

14 生地の四隅を使って、具を包んでいく。生地を少し引っ張りながら行うとよい。

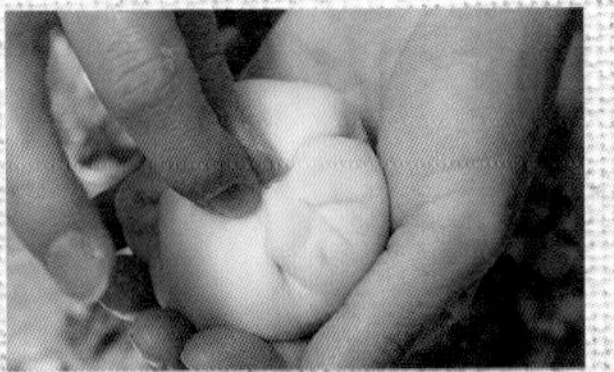

15 とじ目はつまんで具が飛び出さないようにきちんと閉じる。

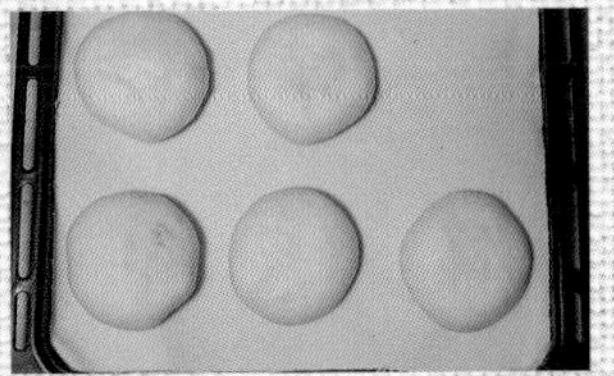

16 生地を平たく押さえ、布をしいたオーブン板にとじ目を下にして並べて、この状態でホイロをとる。

17 ショートニングを約 170℃に熱し、とじ目を下にした状態で鍋に入れる。具が多すぎたり包み方が悪かったりすると油がはじくので注意。

18 キツネ色にするには最低で 5 分間両面を上げるとよい。また揚げる時間は、タイマーを使って正確に計ること。

19 両面がこんがりキツネ色に揚がったら、揚げ網に上げて、油を切る。

パンブレイク

カレーパンをカラっと揚げるには？

「カリッ」と音がするようなカレーパンにするコツを教えましょう

カラッと揚げるには

まずはしっかりこねて、基本の生地作りをしっかり行うこと。また、詰めるカレーの水気が多いと、生地に染みこんでしまい、油ハネの原因にも。油の温度も規定の温度まで上げること

こんがりと揚がったら、すばやく揚げ網に移して、油をきちんと切ることも大切

揚げるときは何度もひっくり返しながら。片面だけ油を吸いすぎるとカリッとした食感は得られない

ショートニングを揚げ油にする

ショートニングで揚げると、サラダ油よりもカラっと揚がり、なおかつ冷めても風味よく仕上がる。ただし、使うショートニングは鍋の大きさにもよるが2kgほど用意しなくてはいけない

カレーパン５～６個揚げるにはこのくらいの量が必要

熱すると黄色っぽい液体に

揚げ物はカリッとが命！ カレーパンも同じです

カレーパンやドーナツのような揚げパンは、カラッと揚げることがまず大切です。なんだかカラッと揚がらないという場合は、つぎの問題が考えられます。

まず、こね不足が原因かもしれません。きちんとこねて、グルテン膜を張らさないと、揚げても十分なボリュームが出ません。また、生地が硬くなり、風味も落ちます。

また、揚げ油の温度が低いのかもしれません。温度が低温の油で揚げると、揚げ時間が長くなり、ギトギトした仕上がりになります。逆に油の温度が高いと、中まで火が通りません。

熱々を食べるなら揚げ油はサラダ油で十分ですが、冷めてくると油っこくなってきます。その点、ショートニングで揚げると冷めてもおいしく楽しめるので、本書ではショートニングで揚げるのをおすすめしています。

ピザパン２種＆カルツォーネ

好みの具をのせて、自分だけのピザパンを作ってみて

ピザパン2種

材料（大３枚分）

強力粉（カメリヤ）…250g
砂糖…13g
塩…5g
脱脂粉乳…5g
生イースト…8g
水…150g
オリーブ油…20g

上にのせる具の材料

Ⓐ アスパラガス（1/4に切る）、ソーセージ（輪切り）…適量
Ⓑ ジャガイモ、ベーコン（短冊切り）…適量
ピザ用ソース…適量
ピザ用チーズ…適量

パンDATA

製法	ストレート法
グルテン膜	厚くて弱め
こね時間	約15分
発酵	約28～30℃で約40分
ベンチタイム	なし
ホイロ	約35℃で約20～30分
焼成	約240℃で約12分

01 ボウルに強力粉、砂糖、塩、脱脂粉乳を入れる。そこへ水で溶いた生イースト、オリーブ油を加える。

02 ボウル内で水気がなくなるまでしばらく混ぜ合わせたら、台に移し、押しつけるようにして、生地をなじませる。

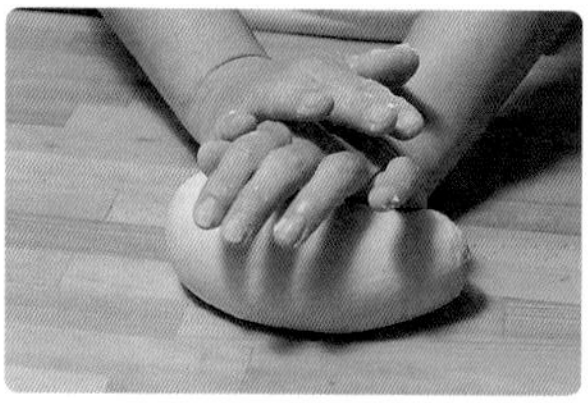

03 カードで生地をかき集め、台の上で押しつけながらしばらくこねていく。

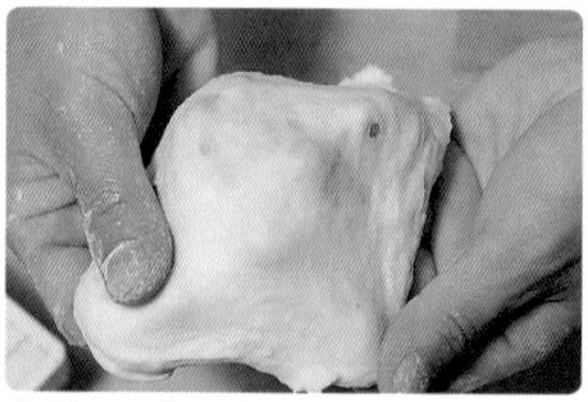

04 生地の一部を切り取りグルテン膜のチェックをして、写真のような膜が張っていたらつぎの工程に移る。

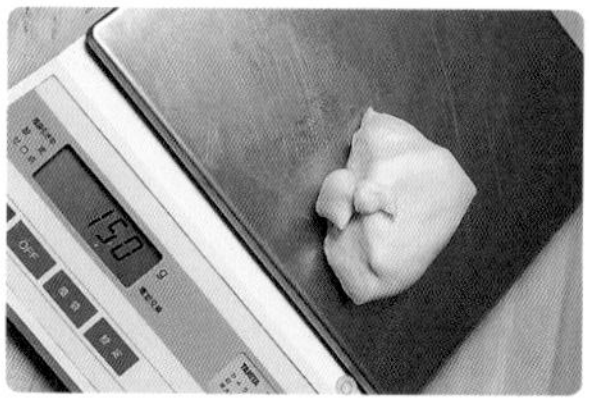

05 計りで150gに分割する。全部で150gが３枚分とれる。余った生地で、左ページのカルツォーネを作ってもよい。

06 手のひらで包むようにして生地を丸め、台の上でビニールをかけてこのまま発酵をとる。

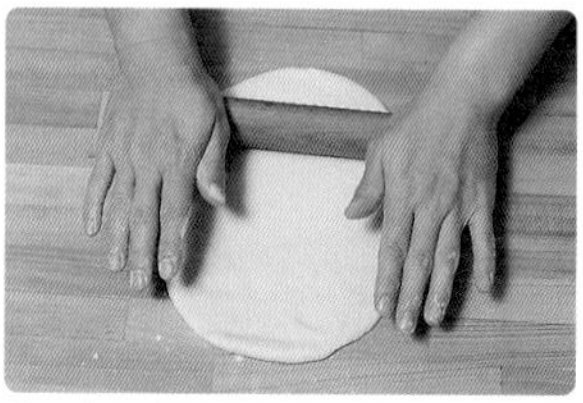

07 台に打ち粉をして、とじ目を下にして置き、手のひらで平たくしてからめん棒でだ円形にする。オーブン板が正方形なら円形に整える。

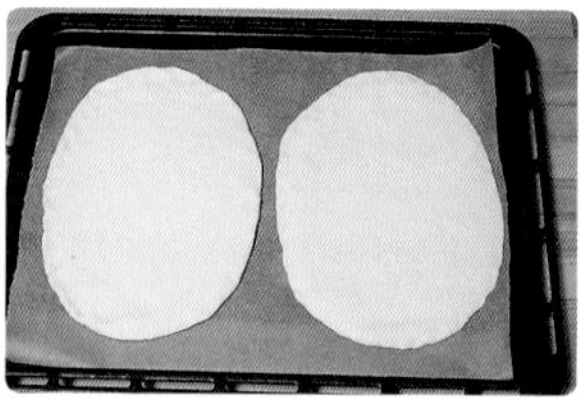

08 クッキングシートをしいたオーブン板に生地をのせる。生地の端を指で押しておくと厚さが調整しやすい。この状態でホイロをとる。

09 指でピケ（P137参照）してピザ用ソースを塗る。一方にⒶを、もう一方には軽く炒めたⒷをのせる。

10 ⒶとⒷの生地の上にピザ用チーズをのせて、約240℃のオーブンで約12分間焼き上げる。

所要時間
2時間

難易度
★☆☆

Point Arrange
サラダピザ

材料（約6枚分）

生地の材料は p158 と同様

上にのせる具の材料

ベーコン…100g　レタス…1/6個　トマト…1/3個
マヨネーズ、パルメザンチーズ、塩、コショウ…各適量

作り方

❶生地は、p158の01～04までと同様に作る。60gに分割し、丸めたあと発酵をとる。発酵後、縦20㎝×横15㎝にめん棒でのばす。❷クッキングシートをしいたオーブン板でホイロをとる。❸ベーコンは短冊切りにして軽く炒め、レタスは粗い千切りに、トマトは種をとって角切りにする。これをボウルに移し、マヨネーズと塩、コショウを加えてヘラでよく混ぜておく。❹ホイロをとった生地に具をのせる。❺最後にパルメザンチーズを上からふりかける。❻約250℃のオーブンで約15分間焼き上げる。

縦が20㎝×横15㎝になるように、めん棒をかける。厚さが均等になるように行う

野菜やベーコンは、余り細かくカットすると食べ応えがなくなるので、やや大きめにカットするとよい

カルツォーネ

材料（約6個分）

強力粉（カメリヤ）…250g　砂糖…13g　塩…5g　脱脂粉乳…5g
オリーブ油…20g　生イースト…8g
水…150g

具の材料

ズッキーニ（薄切り）、アスパラガス（1/4に切る）、ベーコン（短冊切り）、ピザソース、ピザ用チーズ…各適量

パンDATA

製法・ストレート法／グルテン膜・厚くて弱め／こね時間・約15分／発酵・約28～30℃で40分／ベンチタイム・なし／ホイロ・約35℃で約20～30分／焼成・約240℃で約12分

所要時間	難易度
2時間	★☆☆

01 生地は、右ページの01～04まで同様に作る。60gに分割して、丸めたら発酵をとる。その後手のひらで平たくしておく。

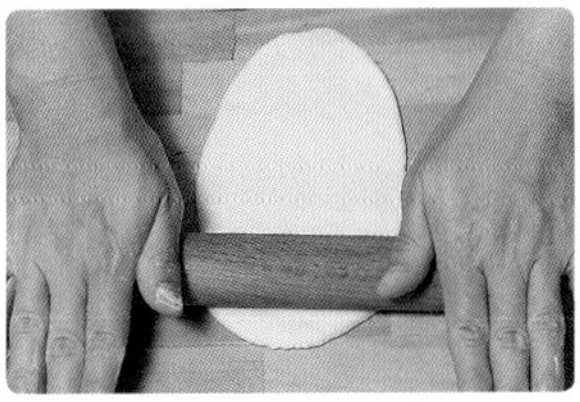
02 めん棒で、横10㎝×縦15㎝くらいのだ円形にのばす。

03 生地の下半分にピザ用ソースを塗る。その上に、薄切りにしたズッキーニをのせる。

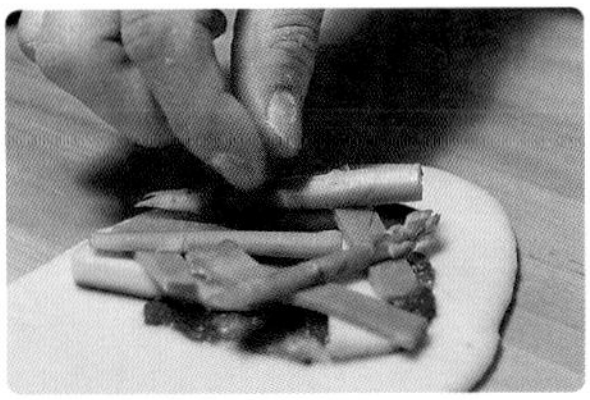
04 つぎに短冊切りにしたベーコンをのせ、さらに1/4にカットしたアスパラをトッピングする。

05 最後にピザ用チーズをのせる。多くのせすぎないように注意する。

06 上半分の生地を持ち上げ、具にかぶせながら2つ折りにする。折った端はしっかりと指で生地をつぶしながら閉じていく。

07 クッキングシートをしいたオーブン板にのせホイロをとる。とじ目を再度押さえ、フォークで生地に穴を開けてから約240℃のオーブンで約12分焼く。

パンブレイク

ピザパンの具材あれこれ

チーズがとろけるもっちりピザが集合！

ズッキーニとベーコンのピザパン

ベーコンとズッキーニは、短冊切りにする。生地ができあがったら、ピザ用ソースを塗り、材料を散らす。最後にピザ用チーズをトッピングして、約250℃のオーブンで約15分間焼き上げる

※写真はピザ用チーズをのせる前の状態

マルゲリータ

フレッシュトマトをくし形に切り、ピザ用トマトソースを塗った上にトッピングする。つぎに、バジルの葉をランダムに散らし、最後にピザ用チーズをのせて、約250℃のオーブンで約15分間焼き上げる

しめじとアンチョビのピザパン

ピザ用ソースを塗った生地の上に、石づきを取ったしめじをのせる。すき間をうめるようにして、アンチョビを細かくしたものをのせる。最後にピザ用チーズをのせて約250℃のオーブンで約15分間焼き上げる

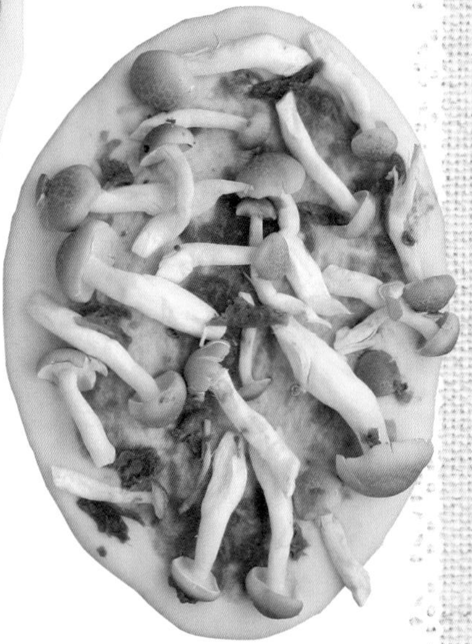

アイデアを効かせたピザ作りにチャレンジ

ピザというと、具がたくさんのった厚みのあるピザが一般的ですが、イタリアの本場のピザは、直径40cmほどで、生地は薄く、トッピングもごくシンプルなものになります。日本でピザパンといえばイタリア式とは違い、生地はぶ厚く、トッピングもチーズもたくさんかけられているアメリカ式です。直径約35cmほどを3～4人でシェアして食べるのが一般的ですが、イタリアではそれで1人前だというから驚きです。

本書で紹介しているパン生地で作るピザも、アメリカ式です。パン生地なので、具材の種類は2種類くらいとシンプルにして、生地そのものの味も一緒に楽しみましょう。

作り手の数だけバリエーションが広がるピザパンは、いろいろな具材を試して、自分だけのオリジナルを完成させてください。

第6章

ハードなパン

Column*

シンプルだけど難しい、ハード系パンのコツ

ソフト系とは勝手が違う ハード系のパンの特徴とは

ハード系のパンは、小麦粉、水、塩、イーストと、基本的にシンプルな配合のパンです。シンプルな配合の場合は発酵がソフト系のパンよりも遅くなるので、本書では基本的に発酵種を使ってつなぎをよくしてから本ごねをする方法を用いています。ストレート法（p52）にすると、使う粉の個性が出たパンになります。

発酵がゆっくり進むハード系は生地が弱いので、生地をやさしく扱うことが大切です。また、ハード系は基本的に、クラム（内側）とクラスト（外側）の食感が異なるのが身上。そのため、あまりこねないまま発酵に移します。

焼くときは、パリっとさせるために霧吹きをたっぷりかけ、あらかじめオーブン板ごとオーブンに入れて予熱をし、オーブン板を熱々にさせてから行うこともあります。

ハード系パンを作るときのコツ

その1　こねすぎない

副材料がほとんど含まれないハード系のパンは、よくこねなくても生地がまとまります。とくにフランスパンは、気泡がランダムに入ったきれいなクラムができます

その2　まめにグルテン膜を見る

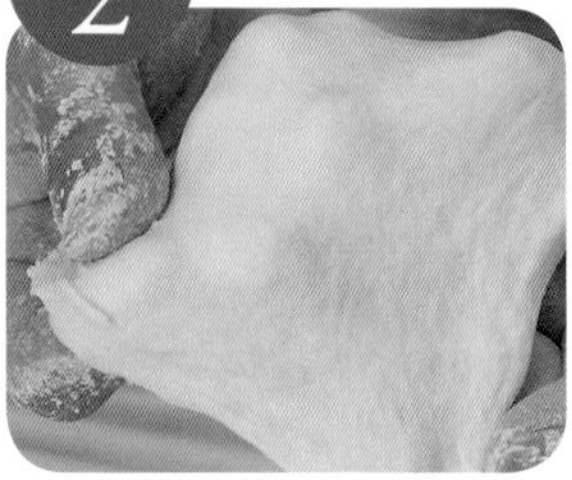

よくこねなくてもグルテン膜ができるのが早いので、こねすぎを防止するためにも、こまめに様子を見ておくこと

その3　生地はやさしく扱う

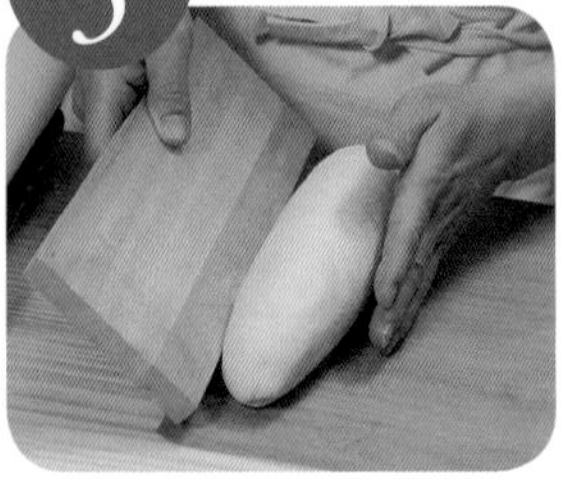

発酵がゆっくりじっくりと進むので、発酵が遅い。よって成形やホイロなど、生地をゆっくりとやさしく扱うことがおいしいパンへの第一歩

その4　乾燥させないようにする

どのパンにもいえることですが生地をなるべく乾燥させないことが大切。とくに副材料が少ないハード系の生地は乾燥しやすいので、ラップやぬれふきんなどで水分を保つこと

ハード系パンには欠かせない、モルトシロップとは

モルトシロップとは、大麦が発芽するときに副産される麦芽糖を煮出したものです。この中に含まれるα-アミラーゼが、副材料が入らないハード系の生地の砂糖変わりになって、イースト菌の活性を助けるのです。使用する量は、粉に対して0.3～0.5%程度。使う場合は、国産と外国産ではモルトシロップの活性が違うので、外国産を使う場合は多少ひかえめにしたほうがよいでしょう。

Pain traditionnelle

フランスパン（パン・トラディショネル）

作り手によって味が変わる、フランスが誇るパンの王様

フランスパン
（パン・トラディショネル）

材料（ミニバゲット1本、プチパン5個）

発酵種の材料

フランスパン専用粉（フランス）…100g
塩…2g
インスタントドライイースト…0.5g
水…65g

本ごねの材料

Ⓐ
- フランスパン専用粉（フランス）…250g
- 塩…5g
- インスタントドライイースト…1.5g

モルトシロップ…0.5g
ビタミンC溶液…スプーン10分の1（1gのビタミンC粉末を100mℓの水で溶かしたもの）
水…165g
発酵種…63g（分量すべては使わない。余った種はp171のパン・ド・カンパーニュの発酵種の材料として使用できる）

パンDATA

製法	発酵種法
グルテン膜	薄くて弱め（発酵種は張らない）
こね時間	約2分（発酵種）、7～8分（本ごね）
発酵	28～30℃で約1時間（発酵種）、28～30℃で約60分(本ごね）
ベンチタイム	20分
ホイロ	約32℃で約60分
焼成	約230℃で20～25分

所要時間
前日1時間
当日3時間30分

難易度
★★★

発酵種の作り方

1 フランスパン専用粉、塩、インスタントドライイースト、水を用意する。

2 水以外の材料をボウルの中で一緒にする。

3 2のボウルに水を入れる。

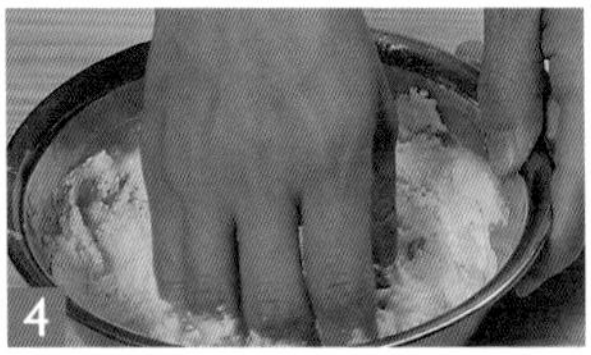

4 ボウルの中で粉気がなくなるまで手で混ぜる。

5 油脂類を塗ったボウルに生地を入れ、ラップをして28～30℃で約1時間発酵をとる。つぎにパンチをして冷蔵庫内で1～2日おく。

01 ボウル内で水とモルトシロップを混ぜる。そこに、ビタミンC溶液を、スプーンの10分の1杯入れる。

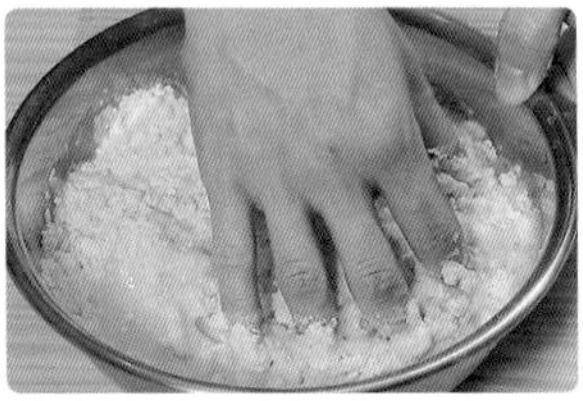

02 Ⓐを入れた別のボウルに、分量の発酵種と01を入れて、しばらく混ぜていく。

03 粉気がなくなったら、台に出し、押しつけるようにして全体を混ぜる。均等の固さになったら、手のひらで押し出すようにしてこねる。

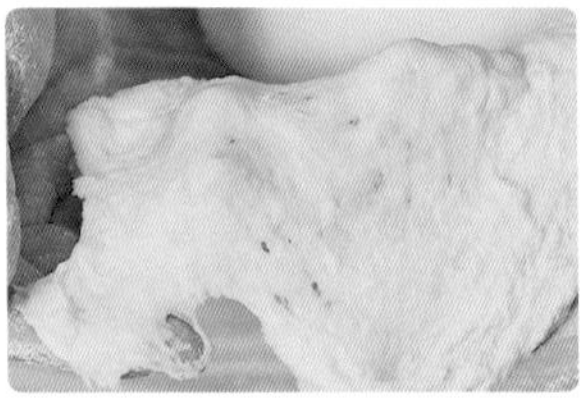

04 こねて4分たった膜の状態。まだまだ発酵できる生地ではないので引き続きこねていく。

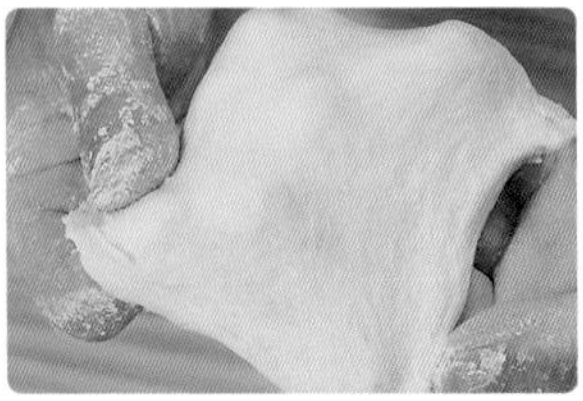

05 こねて7分たった膜の状態。写真のような目の荒い膜ができていたら、油脂類を塗ったボウルの中に生地を入れ、発酵をとる。

06 打ち粉をした台に取り出し、スケッパーで 170g が 1 個、60g が 5 個取れるように分割する。

07 分割が終わったら、軽く丸める。台に並べ、ビニールをかけてベンチタイムをとる。

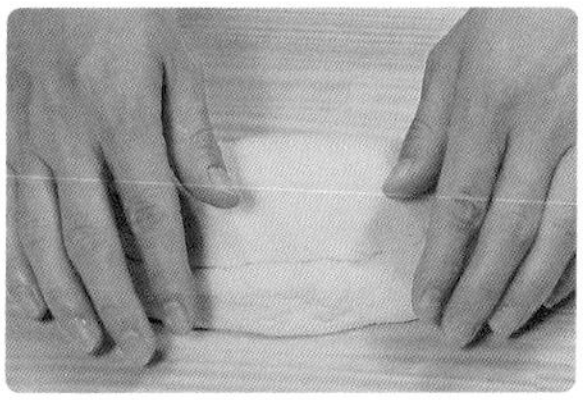

08 170g をミニバゲット型に成形していく。手のひらで平たくして、3 つ折りにし、棒状にする。

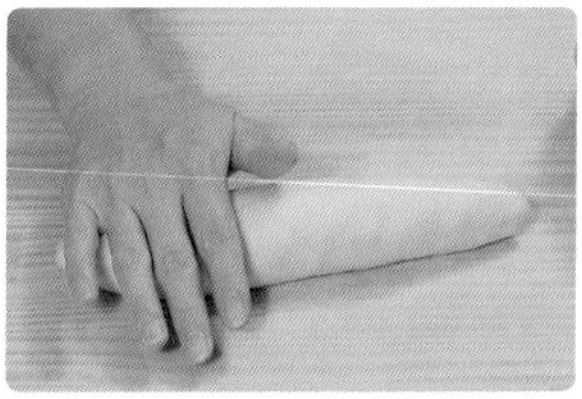

09 とじ目をしっかりとじる。つぎに両端を台に転がしながら細くする。

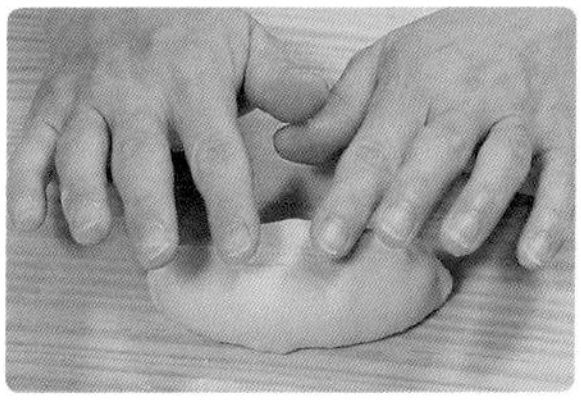

10 60g の生地は 5 つの型に成形する。プチクーペ型は、とじ目が内側にくるように巻き込み、合わせ目をしっかりつまむ。

11 シャンピニオン型の方は、2：8 くらいにスケッパーで分ける。大きい生地の方は丸めておく。

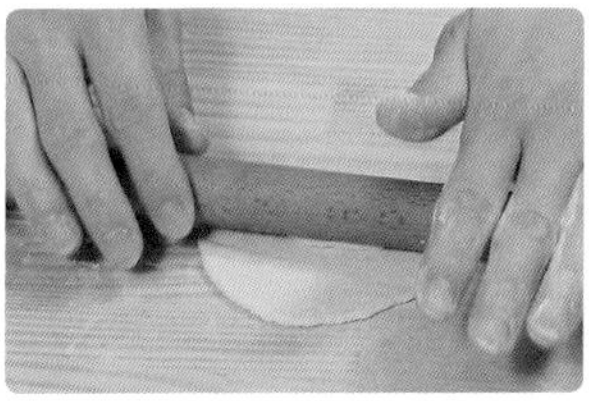

12 小さい方の生地は、大きい方の生地よりもひとまわり大きな円形にめん棒で整える。

13 12 の生地を大きい方の生地に重ね、真ん中を指で押して、上と下の生地を固定する。

14 フォンデュ型は丸めておき、裏のとじ目をつまみながらフットボール型にする。つぎに箸などの細い棒で真ん中に割れ目を作る。

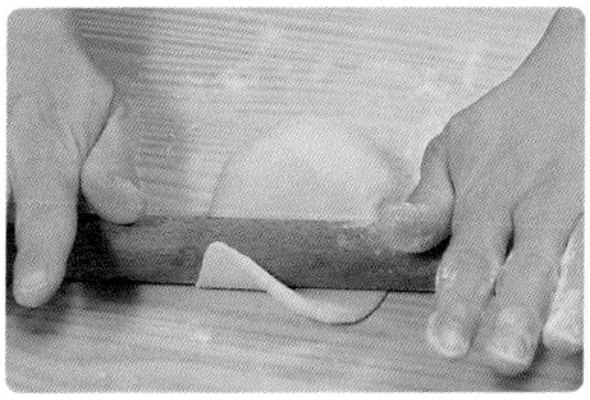

15 タバティール型もいったん丸める。つぎに 1/4 だけをめん棒をかけて薄くする。これをフタのようにして下半分の生地にかぶせる。

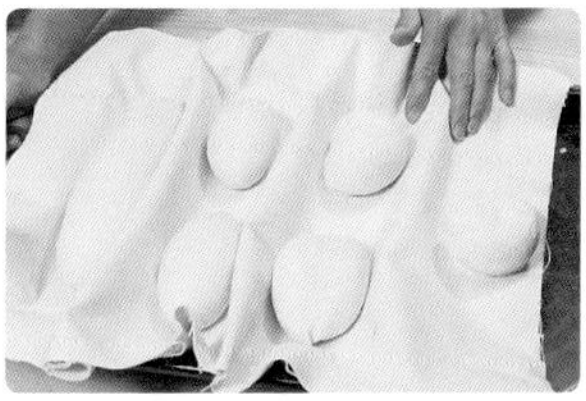

16 すべて成形し終えたら、オーブン板の上に布をしき、布で山を作る。山と山の間に生地をのせてホイロをとる。

17 時間が経ったらいったんクッキングシートの上に出し、ミニバゲット型にクープを斜めに 3 本、プチクーペ型には縦に 1 本入れる。

18 熱したオーブン板にのせ、霧吹きをしてから、約 230℃のオーブンで 20 ～ 25 分間焼き上げる。

Q&A

Q いつまでこねれば いいのかわかりません

A フランスパンは外側（クラスト）は固く、内側（クラム）が柔らかい食感が魅力。そのためには、7 分くらいでこねを中止して発酵に移りましょう。

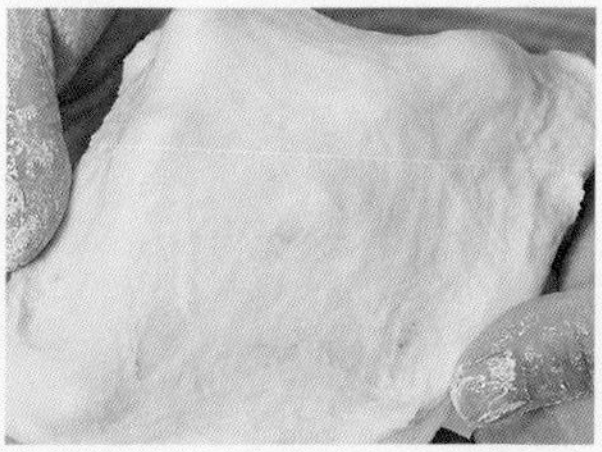

外はパリッと、中はふわっとが目標

パンブレイク

パン・トラディショネルのすべて

フランスに「フランスパン」と呼ばれるパンは存在しません！

パン・ファンテジー
Pain fantasie

ファンデュ
割れたという意味。生地量は約 100g。真ん中の線で分かれている

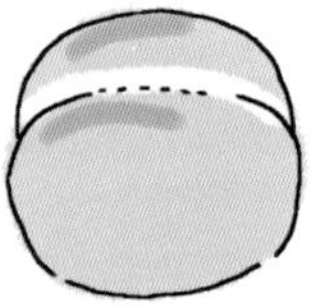

フガス
生地量約 350g。灰に埋めて焼いたというラテン語が語源

シャンピニオン
マッシュルームという意味。生地量は下生地が 100g、上生地が 10g

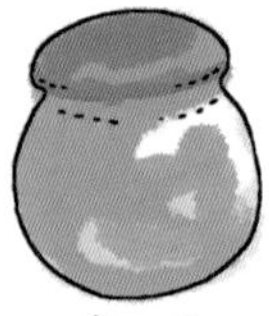

エピ
ハサミで切り込みを入れて左右に寄せるとこの形に。生地量は約 350g

クーペ
中央に 1 本クープを入れたフットボール型。生地量は 100g

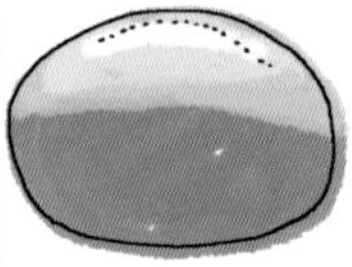

タバティエール
たばこ入れという意味。生地量は 100g。生地の一端をめん棒でのばす

パン・トラディショネル
Pain traditionnel

バゲット
杖、棒などを意味する。生地量は 350g で長さは 68 cm

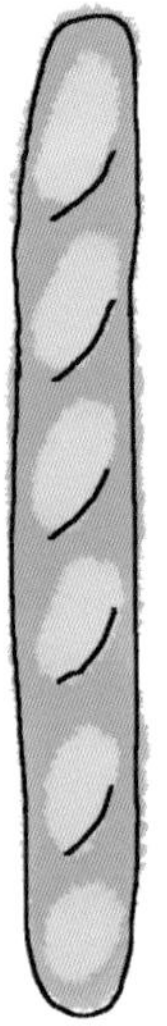

フルート
生地量が約 450g、長さは 60cm の、楽器の「フルート」という意味を持つ

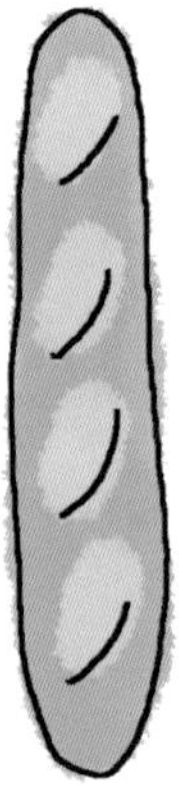

バタール
生地量約 350g、長さ約 40cm。中間という意味を持つ

パリジャン
パリッ子という意味・生地量約 650g、長さ 75cm、クープは 5 本が本来の形

フランスの歴史が育んだ誇り高きパンたち

パン・トラディショネルとは、小麦粉、水、イースト、塩とシンプルな配合で作られたフランスの伝統的なパンの総称です。日本では、クープの入った棒状のパンを「フランスパン」をひとくくりで呼んでいますが、フランスではこの名前のパンは存在しません。なぜならパン・トラディショネルの中でも、長さや重さによってそれぞれ名前が異なるからです。

いっぽう、パン・トラディショネルのなかでも、形がさまざまあり、それらをパン・ファンテジーと呼びます。形を変えることで表皮の固さや中身の柔らかさのバランスが異なるため、その形特有の味わいになります。

同じ配合、同じ材料でも、作り手によってさまざまな味わいになるといわれているパン・トラディショネル。それだけフランス人の誇りが生きたパンなのでしょう。

Schweizerbrötchen

ライ麦パン

ハード系のパンのなかでは、初心者向けです

ライ麦パン

材料（約5個分）

水…165g
モルトシロップ…1g
Ⓐ
- フランスパン専用粉（フランス）…200g
- ライ麦粉…50g
- 塩…5g
- 脱脂粉乳…5g
- ショートニング…5g
- インスタントドライイースト…4g

パンDATA

製法	ストレート法
グルテン膜	厚くてやや弱め
こね時間	約10分
発酵	28～30℃で約60分
ベンチタイム	15分
ホイロ	約32℃で約50分
焼成	約230℃で約20分

所要時間
3時間

難易度
★★

01 水を入れたボウルにモルトシロップを入れて、泡立て器で溶かす。

02 別のボウルにⒶの材料を入れる。そこに01のモルトシロップ液を入れる。

03 ボウルの中でしばらく手の指を使って混ぜる。水気がなくなったら、台の上に出す。

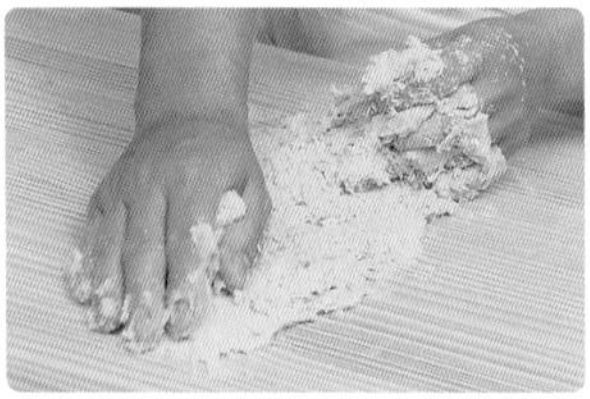

04 均等の固さになるまで、台の上に押しつけるようにして混ぜる。固さが同じになったら、ひとまとめにする。

05 約5分間はp36の方法でこねる。

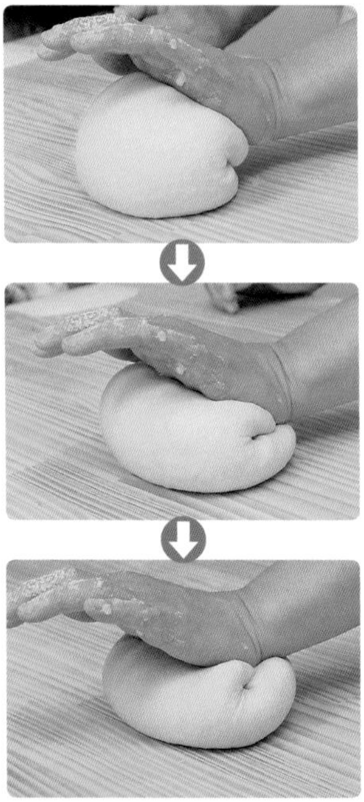

06 つぎにp37の方法でこねる。手のひらを使って前に押し出すようにして約5分間こねていく。押し出したら、生地を90度ずらして再度押し出すようにしてこねていく。手前にあった生地の折り目がだんだん上に向かっていくように、前へ押し出すのがコツ。

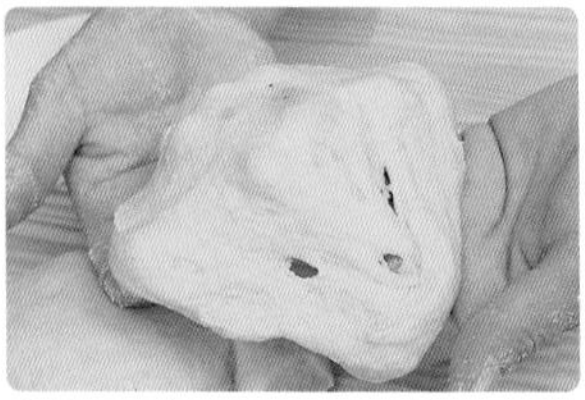

07 生地の一部を切り取りグルテン膜チェックをして、厚めの粗い膜ができていたら、油脂類を塗ったボウルに生地を入れ、発酵をとる。

08 台に打ち粉はせず、生地を移し、80gに分割する。これで5個とれる。

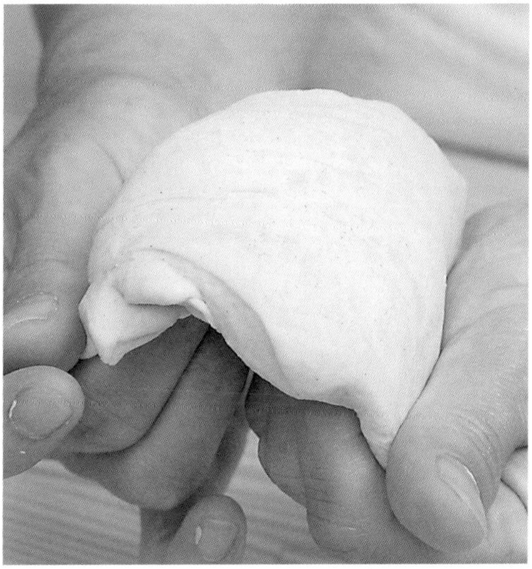

09 生地を下にのばしながら、折り込んで丸める。ソフト系のパンのように、台にこすりつけながら丸めていくと力が強すぎて生地が裂けてしまうため、生地を折り込む方法で軽めに丸める。

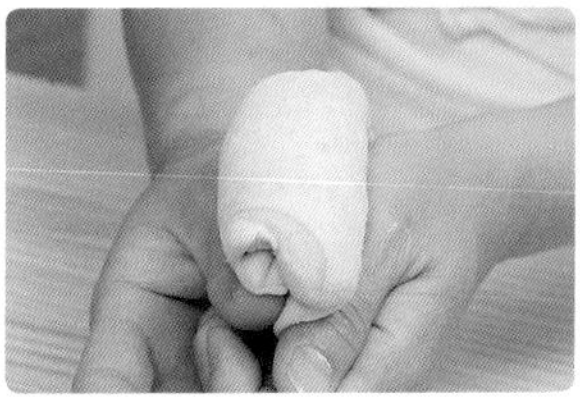

10 両端の生地を下に折り込んだら、角度を変えて再度下に折り丸めていくといったやり方ですべての生地を丸めていく。

11 ビニールをかけてベンチタイムをとる。

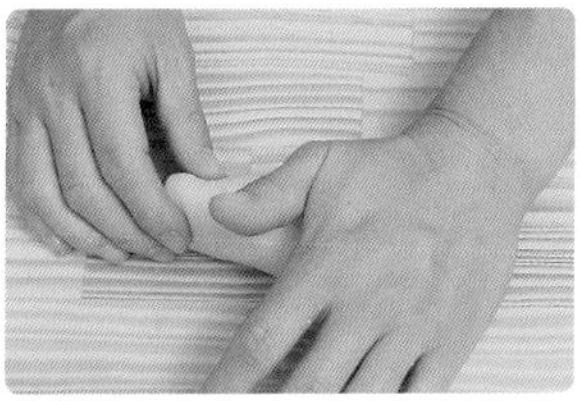

12 時間が経ったら成形に入る。生地のとじ目を上に向けて平たくする。つぎに3つ折りをして棒状にする。

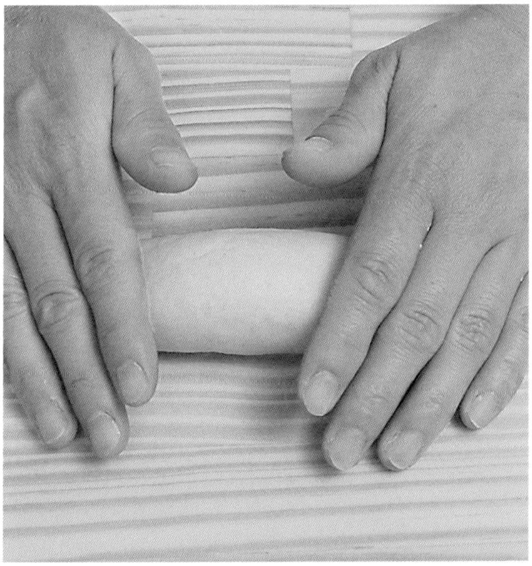

13 棒状になった生地の両端を台で転がしながら細くなるようにして丸める。両端が均一に細くなるように、様子を見ながら棒状にしていく。

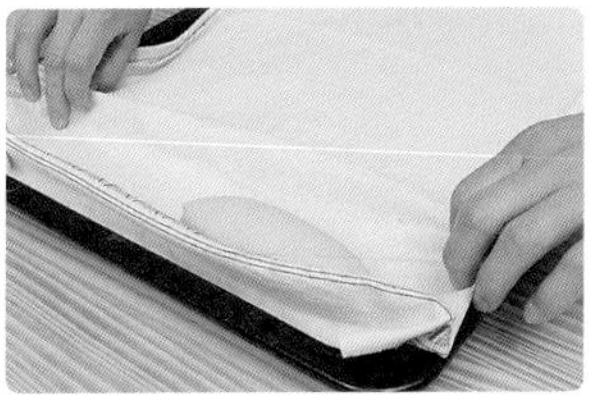

14 オーブン板に布をしき、山をつくる。その間に成形した生地をのせる。このままホイロをとる。

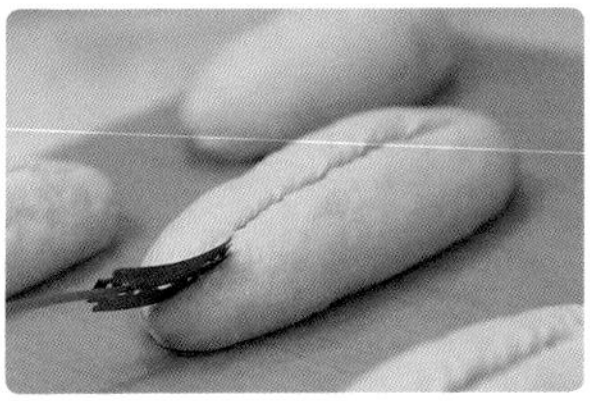

15 生地をクッキングシートの上にいったん移し、縦に1本クープを入れる。この間に、オーブン板を入れたまま、オーブンを予熱する。

16 クッキングシートにのせたまま熱々のオーブン板に移し、霧吹きをしてから約230℃のオーブンで約20分間焼き上げる。

Q&A

Q こね方のポイントを教えてください

A 折り目が手前から上に向くように転がすようにするのがコツ。力まかせにせず、やさしく行うのがポイントです。

押しつけすぎると生地がつぶれる

Q こねる途中で台に生地がついてしまいます

A 力を入れすぎです。上からの圧力をかけてこねると、生地にかかる力が強すぎて台に付着します。

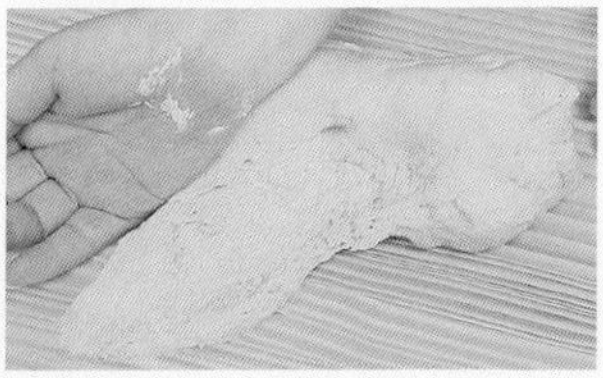

強くこねるとこね上げがわかりにくい

パンブレイク

ライ麦の性質を知る

ライ麦パンはなぜふくらまない？

小麦粉のパンとライ麦のパンの断面

左が食パン、右がプンパニッケルという、ライ麦の配合率の高いパンの断面図。右のライ麦パンのほうが、クラムが海綿のように詰まっているのがわかる

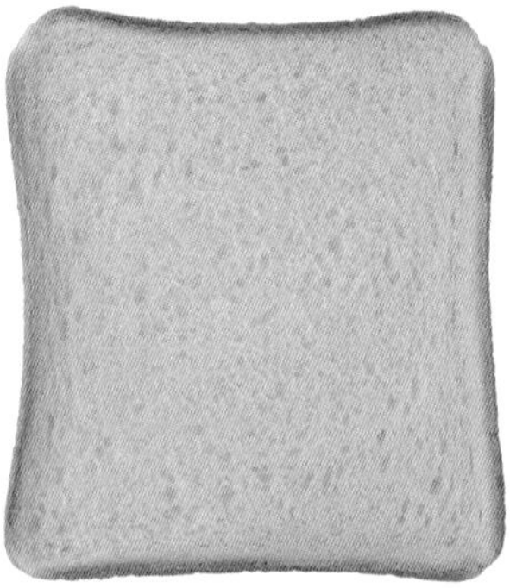

食パン

プンパニッケル

小麦粉

性質

こねると粘着性と弾力性が出る

↓

グルテン膜が作られる

↓

ふっくらふわふわのパンになる

ライ麦粉

性質

こねると粘着性のみ出る

↓

グルテン膜が形成しない

↓

重量があり、しっとりしたパンになる

ライ麦が多く配合されているパンの食べ方

重量感があり、モッチリとした食感のライ麦パンは、薄くスライスして楽しむのがおすすめ。厚くスライスすると、ゴムのように、重たい食感になり、食べづらい

くずれやすいのでゆっくりスライスする

パン作りでは小麦粉とブレンドを

ライ麦粉とは、小麦とよく似た麦から作られる粉のことで、小麦粉と比べて黒みを帯びています。小麦粉と同じように食用としてパンに使われていますが、小麦粉と大きな違いがふたつあります。

まずひとつ目は、ライ麦粉は水でこねてもグルテン膜は作られません。ライ麦に含まれるタンパク質には、グルテニンというグルテン膜を作る物質が含まれていないからです。よって、ライ麦を使ってパンを作る場合は、小麦粉とブレンドするのが一般的になっています。もうひとつは、小麦粉よりも水分をたっぷり吸収すること。なので、水分を多く含んだパンに仕上がります。

おまけに、ライ麦パンは、小麦粉で作るパンに比べ、重い食感で腹持ちがよく、良質なタンパク質も豊富です。ダイエットにもぴったりです。

Pain de ca

パン・ド・カンパーニュ

フランスを代表するナチュラルな田舎パン

パン・ド・カンパーニュ

材料（約2個分）

発酵種の材料

フランスパン専用粉（フランス）…250g
塩…5g
発酵生地…15g（p152のフランスパンの「発酵種」の余りを使用）
水…165g

本ごねの材料

フランスパン専用粉（フランス）…213g
ライ麦粉…37g
塩…5g
インスタントドライイースト…1.5g
モルトシロップ…1g
ビタミンC溶液…ティースプーン1/5杯（1gのビタミンC粉末を100㎖の水で溶かしたもの）
水…170g

パンDATA

製法	発酵種法
グルテン膜	薄くて弱め（発酵種は張らない）
こね時間	約2分（発酵種）、7～8分（本ごね）
発酵	常温で15～20時間（発酵種）、28～30℃で90分パンチ後45分（本ごね）
ベンチタイム	20分
ホイロ	約32℃で70～90分
焼成	約240℃で約15分、約220℃で約25分

所要時間
前日5分
当日5時間30分

難易度
★★★

発酵種の作り方

フランスパン専用粉、塩、発酵生地、水を用意する。発酵生地は、p164のフランスパンで余った種を再利用する。

まずはボウルにフランスパン専用粉と塩を入れる。

2のボウルに発酵生地、水の順番で入れる。

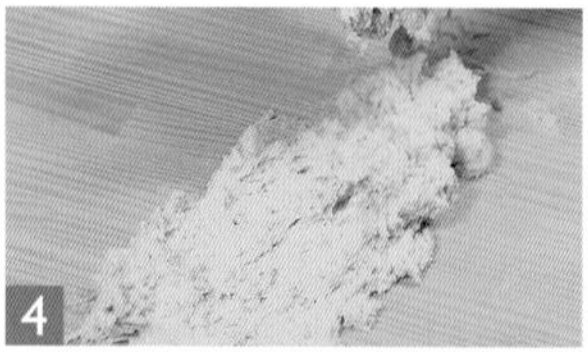

ボウル内で、水気がなくなるまで混ぜ合わせる。つぎに台に取り出し、台に押しつけながら均等の固さにする。

ボウルに生地を入れ、ラップをして常温で15～20時間ほど発酵をとる。

01 ボウルに、フランスパン専用粉、ライ麦粉、塩、インスタントドライイーストを入れる。

02 01のボウルの中に、前もって作っておいた5の発酵種を、カードで切りながら入れる。

03 水を入れた別のボウルを用意し、この中にモルトシロップを入れて溶かす。ビタミンC溶液も加える。

04 02のボウルに03を加え、指を使って、水気がなくなるまでよく混ぜる。

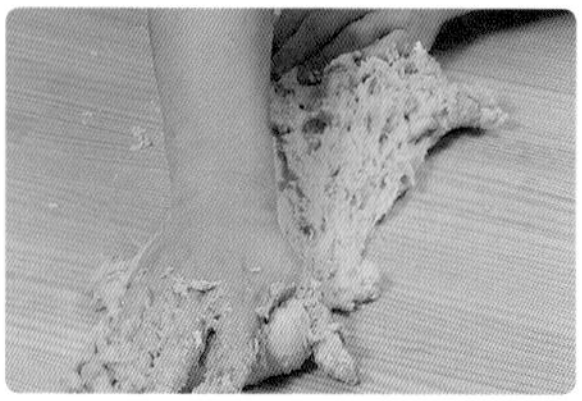

05 台に取り出し、ひきちぎるようにして均等の固さにしていく。つぎにカードでひとまとめにして、こねていく。

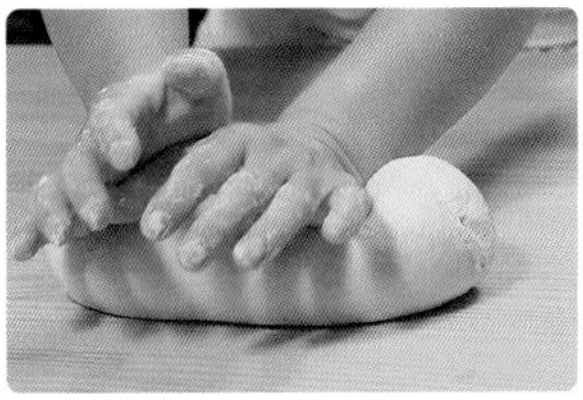

06 台に押しつけるようにしてこねていく。こまめに角度を変えながら、生地がつるりとしてくるまで行う。

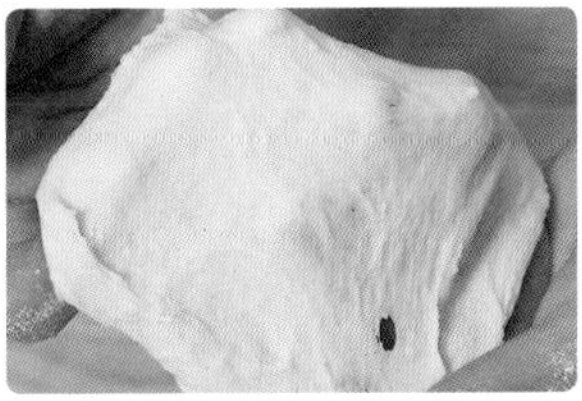

07 しばらくこねたらグルテン膜チェックをして、少々粗めの膜が張っていたら、油脂類を塗ったボウルに移し、ラップをして発酵をとる。

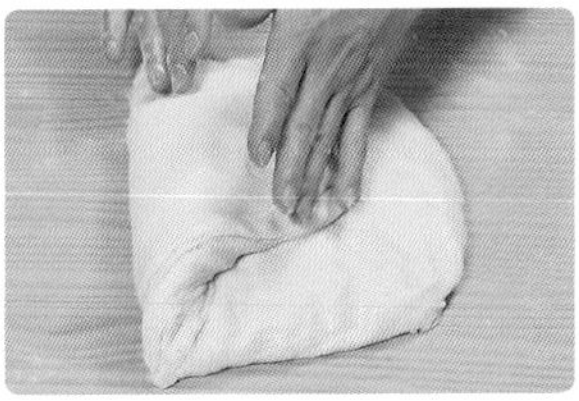

08 打ち粉をした台に取り出し、パンチをしたら、四方から中央に折り、張った方を上に向けてさらに発酵をとる。

09 時間が経ったら、打ち粉をした台に取り出し、2等分にする。つぎに手前に引き寄せるようにして生地を丸めていく。

10 台の上に生地をのせ、ビニールをかけてベンチタイムをとる。

11 発酵かご(p174)にフランスパン専用粉をふるっておく。ふるった後、動かすと粉が崩れてしまうので、やさしく扱うこと。

12 生地を平たくして、手前に引き寄せるようにして再度丸める。発酵かごにとじ目を上にして生地を入れたら、手で平たくしておく。

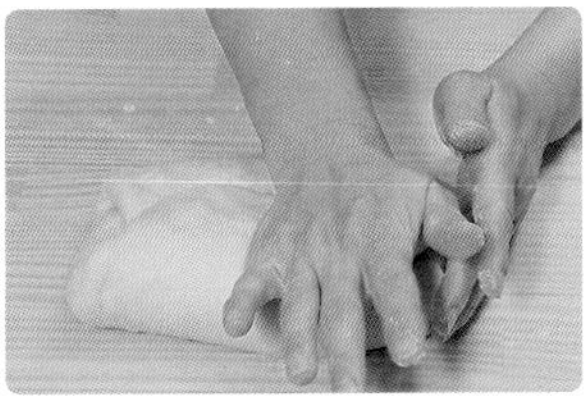

13 角型の発酵かごの場合は、ベンチタイム後の生地を平たくしてから3つ折りにして棒状にしてから、とじ目を上にする。

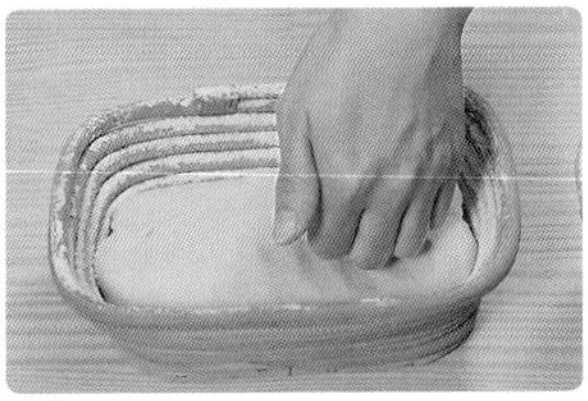

14 とじ目を上にして発酵かごに入れたら、生地を平たくして型になじませておく。

15 12、14をオーブン板にのせ大きな袋に入れ、口を縛り、ホイロに移る。レンジオーブンの場合は袋が大きいと溶ける可能性がある。

16 時間が経ったら、クッキングペーパーの上にていねいにひっくり返す。角型の方は、クープを斜めに2本入れる。

17 丸型の方は、箸や棒などでランダムに穴を開ける。

18 霧吹きをして、初めは約240℃で約15分間焼き、つぎに約220℃に温度を下げ、約25分間焼き上げる。

Q&A

Q 発酵かごがなくても作れますか?

A 作れます。成形の際、生地を平たくして3つ折りにし、棒状にします。布で山を作ってその間に生地をおき、ホイロをとり、焼き上げます。

棒状にしたあと、布にも打ち粉を

パンブレイク

発酵かごについて

独特な形に仕上がる発酵かごを知る

角型

パン・ド・カンパーニュのほか、ブロート類を作るときにも使用する

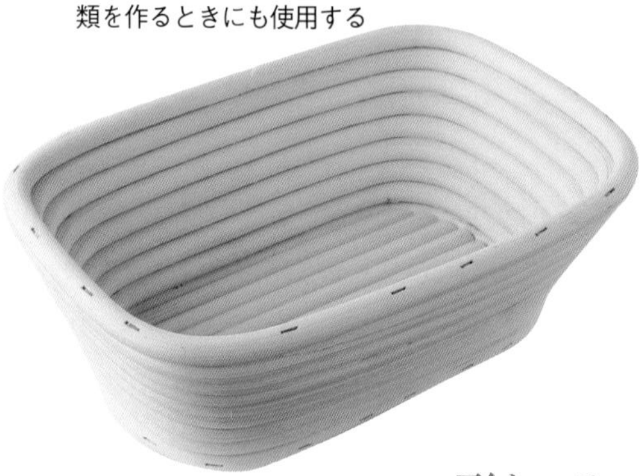

丸型

生地がくずれないように、発酵の際に入れる。あらかじめ粉ふるいで粉をかけておく

形もいろいろあります

1

馬てい型

馬のひずめの型。平たくした生地を巻いていき、U字型にする

2

丸型

分割したあと、丸めてクープを網目状に入れたもの

3

スリジェ型

コルプ型といわれる型に入れて焼く。桜の花のような形が特徴

4

角型

布を貼っていない、籐製のかご

ナチュラルで懐かしい形は発酵かごで作られる

パン・ド・カンパーニュは南フランスで生まれた田舎パンです。このパンのホイロで使用するかごを、発酵かご、またはバヌトンといいます。籐のかごに麻布を貼ったものや、角型、丸型をさまざまな種類があります。これは、生地を容器の形にあわせて大きくして、焼き上がりをさまざまな形にするのが目的です。また、形がくずれないようにするのも、かごに入れる目的でもあります。麻布を貼っていないタイプは、ホイロ前に粉ふるいで粉を容器にかけてから生地を入れます。

パン・ド・カンパーニュは、丸や角の発酵かごに入れるもののほか、地方によって形が変わり、丸くしたものや、桜の花に似せたものなどバリエーションも豊富です。慣れてきたら、発酵かごだけではなく、色々な形に仕上げてみても楽しいでしょう。

Grissi

グリッシーニ

パスタやお酒のお供にぴったりのスティックパン

グリッシーニ

材料（約40本分）

発酵種の材料

フランスパン専用粉（フランス）…100g
塩…2g
インスタントドライイースト…1g
水…68g

本ごねの材料

フランスパン専用粉（フランス）…250g
発酵種…50g（分量すべては使わない。余った種は他のパンに使用できる。）
塩…5g
インスタントドライイースト…4g
水…125g
モルトシロップ…1g
オリーブ油…13g
セモリナ粉（仕上げ用）…適量
ガーリックパウダー(仕上げ用)…適量
白ゴマ（仕上げ用）…適量

パンDATA

製法	発酵種法
グルテン膜	厚くて弱め（発酵種は張らない）
こね時間	約2分（発酵種）、約15分（本ごね）
発酵	25～28℃で約1時間(発酵種)、25～28℃で約50分（本ごね）
ベンチタイム	なし
ホイロ	約33℃で20～30分
焼成	約180℃で15～20分

所要時間
前日1時間
当日2時間

難易度
★★

発酵種の作り方

1
フランスパン専用粉、塩、インスタントドライイーストを入れたボウルに、水を加える。

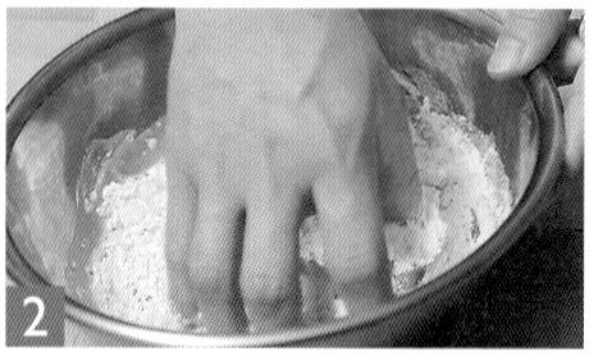
2
ボウル内で、水気がなくなるまでよく混ぜる。ボウルの縁に生地が残らなくなるくらいが目安。

3
ボウルの中に生地を入れたままラップをして発酵をとる。

4
発酵が終わったら、ボウルの中でカードで生地を混ぜながら軽くパンチをしておく。

5
ボウルから取り出し、ビニール袋に入れて冷蔵庫に1日おく。生地が発酵してもいいように少しビニール袋にゆとりを持たせる。

01 フランスパン専用粉、発酵種、塩、イーストを入れたボウルに、水でといたモルトシロップとオリーブ油を入れる。

02 水気がなくなるまでボウルの中で混ぜる。

03 台に取り出して、ひきちぎるようにして均等の固さになるまで混ぜていく。

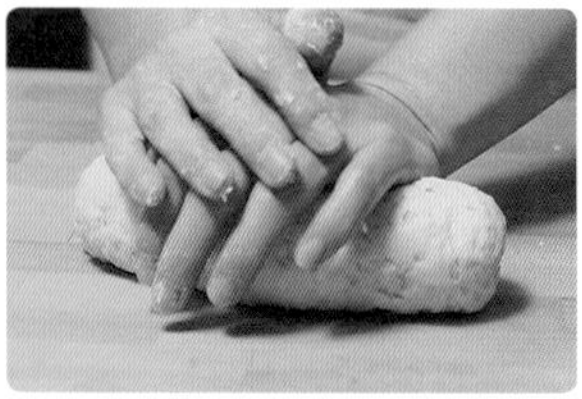
04 ひとかたまりになったら、前へ押し出すようにしてこねていく。

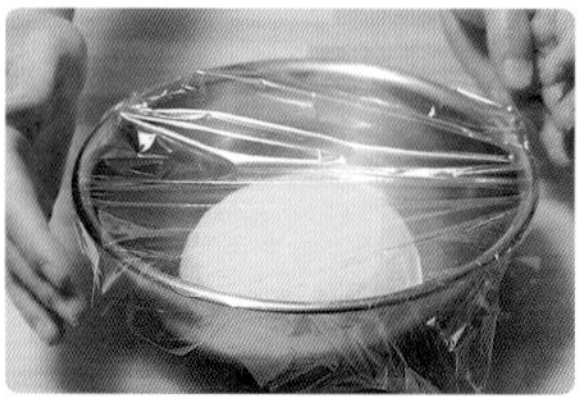
05 表面が少しつるりとしてきたら、油脂類を塗ったボウルに入れ、ラップをして発酵をとる。

06 時間が経ったら、スケッパーで 12g に分割する。これで約 40 本分が取れる。

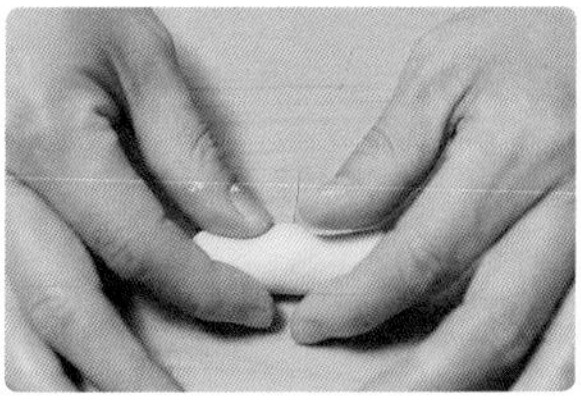

07 手のひらで一度平たくしてから、上端から巻いていき、棒状にする。

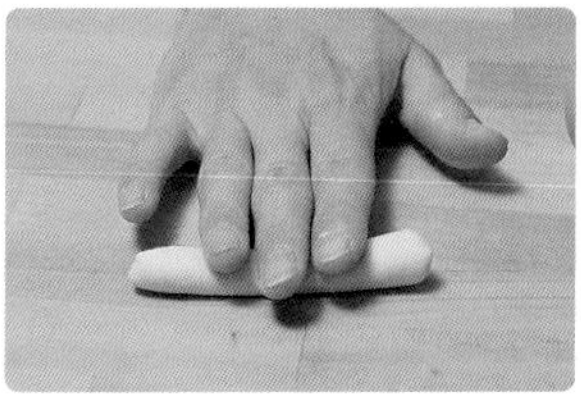

08 07 を台の上で少しのばして手の幅くらいに長くする。40 本の作業を終えたら、最初にのばした生地から成形していく。

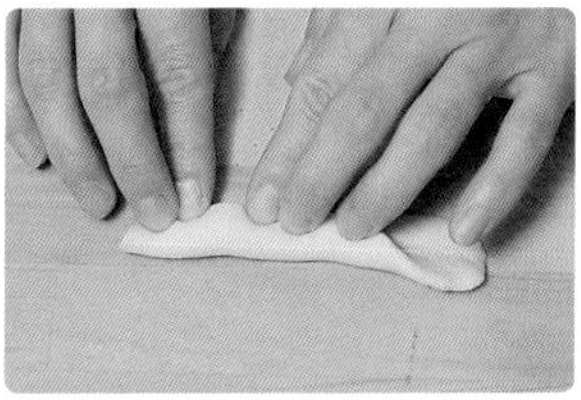

09 成形に入る。まず手のひらで生地を平たくしたら、2 つ折りにして再度棒状にする。

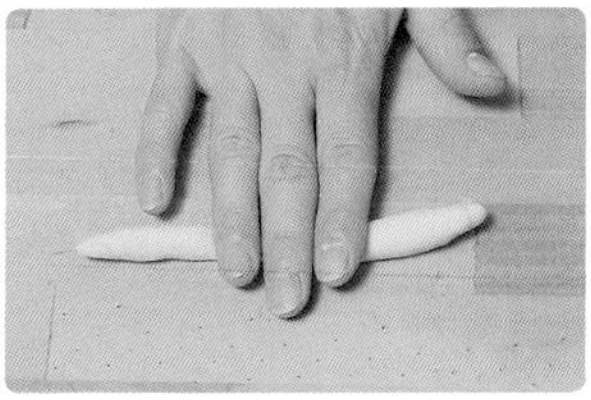

10 これを手で転がして、約 30cmの長さにしていく。初めに真ん中を細くしたら、左右の端に向かって細くする。

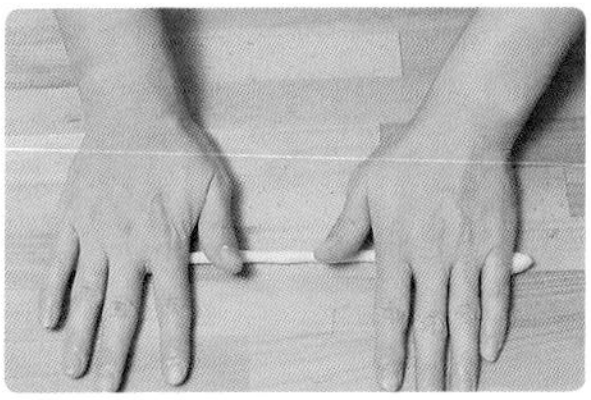

11 指先だけで転がすと凹凸ができやすいので、ある程度のびたら、手のひらで均等に力を入れながら行う。

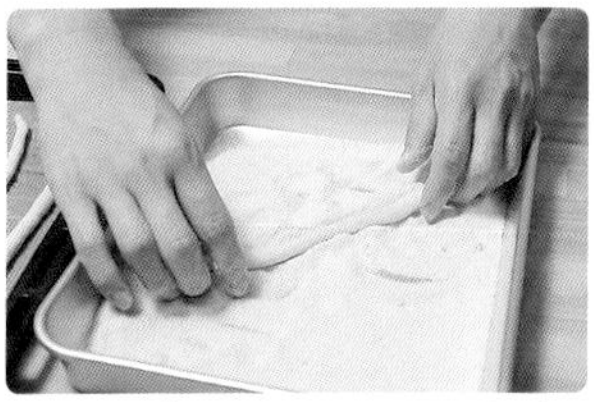

12 セモリナ粉とガーリックパウダーを合わせたものをバットに入れ、成形した生地にまんべんなくつける。

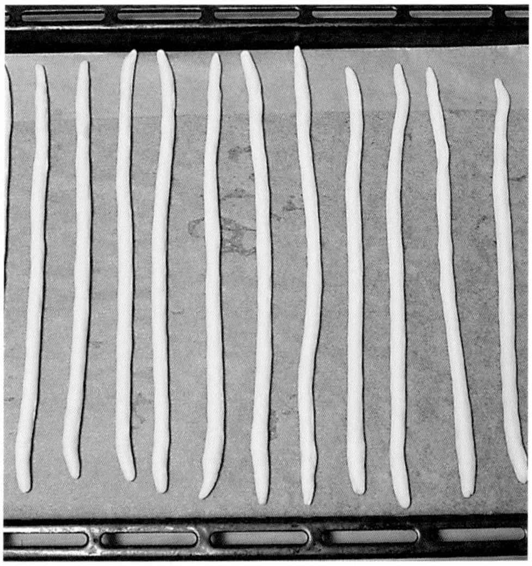

13 クッキングシートをしいたオーブン板に並べて、ホイロをとる。オーブン板に並べるときは、きれいに整列させる。

14 バリエーションの白ゴマタイプは、ゴマが取れないよう、水を含ませたスポンジやふきんを用意して、生地の表面を湿らせる。

15 ゴマをつける場合は、表面にだけつけること。オーブン板にならべホイロをとる。

16 霧吹きをしてから約 180℃のオーブンで 15 ～ 20 分間焼く。カリっとしない場合は温度を約 150℃にして、10 ～ 15 分乾燥焼きにする。

パンブレイク

イタリアのパンあれこれ

イタリアの気候と風土が生んだパン

イタリアパンの特徴

パンの原料の小麦は自国産がほとんど。南北に長い地形のため、それぞれの地方色豊かなパンが多い。その数は約3000種を越えるという。料理の味を邪魔しないよう、シンプルなパンが多い。北部ではデュラルセモリナ粉が育ちやすいので、パンにまぶしたりするものもある。南部ではオリーブ油をつけてパンを楽しむのが多い。

1
パネトーネ

ドライフルーツがたっぷり入ったバターたっぷりのパン。イタリアのクリスマスに食す

2
フォカッチャ

イタリアの平たいパン。表面のピケが形にバリエーションを持たせている

3
ロゼッタ

バラのような形をしているのでこう呼ばれるようになった。ハードタイプ

4
グリッシーニ

スティック状のサクサクしたパン。パスタの共やスナックとして楽しむ

パンも地方色豊かな パスタの本場、イタリア

南北に長いイタリアには、地方色豊かなパンがたくさんあります。なかでもピザはナポリで生まれ、のちにアメリカ移民を経由して日本に伝わりました。伝統的な具材はトマトペーストをはじめバジルやオリーブ油など基本的にシンプルなもので、日本のように多種の具材をのせるものは少ないといいます。いっぽう細長いスティックタイプのパン、グリッシーニは、イタリアではパスタと一緒に食べるのが一般的です。

オリーブやローズマリーがのった平たいパン、フォカッチャの名前の由来は、なんと「おっぱい」。現地ではスープやサラダの付け合わせとして楽しまれています。行事パンも多く、クリスマスに食べるパネトーネや鳩の形をしたコロンバといわれるパンがその代表的なものです。

Kaisersemmel

カイザーゼンメル

ケシの実の香りと、風車型の生地が特徴的なドイツパン

カイザーゼンメル

材料（約7個分）

発酵種の材料

フランスパン専用粉（フランス）…63g
インスタントドライイースト…0.5g
水…38g

本ごねの材料

Ⓐ
- フランスパン専用粉（フランス）…187g
- 塩…5g
- ショートニング…8g
- インスタントドライイースト…1.5g

モルトシロップ…1g
水…125g
白ゴマ、黒ケシ(仕上げ用)…各適量

パンDATA

製法	発酵種法
グルテン膜	厚くてやや弱め（発酵種は張らない）
こね時間	約2分（発酵種）、約10分（本ごね）
発酵	25～28℃で15～20時間（発酵種）、28～30℃で約70分
ベンチタイム	15分
ホイロ	約33℃で約40分
焼成	約230℃で約20分

所要時間
前日5分
当日3時間

難易度
★★★

発酵種の作り方

1 フランスパン専用粉、インスタントドライイースト、水を用意する。

2 ボウルにフランスパン専用粉、インスタントドライイーストを入れ、そこに、水を入れる。

3 ボウル内で水気がなくなるまで混ぜ合わせる。

4 ひとまとまりになったら、ボウルにラップをして25～28℃で15～20時間発酵をとる。

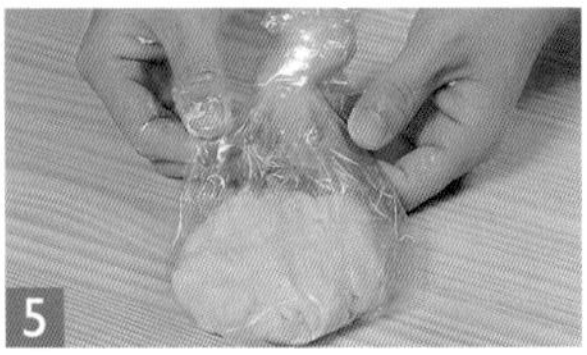

5 時間が経ったら、ビニールの中に生地を入れて、空気を抜いて口を縛る。この状態で冷蔵庫で15～20時間ほどおく。

01 水で溶いたモルトシロップとⒶの材料を合わせ、水気がなくなるまで混ぜる。発酵種もちぎって一緒に合わせ、混ぜる。

02 ひとまとまりになったら、台の上に取り出す。ボウルや手についた生地はこまめにカードで取り除き、一緒にしておく。

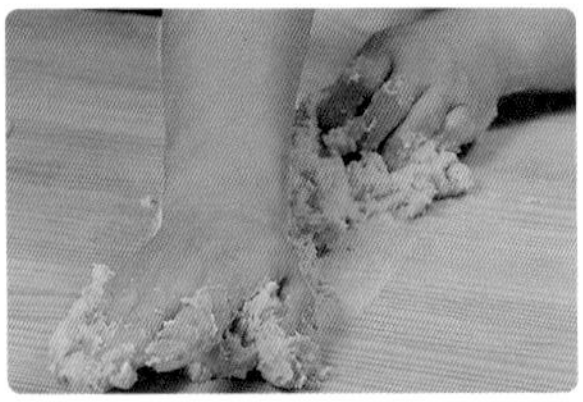

03 ひきちぎるようにして均等の固さになるまで混ぜ合わせる。

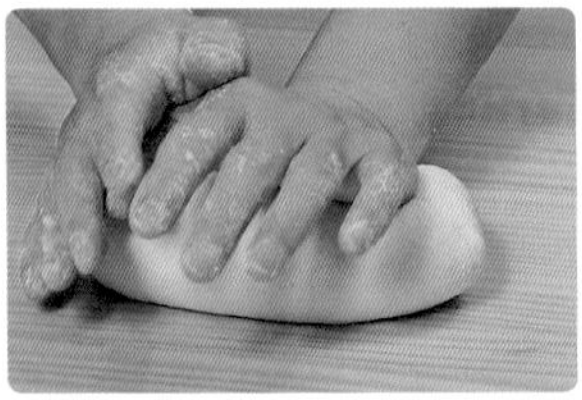

04 カードでひとまとめにして、台に押しつけるようにしてこねていく。約10分間が目安。

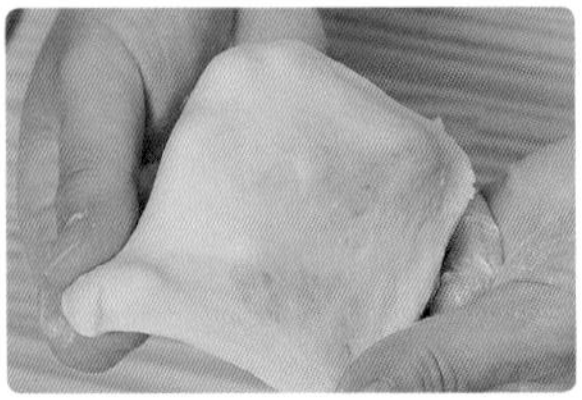

05 生地の一部を切り取りグルテン膜チェックをして、写真のような膜が張っていたら、ひとまとめにしてつぎの工程に移る。

06 油脂類を塗ったボウルに生地を入れ、ラップをして発酵をとる。

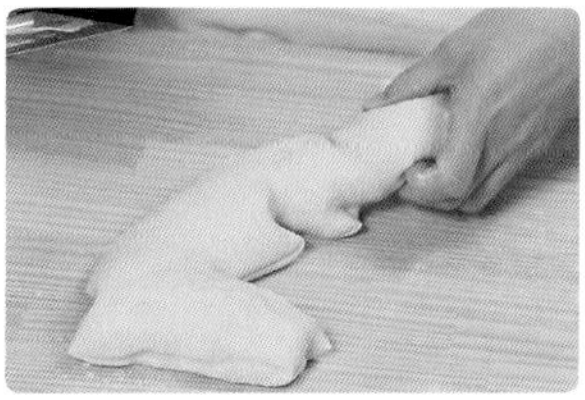

07 発酵後、打ち粉をした台に生地を取り出し、スケッパーで約60gに分割していく。60gに満たない余り生地は、均等に分けて足す。

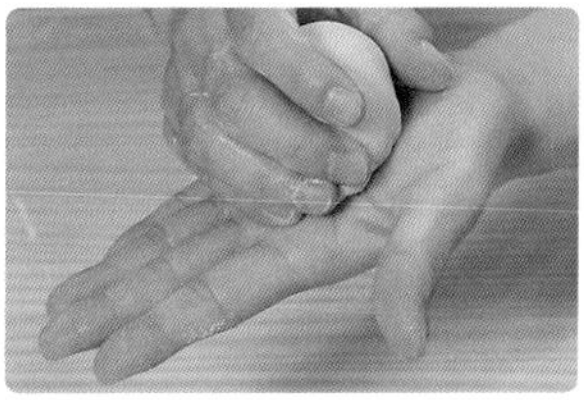

08 手のひらで軽く丸めていく。p43のように台の上で転がしながら丸くしてもよい。

09 台の上に生地を並べ、ビニールシートを上にかけてベンチタイムをとる。

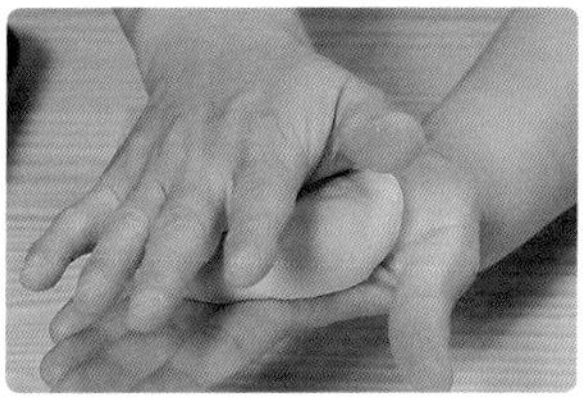

10 ベンチタイム後、生地を手のひらで軽くつぶす。

11 手のひらで丸め直す。とじ目をつまんで目立たなくしておく。

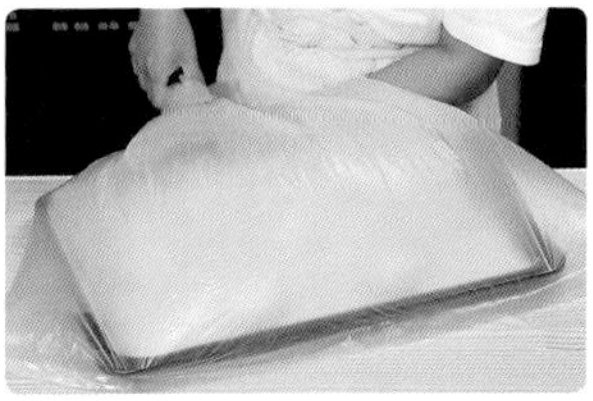

12 オーブン板に布をしき、その上にとじ目を下にして並べる。これを大きめのビニール袋に入れて口を閉じ、約15分間おく。

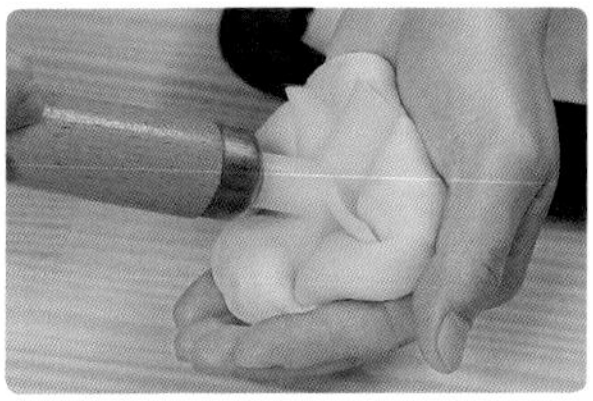

13 時間が経ったら、カイザー型で生地の片面だけ型をつけていく。

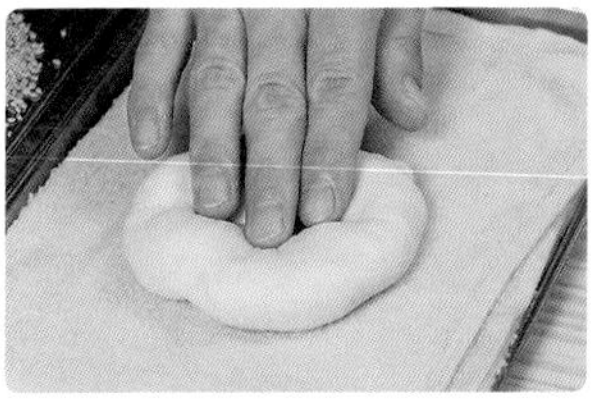

14 水で湿らせたふきんを用意し、型をつけた面を濡らしていく。つぎに、その面に白ゴマか黒ケシをつけていく。

15 白ゴマや黒ケシをつけたら、手のひらで少し丸めておく。

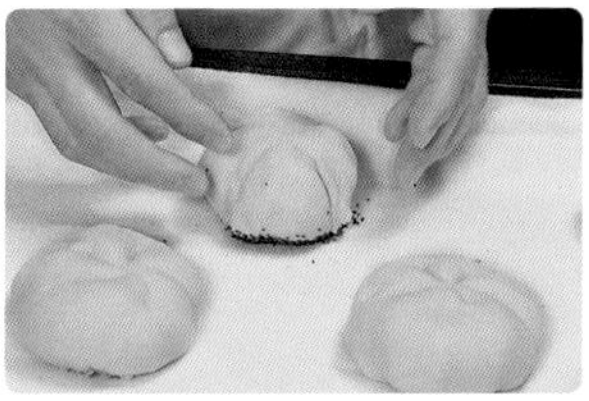

16 12で使用したオーブン板に、表面が下になるようにのせて、ホイロをとる。

17 時間が経ったら、クッキングシートをしいた台の上に表面を上にして並べる。この状態で、熱したオーブン板に移動する。

18 最後にたっぷり霧吹きをして、約230℃のオーブンで約20分間焼き上げる。

Q&A

Q カイザー型がなくても成形できますか？

A できます。箸のような棒を用意し、丸めなおした生地に十字に型をつけます。生地を水で湿らせたあと、ゴマやケシをつけ、手のひらで丸めます。

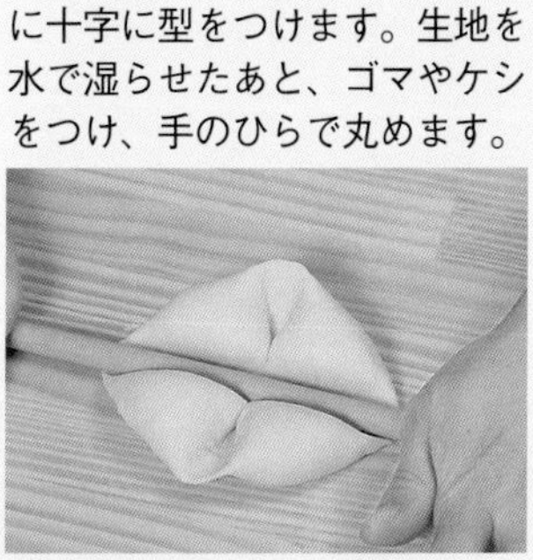

棒で生地を切らないように注意

パンブレイク

ドイツのパンあれこれ

個性豊かで種類豊富なドイツパン

ドイツパンの特徴

原料の種類や大きさ、形状、製法などのバラエティの豊富さは世界一といわれるドイツのパン。小麦粉のほか、ライ麦や雑穀粉などを使用したパンが多いので、重く食べごたえのあるものが多い。重さや生地配合の違いで名前が変わる、きわめて合理的なスタイルはドイツならでは。

1

プンパニッケル

ライ麦粉を100％近く使用した北部ドイツ特有のパン。焼き上げは湯せんで45時間と手間のかかる大型パン

2

ヴィナーブロート

小麦粉100％で作るヴァイツェンブロートに属する、重量450gのハードタイプのパン

3

ブレッツェル

宗教的な意味を持つ、小型の小麦パン。アルカリ溶液に浸してから焼く、独特な製法

4

ヘールンヘン

キャラウェイや岩塩をふりかけて焼き上げる。生地を引っ張りながら巻いて棒状にする

合理的なパンの分け方は いかにもドイツらしい

ドイツでは、ライ麦と小麦粉をブレンドした混合パンがもっとも多く食べられています。割合によって製法も変わり、実に300種類以上のパンが存在するといわれています。

パンの呼び名は、原料や大きさなどによって変わります。まず、重量が500g以上のパンはブロートと呼ばれ、包装して販売する場合は重量を表示しなくてはいけません。そのなかで小麦粉を主体としたパンはヴァイツェンブロート、小麦粉よりライ麦粉のほうが多い場合はロッゲンミッシュブロートといいます。小麦粉主体の小型の白パンはブレートヘン、ライ麦しか入らないパンをロッゲンブロートと、パンの名前で配合がわかるのが特徴です。

このほか、ベルリーナやブッタークーヘンのように、素朴な菓子パンの種類も豊富です。

Pain aux céréals

パン・オ・シリアル

雑穀の力強い風味がダイナミックに口の中で広がります

パン・オ・シリアル

材料（約4個分）

発酵種の材料

フランスパン専用粉（フランス）…100g
塩…2g
インスタントドライイースト…0.5g
水…65g

本ごねの材料

Ⓐ
- フランスパン専用粉（フランス）…125g
- ライ麦粉…63g
- そば粉…25g
- 栗粉…13g（ない場合は分量だけそば粉またはライ麦粉を足す）
- オートミール…25g
- 塩…5g
- インスタントドライイースト…2g
- 水…175g

白ゴマ、ひまわりの種（煎っておく）…各13g

雑穀の材料

ひまわりの種、かぼちゃの種、オートミール、コーングリッツ、白けし…各20g

パンDATA

製法	発酵種法
グルテン膜	厚くて弱め（発酵種は張らない）
こね時間	約2分（発酵種）、約10分(本ごね)
発酵	28～30℃で約1時間(発酵種)、28～30℃で約60分(本ごね)
ベンチタイム	15分
ホイロ	約32℃で約60分
焼成	約230℃で約25分

所要時間
前日｜時間
当日3時間30分

難易度
★★

発酵種の作り方

フランスパン専用粉、塩、インスタントドライイースト、水を用意する。

水以外の材料をボウルの中で一緒にする。

2のボウルに水を入れる。

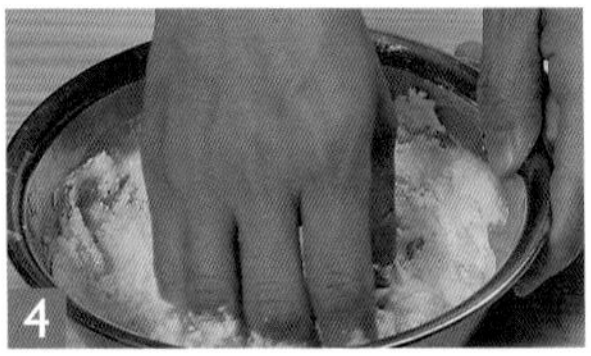

ボウルの中で粉気がなくなるまで混ぜる。

油脂類を塗ったボウルに生地を入れ、ラップをして28～30℃で約1時間発酵をとる。つぎにパンチをして冷蔵庫で1～2日おく。

01 Ⓐの本ごねの材料と発酵種全量を、すべてボウルの中に入れる。材料が多いので、少し大きめのボウルを用意したほうがよい。

02 ボウルの中で水気がなくなるまで混ぜる。ひとまとまりになったら、台に取り出し、ひきちぎるように混ぜて均等の固さにする。

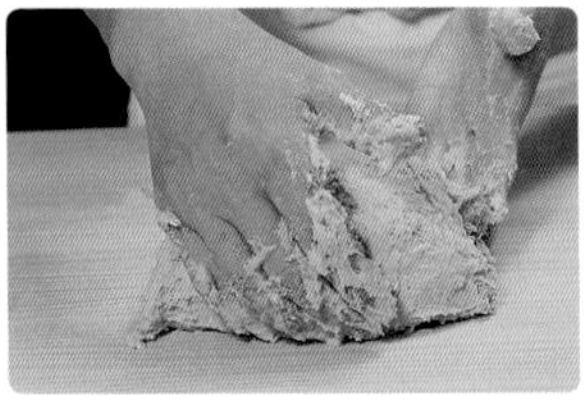

03 ひとまとめにしたら、たたいてかぶせるようにこねていく。生地がベタつかなくなるまでこの方法でこねる。

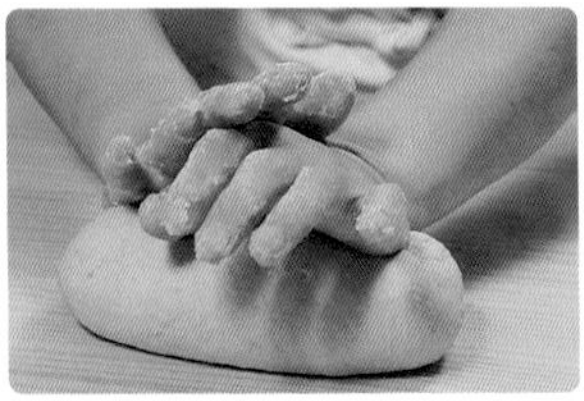

04 つぎに、台に押しつけるようにしてこねていく。

05 しばらくこねたら、グルテン膜のチェックをする。写真のような膜が張っていたら、つぎの工程に移る。

06 生地を平たくし、あらかじめ煎っておいた白ゴマとひまわりの種をのせて、生地で包み込むようにして丸める。

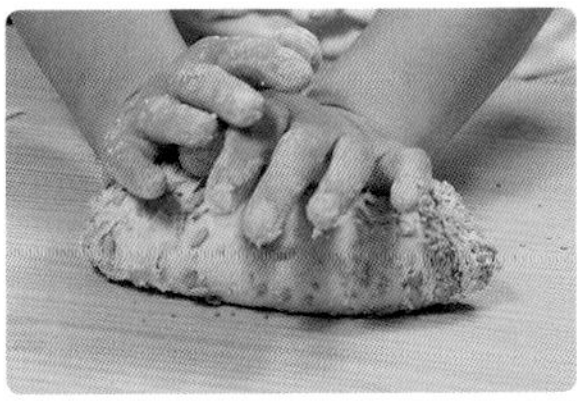

07 台に押しつけるようにして、材料を生地に混ぜていく。初めのうちはなじみにくいかもしれないが、根気よくこねていく。

08 材料がなじんだら油脂類を塗ったボウルに生地を入れ、ラップをして発酵をとる。

09 時間が経ったら打ち粉をした台に取り出し、140g にスケッパーで分割していく。これで 4 個取れる。

10 台を使って、軽めに丸めていく。生地を台の上で引き寄せながらだいたい丸く整えておくだけでよい。

11 すべての生地を丸めたら台の上に並べ、ビニールをかけてベンチタイムをとる。

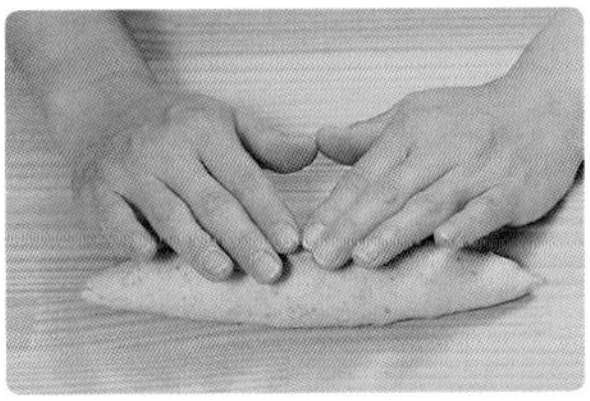

12 生地を手のひらでだ円形に平たくしたら、生地を 3 つ折りにして棒状にし、生地の両端を転がしながら細くする。

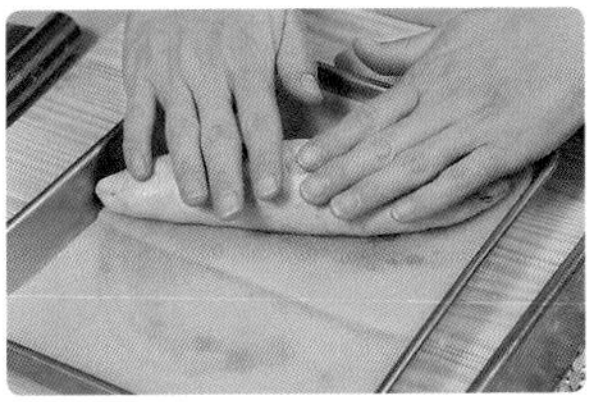

13 水で湿らせたふきんやスポンジをバットにしき、成形した生地の表面だけを湿らせる。

14 雑穀を混ぜ合わせたバットを用意し、水で湿らせた表面のみ、これをつける。

15 オーブン板の上に布をしき、山を作る。山の間に雑穀をつけた生地を並べる。このままホイロをとる。

16 クッキングペーパーをしいて生地を並べる。形が崩れやすいので、板などを利用してやさしく取り扱う。

17 生地に縦 2 本分のクープを入れる。素早くクープを入れると、生地がクープナイフにくっつかない。

18 クッキングシートに生地をのせたまま、熱したオーブン板に移し、霧吹きをして約 230℃のオーブンで約 25 分間焼き上げる。

Q&A

Q 雑穀がこぼれてこねにくいのですが……

A 平たくした生地の上に雑穀を少し埋め込むようにするとよいでしょう。生地で雑穀を包んでからこね始めるとスムーズです。

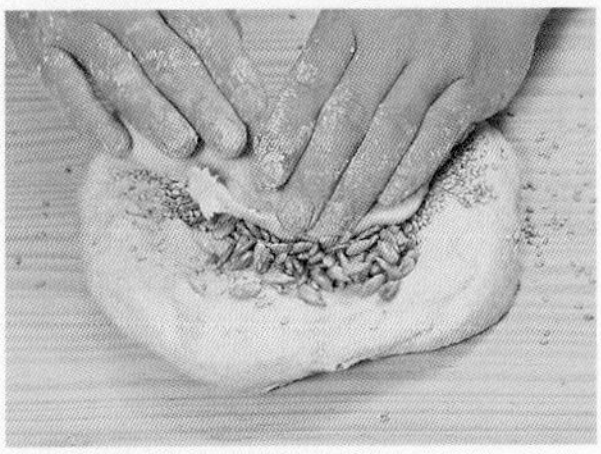

まずは雑穀を包み込むこと

パンブレイク

大地の恵み豊かな雑穀について

ビタミン、ミネラルなどが豊富な栄養満点の素材

シリアル（雑穀）

パン用や製菓用のシリアルは、数種類の雑穀をバランスよくブレンドしたものが主流。ゴマやひまわりの種など種子類だけをブレンドしたものも

ミューズリー

雑穀に、ドライフルーツやナッツをブレンドしたもの。パン用はもちろん、牛乳やヨーグルトをかけて食べることもできる

グラノーラ

ミューズリーに、植物性油脂やハチミツなどをかけてオーブンで焼いたもの。朝食用として牛乳をかけて食べるのが主流

今話題の雑穀とは

米や小麦もかなわない スーパーシリアル

栄養が豊富な雑穀のなかでも注目されているのは、アマランサスとキヌアというものです。これらはほかの穀物に比べて、植物性タンパク質含有量が高く、米や小麦に不足している必須アミノ酸のリジン、ミネラルも豊富。特にアマランサスは食物繊維が白米よりも9倍も多く含まれており、米や小麦と一緒に混ぜることで、効率よく栄養が取れる。

アマランサス

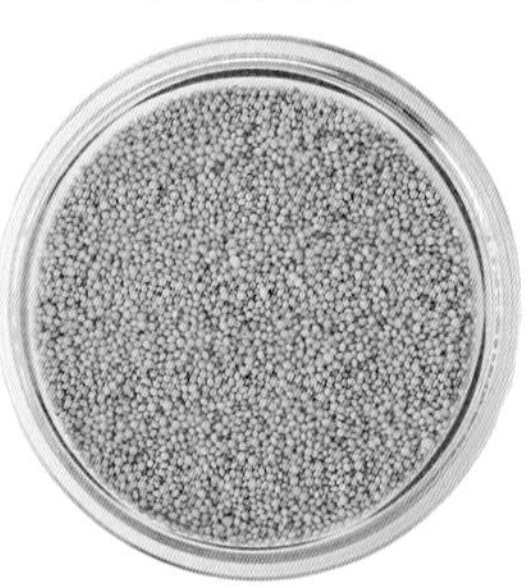

キヌア

軽快な歯触りと風味が生きた雑穀の魅力

一般的にアワ、キビ、ヒエ、エン麦、そば粉など、米、麦以外の穀物を雑穀といいます。雑穀は、精白米や小麦粉に比べてタンパク質、各種ミネラル類、ビタミン類、食物繊維が多く含まれており、最近、健康食としても注目も集めています。さらにローカロリーなので、ダイエットにも効果的ともいわれています。

パン作りでは、オーツ麦、ふすまなどの自然の恵みたっぷりの雑穀がバランスよくブレンドされたものが販売されています。とはいえ、雑穀だけではパンは作れませんので、生地に混ぜたり、成形した生地にトッピングして焼き上げたりと、風味付けのひとつとして使います。

雑穀パンを作る際には、なるべく新鮮な材料を選ぶようにしましょう。開封後は、直射日光や湿気を避けて冷暗所で保存します。

Wine Bread

赤ワインパン

赤ワインを入れたパン。カシューナッツがおいしさの決め手

赤ワインパン

材料（約3個分）

発酵種の材料

フランスパン専用粉（フランス）…100g
塩…2g
インスタントドライイースト…0.5g
水…65g

本ごねの材料

Ⓐ
- フランスパン専用粉（フランス）…225g
- ライ麦粉…25g
- 砂糖…5g
- 塩…5g
- バター…5g
- インスタントドライイースト…2g

発酵種…38g（分量すべては使わない。余った種は他のパンに使用できる。）
赤ワイン…170g
カシューナッツ（ローストしておく）…63g
サルタナレーズン（本ごねの前日に赤ワインに漬けておく）…25g

パンDATA

製法	発酵種法
グルテン膜	厚くてやや弱め（発酵種は張らない）
こね時間	約2分（発酵種）、約20分（本ごね）
発酵	22～25℃で約1時間（発酵種）、28～30℃で70分パンチ後30分（本ごね）
ベンチタイム	20分
ホイロ	約32℃で60～70分
焼成	約230℃で約30分

所要時間
前日1時間
当日4時間

難易度
★★☆

発酵種の作り方

フランスパン専用粉、塩、インスタントドライイースト、水を用意する。

水以外の材料をボウルの中で一緒にする。

2のボウルに水を入れる。

ボウルの中で粉気がなくなるまで手で混ぜる。

油脂類を塗ったボウルに生地を入れ、ラップをして約1時間発酵をとる。つぎにパンチをして冷蔵庫で1～2日おく。

01 ボウルの中に、Ⓐの材料と発酵種を入れる。つぎに熱してアルコールをとばした赤ワインも加える。

02 水気がなくなり、全体がまとまるまでボウル内で混ぜていく。粉気がなくなったら台に出す。

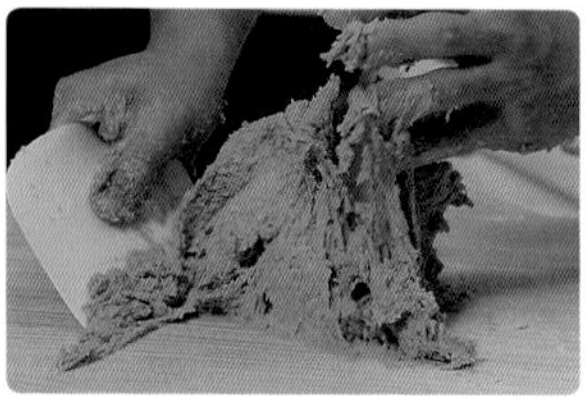
03 台の上でひきちぎりながら、均等の固さになるまで混ぜ合わせる。ある程度混ざったら、カードでかき集めひとまとめにする。

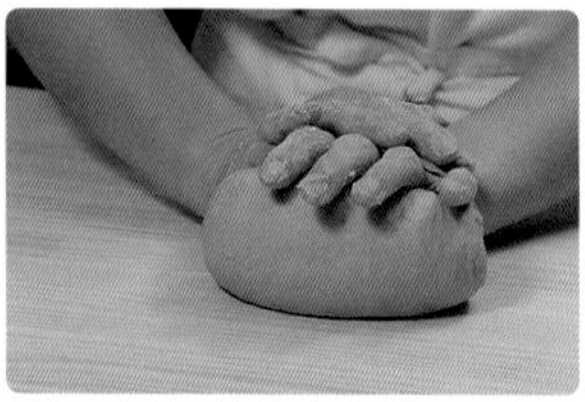
04 p37のこね方で約5分こねた後、押し出すようにするこね方で約15分間こね続ける。

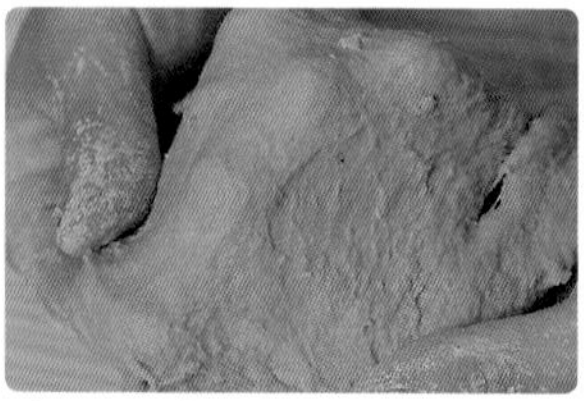
05 グルテン膜チェックをして、写真のような膜が張っていたら、つぎの工程へ移る。

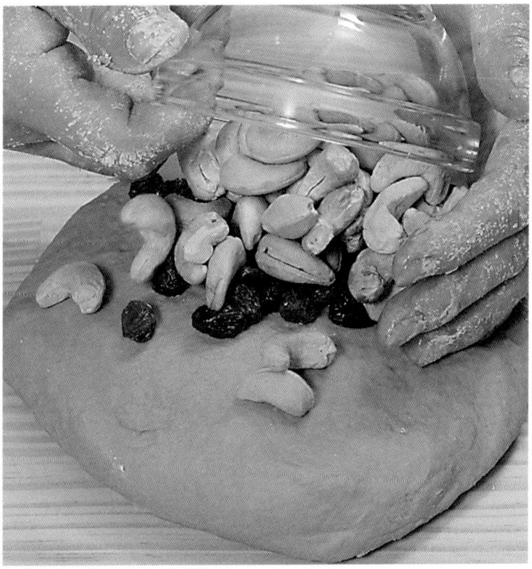

06 生地を平たくして、カシューナッツと前日に赤ワインに漬けておいたサルタナレーズンをのせたら生地で包み込む。

07 生地に均等に混ざるように、たたいてはかぶせるといった方法でこねていく。カシューナッツが飛び出すのでまとめながらこねる。

08 だいたい均等に混ざったら、油脂類を塗ったボウルに入れて、ラップをし、発酵をとる。

09 時間が経ったら、打ち粉をした台に取り出し、180gに分割する。つぎにそれぞれを軽く丸める。

10 台の上に並べ、ビニールをかけてベンチタイムをとる。

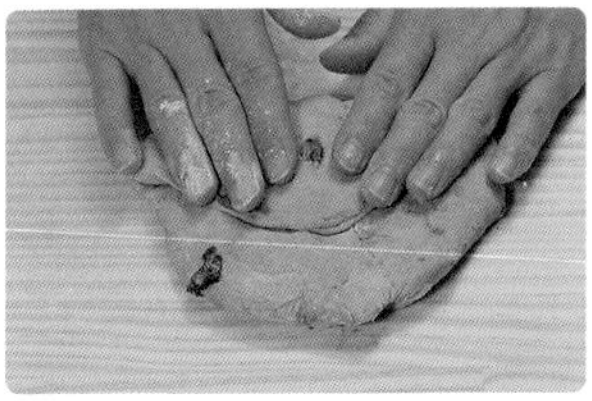

11 時間が経ったら、打ち粉をした台にとじ目を上にして出す。手のひらで平たくしたら、3つ折りにする。

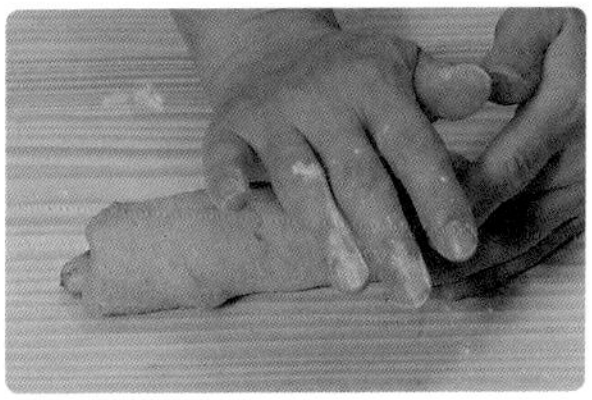

12 台の上に転がして棒状にする。焼き上がりの形を太くするため、あまり細くしないように転がす。

13 オーブン板に布をしき、山を作る。山の間に成型した生地を並べる。家庭用のオーブン板なら、3本ほどは並べられる。この状態のままホイロをとる。

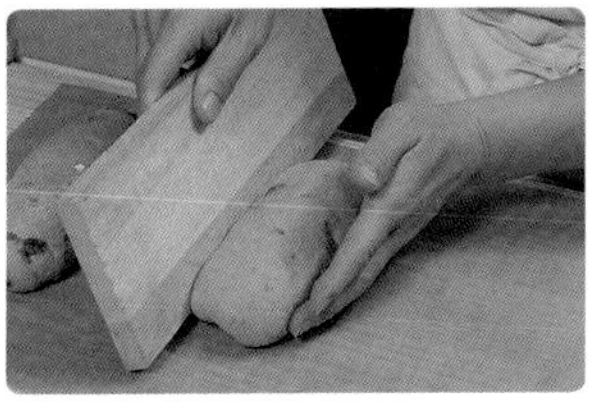

14 クッキングシートをしいた台に、板などを使ってやさしく取り出す。

15 縦に1本クープを入れる。ゆっくり行うと生地にシワができるので、思い切ってスピーディにクープを入れるのがコツ。

16 熱したオーブン板にクッキングシートごと移し、霧吹きをして、約230℃のオーブンで約30分間焼き上げる。

パンブレイク

赤ワインのアルコールの飛ばしかた

きれいなルビー色に仕上げるためのコツを伝授

赤ワインの煮詰めかた

赤ワインを鍋に入れて、火にかける。沸騰するまで煮詰める。炎が上がってきたら、火からはずし、息で消しては、アルコールを飛ばしていく

Point

炎がたつので周りに注意を

赤ワインを煮詰めていくと、青い火が出てくるので、コンロの周りに燃えやすいものがないか、前もって確認しておく。また、息をあまり強く吹きかけすぎると、周りに火がかかるので、気をつける

↓ このくらいになったらOK

赤ワインのアルコールは煮沸してから使用する

ワインパンは、赤ワインの芳醇な香りを加えたパンです。

赤ワインパンを作るときは、まずワインのアルコールを飛ばして、調理用に使えるようにします。これをしないでそのままパンに使用すると、アルコールの臭いが残るばかりか、生地作りにも影響があるので、必ずアルコールを飛ばしてから使いましょう。

やり方はとても簡単。ワインを鍋に入れて、火がたたないように煮詰めるだけ。水とアルコールの沸点の差を利用して、アルコールのほうを先に蒸発させるのです。ただし、火の元には十分注意を。

このように、アルコールはパン生地には不要ですが、パンを保存するときには役に立ちます。パンをビニールに入れたら、アルコールを霧吹きでかければカビ防止に。食べるときには焼いてしまえばアルコールが残りません。

Ciabatta

チャバッタ

スリッパのような形がユニークな
イタリア生まれのパン

チャバッタ

材料（3個分）

発酵種の材料

フランスパン専用粉（フランス）…250g
インスタントドライイースト…2g
水…110g

本ごねの材料

塩…5g
インスタントドライイースト…2g
モルトシロップ…1g
発酵種…上記よりすべて使用
水…33g
牛乳…33g

パンDATA

製法	発酵種法
グルテン膜	厚くて強め（発酵種は張らない）
こね時間	約5分（発酵種）、約10分（本ごね）
発酵	20～25℃で15～20時間（発酵種）、28～30℃で約50分
ベンチタイム	なし
ホイロ	32℃で約40分
焼成	約230℃で20～25分

所要時間
前日15分
当日2時間30分

難易度
★★☆

発酵種の作り方

1 インスタントドライイーストと水を泡立て器で混ぜる。

2 別のボウルにフランスパン専用粉を入れ、1 を合わせる。

3 指先で円を描くように混ぜ、ひとかたまりになったら台に出す。

4 生地を手でつかみ上下に動かしながら練る。とてもかたいので力を入れてこね、全体のかたさが同じになったら、ひとつにまとめる。

5 油脂類をぬったボウルの中に生地を入れ、乾燥しないよう 20～25℃の場所で 15～20 時間発酵させる。

01 発酵種の生地をカードで小さく切り、ボウルに入れる。

02 別のボウルに水とモルトシロップを溶かし、牛乳を加えて泡だて器で混ぜる。

03 01 のボウルに塩、インスタントドライイースト、02 を合わせる。

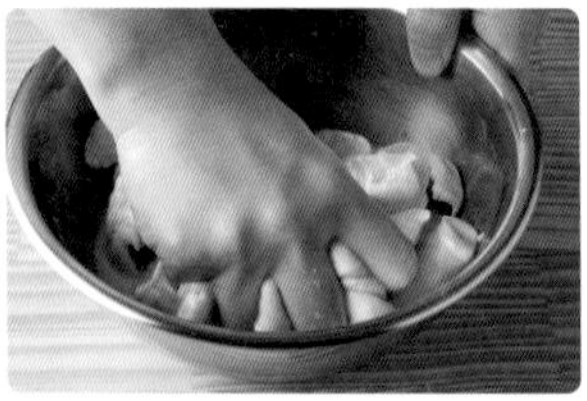

04 つかむようにして全体を混ぜ、生地に水分を吸わせる。

05 なかなかまとまらないが、5 分ほど混ぜているとだんだんと生地が水を吸っていく。

06 全体が混ざったら台に出す。手やボウルについた生地も取る。

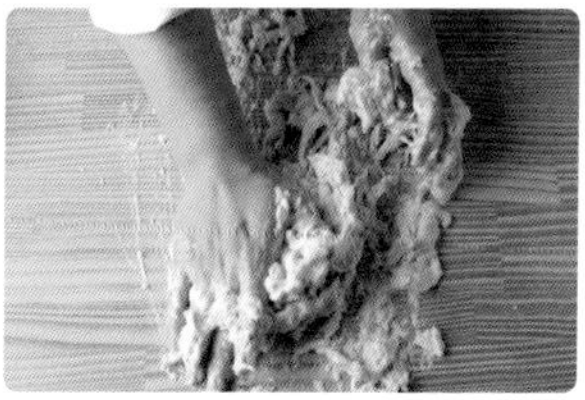

07 生地を両手でつかみ、上下に動かしながら引きちぎるようにしてダマがなくなるまで練る。

08 全体のかたさが同じになったらカードでかき集める。

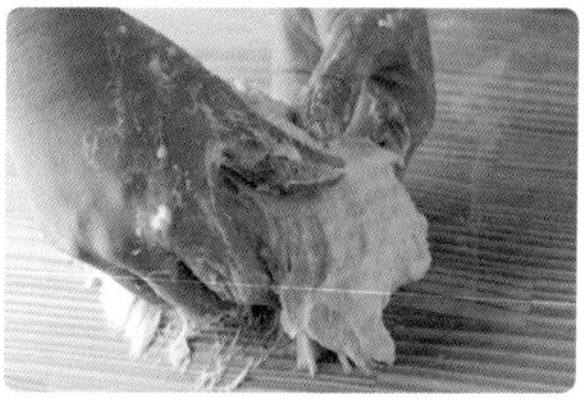

09 生地の底から指先を差し込んで持ち上げる。

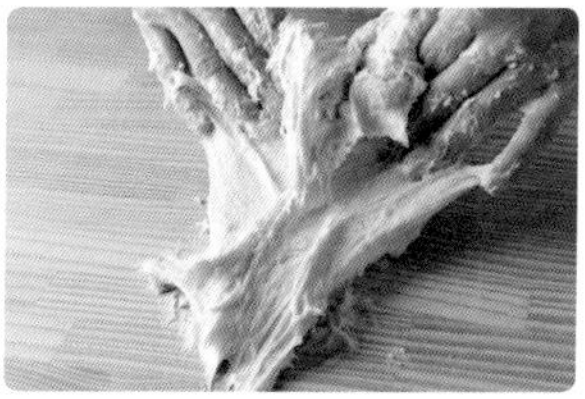

10 生地の下端を台にたたきつけ、つかんだ生地をたたいた生地にかぶせる。

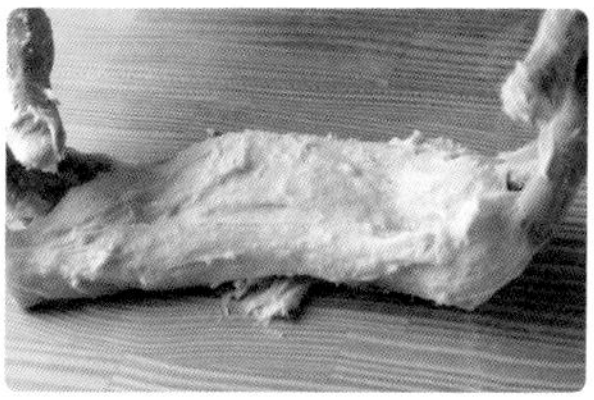

11 常に生地の向きを変えながら、09～10を繰り返して、約5分こね続ける。

12 写真のように生地の表面がつるんとするまでこねる。

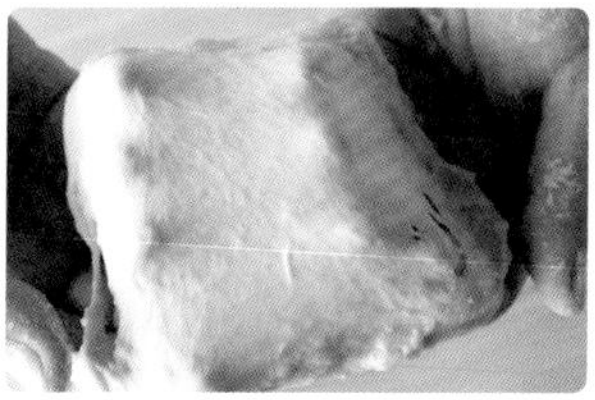

13 グルテン膜のチェックをする。写真のような膜が張っていたら生地をまとめる。

14 油脂類をぬったボウルの中に入れ、乾燥しないよう28～30℃の場所で約50分発酵させる。

15 台に打ち粉をして発酵後の生地を取り出し、カードで三等分にする。

16 生地を手で引っ張って横長になるようのばす。

17 厚手の布を敷いた天板の上に並べ、32℃の場所で約40分ホイロをとる。

18 クッキングシートをしいた台に、板などを使ってホイロ後の生地を並べる。

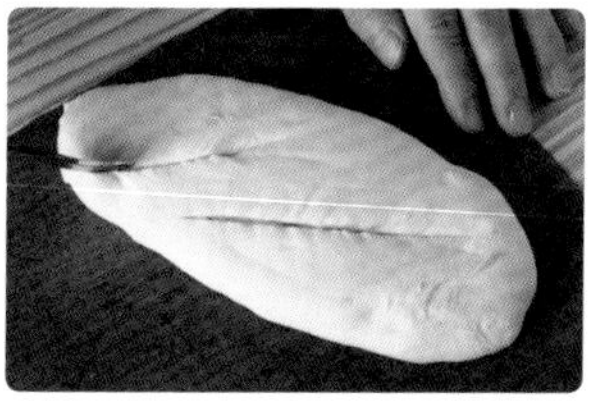

19 生地に斜めに2本のクープを入れる。素早くクープを入れると、生地がクープナイフにくっつかない。

20 クッキングシートごと熱々のオーブン板に移し、霧吹きで水をたっぷり吹きかけて、約230℃で20～25分焼く。

パンブレイク

クープの入れ方を覚えて、美しいパンに仕上げる！

生地に切れ目を入れるという単純な作業にも理由はあります

クープのポイント ①

クープナイフは正しく持つ！

クープナイフを親指と人差し指と中指で軽く持ち、生地に刃を立てすぎないようにする。

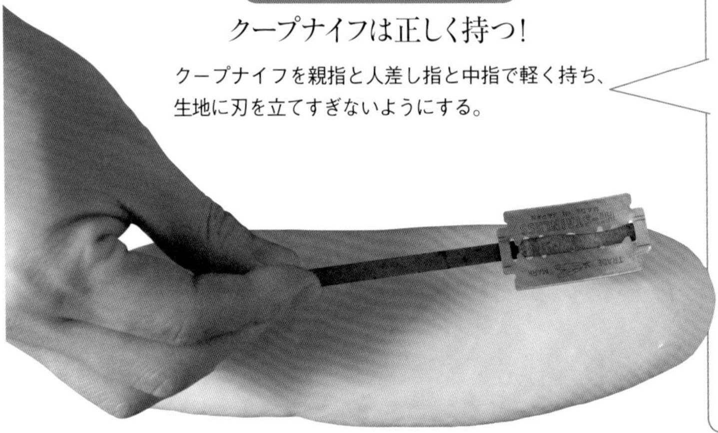

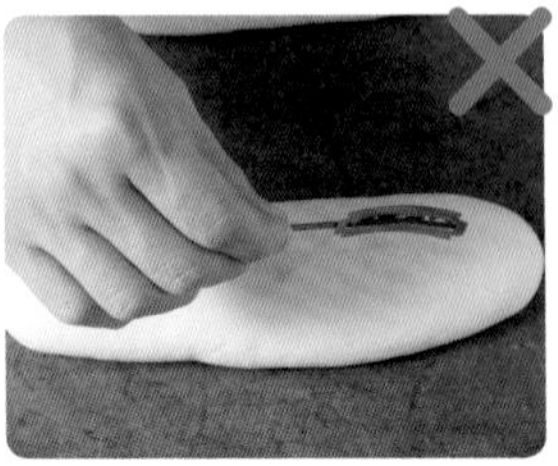

これはNG！

生地に対して垂直

生地に対して刃を立てすぎたままクープを入れると、切り目の中央から生地が盛り上がってしまい、美しく仕上がらない。

クープのポイント ②

クープを縦に入れるときはクープの1/3が重なるように

生地に対して平行に近い角度でクープを入れると、焼き上げたときにきれいに切れ目が割れる。

クープを2本入れる場合は、1本目の1/3にかかるように2本目を入れる。

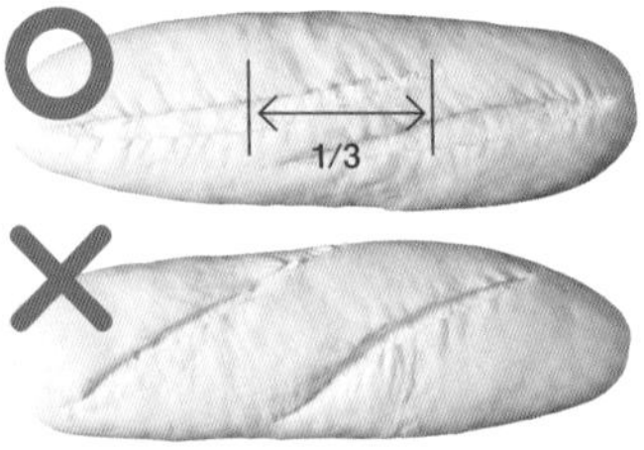

クープのポイント ③

間違った方法でクープを入れて焼いてもうまく開かない

生地に対して刃を垂直にして切り目を入れると、深く刃が入りすぎて、焼いたときに切れ目がうまく開かない。刃で生地の表面をそぐようにして、スピーディーに切るのがコツ。

垂直に持ってクープを入れると、焼いたときに切れ目がきれいに開かない。

美しく、ボリューム豊かなパンに仕上げるために

ハード系のパンは、焼く前にクープナイフで切れ目を入れます。この作業のことを、クープを入れるといいます。クープを入れる理由はおもにふたつです。

まずひとつめは、パンの見栄えをよくすることです。等間隔で連なった切れ目は、おいしそうに見えるだけではなく、クープの割れ目と外側の焼き色のコントラストも楽しめます。

ふたつめは、生地のふくらみを均等にして、ボリュームのあるパンに焼き上げるためです。ホイロ後の生地内には、イーストが発した炭酸ガスがランダムにたまっています。そこでクープを入れて、生地内のガスをある程度まで外に逃がして、均等なふくらみをもたせるのです。

こうすることで、焼き上げのときも均等に火が入り、こんがりと美しいパンに焼き上がるわけです。

Simit

スミット

ゴマが香ばしいトルコのリング状パン

スミット

材料（9個分）

フランスパン専用粉（フランス）…250g
砂糖…13g
塩…4g
バター（室温）…13g
卵…13g
生イースト…8g（インスタントドライイーストの場合は4g）
水…135g
白ゴマ（炒ったもの）…適量

パンDATA

製法	ストレート法
グルテン膜	厚くて強め
こね時間	約15分
発酵	28～30℃で約50分
ベンチタイム	約15分
ホイロ	約35℃で約30分
焼成	約220℃で12～15分

01 ボウルに生イーストと水を入れて溶かし、卵を加えて混ぜる。

02 別のボウルにフランスパン専用粉、砂糖、塩、バターを入れ、01を加える。ボウルの中でよく混ぜる。

03 ひとかたまりになったら台に出す。生地を手でつかみ、上下に動かしながら台の上で練る。

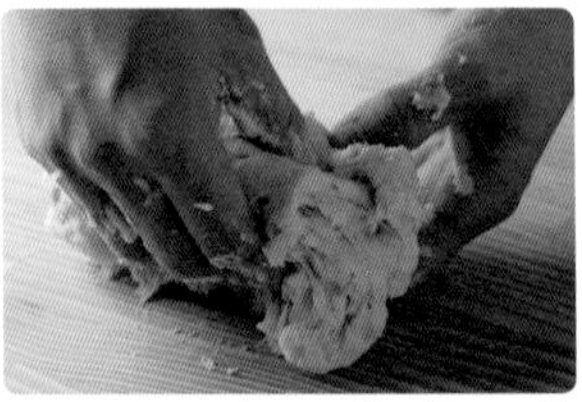

04 生地の底から指先を差し込んで持ちあげる。

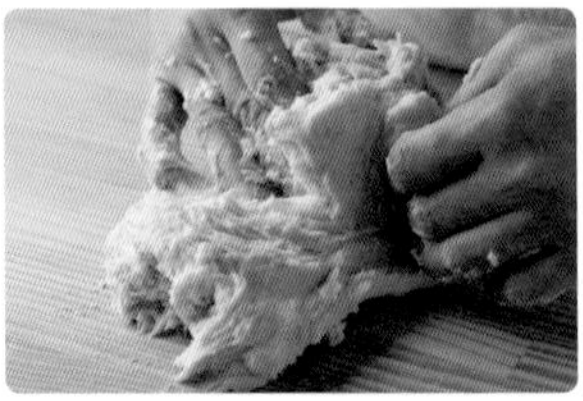

05 生地の下端を台に叩きつける。

06 つかんでいる生地を叩いた生地にかぶせる。

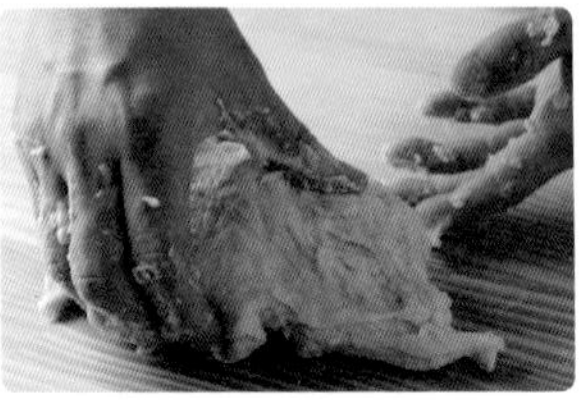

07 常に生地の向きを変えながら、05～06を繰り返して、約5分こね続ける。

08 5分経てばまとまってくるので、こね方を変える（P37）。まず、生地を手前方向に半分に折る。

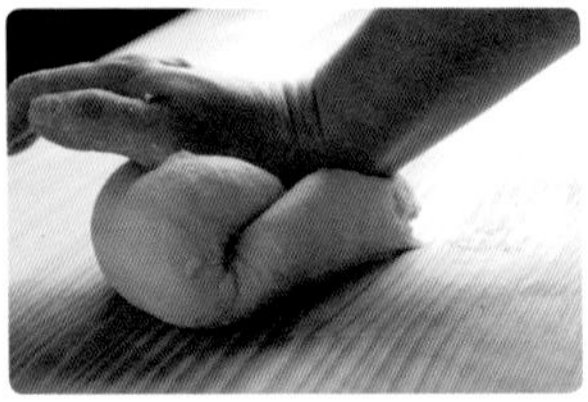

09 合わせ目を手のひらで押し出すようにしてこねる。合わせ目が上を向いたら生地の向きを変え、生地がつるんとするまで約10分こねる。

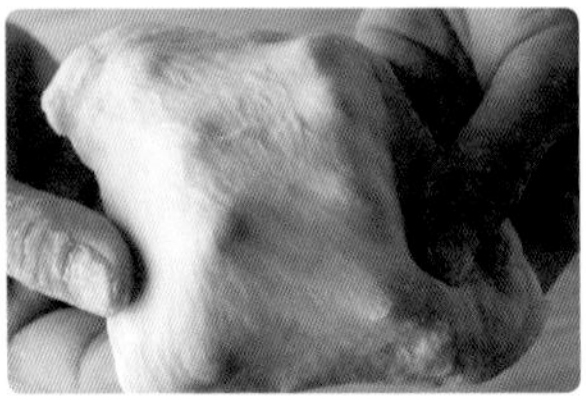

10 グルテン膜のチェックをする。写真のような膜が張っていたら生地をまとめる。

所要時間
当日2時間50分

難易度
★★☆

11 油脂類をぬったボウルの中に入れ、乾燥しないよう 28 ～ 30℃の場所で約 50 分発酵させる。

12 発酵後の生地を台に取り出し、生地に切りこみを入れて棒状にする。

13 1 個 45g に分割する。45g に満たない生地は等分して、分割後の生地に分ける。

14 猫の手のように丸めた手で生地を包み、台に生地をこすりつけるように反時計回りに回して丸める。

15 すべての生地を丸めたら、ビニールをかけて約 15 分ベンチタイムをとる。

16 ベンチタイム後の生地をひっくり返してとじ目を上に向ける。

17 手のひらで平らにしてからめん棒で楕円形にのばす。

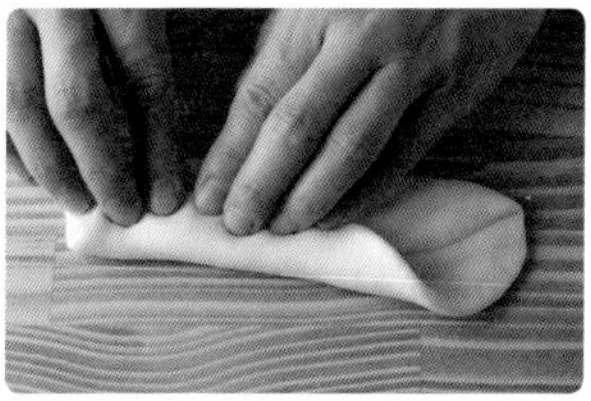

18 生地を横に向けて上 1/3 を内側に折る。上下の向きを変えて上 1/3 を折り、合わせ目を手のひらで軽く押さえる。

19 さらに横半分に折り、合わせ目を手のつけ根でとじて生地の表面を張らせる。

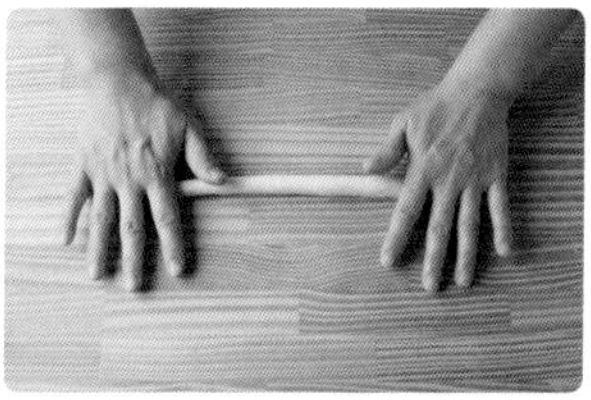

20 生地を押さえるように転がして棒状にし、手のひら全体を使って転がしながら約 30cm にのばす。

21 生地の右端をめん棒の先を使って広げる。そこに左端をのせて包み、つなぎ目を指でつまんでとじてリング状にする。

22 白ゴマを入れたバットと、濡らしたふきんを敷いたバットを用意する。生地の表面のみをぬれぶきんにつけて湿らせる。

23 湿らせた表面に白ゴマをつける。反対側にはつけない。

24 クッキングシートをしいたオーブン板の上に並べ、約 35℃の場所で約 30 分のホイロをとる。

25 ホイロ後の生地に霧吹きでたっぷりと水を吹きかけて、約 220℃で 12 ～ 15 分焼く。

パンブレイク

こねる作業が短縮できる、ミキサーについて

便利な機械で、パン作りの時間を短縮！

ホームベーカリー

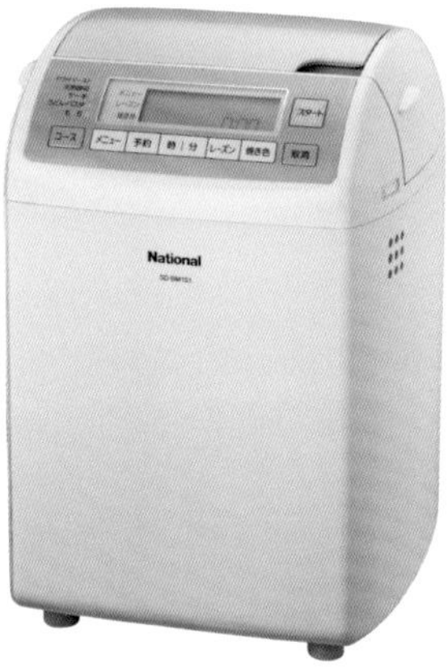

こんなときに便利！

こねる作業から焼き上げまですべて機械にまかせたい人に。「まずは食パン作りから」というパン作り初心者にもおすすめ。

使うときのポイント

機種によっては一方向でしかこねられなかったり、こねる力が弱かったりするので最後に軽く手ごねをしてから作ること。

キッチンエイド

こんなときに便利！

こね作業だけを機械にまかせてあとは手作りしたい派に。パンだけでなく、生クリームの泡立てやクッキーやケーキ生地作りも可能。

使うときのポイント

やわらかい生地をこねるときは、中央のフックに生地がからみづらいので、ボウルの周囲をカードなどでこまめに取りながらこねる。

ニーダー

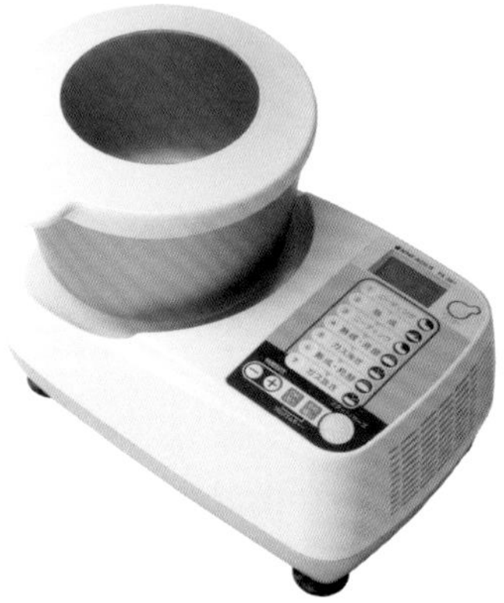

こんなときに便利！

パン生地や餅など生地ものをこねるのに便利。大きさによっては一度に大量にこねられ、パンをたくさん作りたいときに重宝する。

使うときのポイント

高速、低速回転の調節ができない機種があるので、こまめにこね状態を確認することが大切。放っておくとこねすぎになる可能性も。

機械ごねのときにはいくつか注意点があります

パン作りの作業でもっとも手間がかかるのは、こねる作業です。とくに慣れないうちは、こね具合がわからず、時間がかかるでしょう。慣れていても、大変なこね作業。パンを毎日のように作るなら、こね専用のミキサーを使えば、時間が短縮できてとても便利です。使い方は、生地の材料を入れて、スタートボタンを押すだけと簡単です。種類によっては、回転の速さを選べたりするものもあります。

ただし、こねる作業を機械にまかせたときでも、そのまま発酵に移さず、グルテン膜をきちんと確認しましょう。

また、水温を調整していても機械の熱で生地の温度が上がりすぎることもあるので、そういう場合は、途中から手ごねに変えます。こうして生地の温度を落としてから発酵させることで、発酵がスムーズに進みます。

写真提供／パナソニック（左）、日本ニーダー（右）

第7章

クリスマスのパン

クリストシュトーレン

Christ stollen

材料（約1本分）

発酵種の材料

Ⓐ
- フランスパン専用粉（フランス）…25g
- 生イースト…10g
- 牛乳…25g

本ごねの材料

ローマジパン…15g

バター…60g

Ⓑ
- 砂糖…18g
- 卵黄…1個分
- バニラエッセンス…適量
- オレンジマーマレード…3g

Ⓒ
- フランスパン専用粉（フランス）…25g
- 薄力粉…75g
- 塩…2g
- レモンの表皮…1/3個分
- ミックス香辛料（ナツメグ、カルダモン、クローブを合わせたもの）…1g

本ごね生地に混ぜる材料

（すべてブランデー、グランマニエ酒、チェリーマルニエ酒各適量に漬け込む）

Ⓓ
- サルタナレーズン…85g
- オレンジピール…25g
- レモンピール…10g
- グリーンレモンピール…10g

Ⓔ
- アーモンド（ローストする）…12g
- ヘーゼルナッツ(ローストする)…12g

生地と一緒に巻き込む材料

ローマジパン…70g

仕上げの材料

バニラシュガー…200g

発酵バター（温めて溶かしておく）…75g

粉砂糖…適量

パン DATA

製法・発酵種法／グルテン膜・張らない／こね時間・約2分（発酵種）、約5分（本ごね）／発酵・常温で約10分（本ごね）、28～30℃で30分（発酵種）／ベンチタイム・なし／ホイロ・約32℃で50～60分／焼成・約200℃で約50分

01 Ⓐをボウルで粉気がなくなるまで混ぜ、ラップをする。これを28～30℃で約30分間発酵をとる。

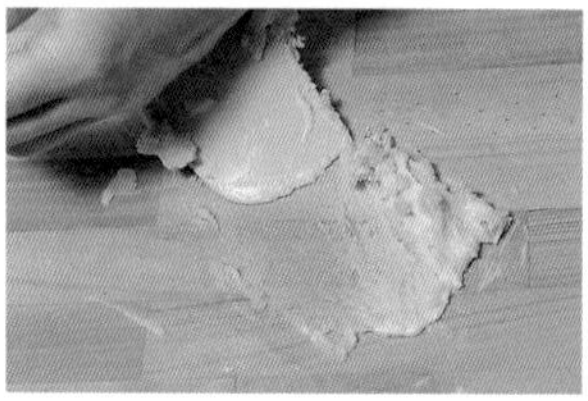

02 ローマジパンとバターをすり合わせるように、少しずつヘラで混ぜていく。

03 02をボウルに移し、Ⓑの材料を一緒にして泡立て器で混ぜる。

04 別のボウルに、Ⓒの材料をすべて入れ、カードで混ぜ合わせる。

所要時間 3時間30分 ｜ 難易度 ★★★

05 さらに別のボウルにⒹとⒺを移す。これで、本ごねに使う材料は写真の4種類必要になる。

06 04の材料で台に土手を作り、間に01と03をおき、台の上でカードで混ぜ合わせていく。

07 粉気がなくなってきたら、手のひらで押し出すようにして約2分こねていく。（写真はこね上がり）

08 つぎにⒹとⒺを生地になじませるようにこねる。なじんだら、台の上で約10分間発酵をとる。

09 台に打ち粉をし、08の生地を手のひらで筒状に整えておく。

10 シュトーレン型にすっぽり入るようにめん棒で約20㎝四方にのばす。

11 ローマジパンを約20㎝の棒状にのばし、生地の下端でかぶせる。折り端は指でつまむ。

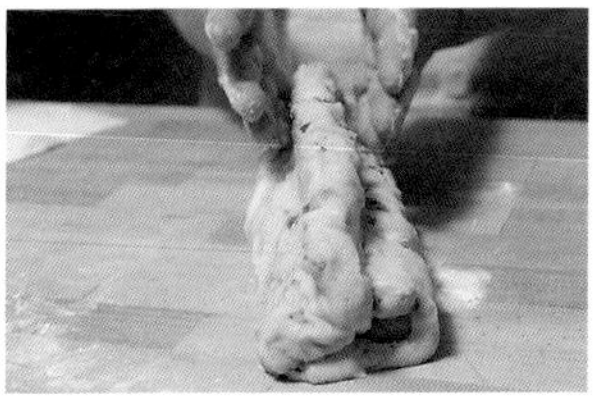

12 上端の生地を2つ折りにしてから折り端をマジパンを包んだ生地に寄せながらかぶせる。

13 やわらかい生地なので、めん棒で端を押さえておく。棒状の形が崩れないように、やさしく行う。

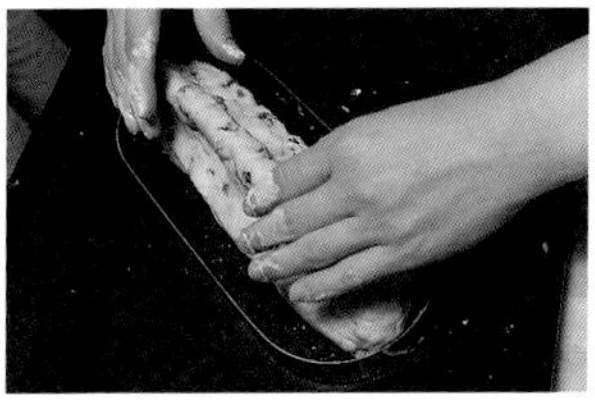

14 オーブン板に型をのせ、その中に生地を置いてホイロをとる。型はなくてもよい。

15 つぎに約200℃のオーブンで約50分間焼く。焼き上がったらバットに移して、発酵バターを塗る。

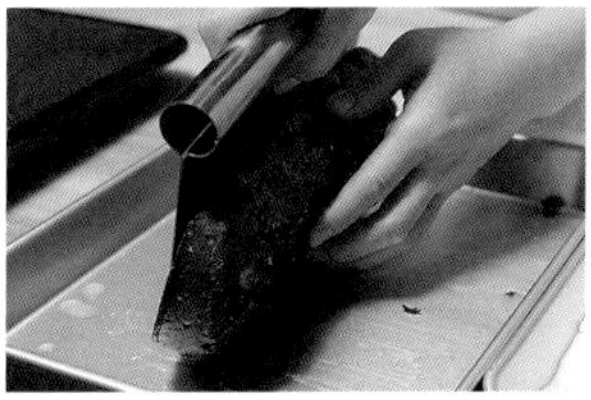

16 スケッパーなどで、やさしく裏返す。もろい生地なので割れないように気をつける。

17 裏面にも生地に染みこませるくらいたっぷりと発酵バターを塗るのがポイント。

18 バニラシュガーを入れたバットに移し、生地にまぶす。

19 全体にバニラシュガーをまんべんなくまぶしていく。冷めたら表面に粉砂糖をかけてできあがり。

モーンシュトーレン&ヌスシュトーレン

Mohnstollen & Nussstollen

材料（各1本分）

発酵種の材料

Ⓐ
- フランスパン専用粉（フランス）…50g
- 生イースト…14g
- 牛乳…50g

本ごねの材料

Ⓑ
- フランスパン専用粉（フランス）…200g
- 塩…3g
- ナツメグ…適量
- カルダモン…適量
- レモンの表皮…適量

Ⓒ
- ローマジパン…30g
- バター…100g
- 砂糖…25g
- 卵黄…8g
- 卵…20g

Ⓓ
- 牛乳…13g

モーンクレームの材料

- 黒ケシ…50g
- 牛乳…35g
- ローマジパン…25g
- バター…20g

Ⓔ
- 砂糖…13g
- 卵…15g
- コーンスターチ…8g
- ケーキクラム…15g

ヌスクレームの材料

- ローマジパン…35g
- バター…20g
- 砂糖…30g
- 卵…25g

Ⓕ
- アーモンドパウダー…30g
- ココアパウダー…5g
- ラム酒…5g
- ケーキクラム…10g
- ヘーゼルナッツ（ローストする）…13g

仕上げの材料

- 溶かしバター（仕上げ用）…適量
- グラニュー糖（仕上げ用）…適量
- 粉砂糖（仕上げ用）…適量
- アプリコットジャム(仕上げ用)…適量
- フォンダン（仕上げ用）…適量

パン DATA

製法・発酵種法／グルテン膜・張らない／こね時間・約2分（発酵種）、約10分（本ごね）／発酵・28～30℃で約30分（発酵種）、20～30℃で約20分（本ごね）／ベンチタイム・なし／ホイロ・約35℃で約40分／焼成・約190℃で約50分

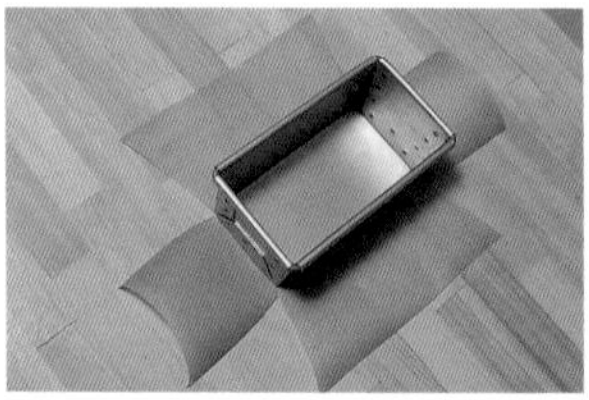

01 長さ15㎝、幅8㎝、高さ5㎝の型を2つ用意する。この型よりも少し小さくオーブンシートを切る。

02 Ⓐの材料をボウルで混ぜて、ラップをする。これを28～30℃の場所で約30分間発酵をとる。

03 ⒷとⒸと02の発酵種を台の上におき、カードでよく混ぜる。Ⓒはp200の02～03と同様に作る。

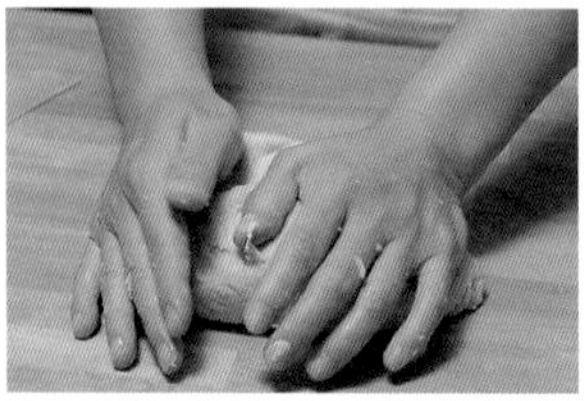

04 03にⒹの牛乳を加え混ぜる。まとまったら台の上でこすりつけるようにして全体を5分程混ぜる。

所要時間 3時間30分

難易度 ★★★

05 こねた生地は、2等分しておく。約20～30℃の場所で、約20分間発酵をとる。

06 モーンクレームを作る。沸騰させた牛乳をボウルに移し、黒ケシを入れ、浸しておく。

07 バターとローマジパンを別のボウルで混ぜたらⒺを入れてよく混ぜる。

08 ヌスクレームを作る。バターとローマジパンと砂糖をボウルで混ぜたら、卵を加えて混ぜ合わせる。

09 08のボウルに、Ⓕの材料を混ぜる。

10 05の生地の一方を手で縦長に平たくし、めん棒で縦40cm×横15cmにのばし、07を均等に塗る。

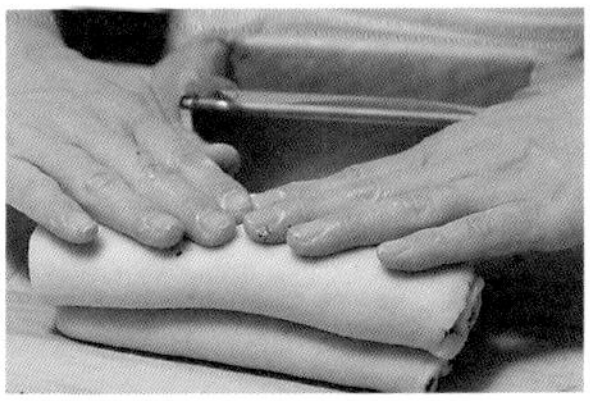

11 両端が同じ太さになるように巻き、巻き終わりを写真のように横にして生地を押さえる。

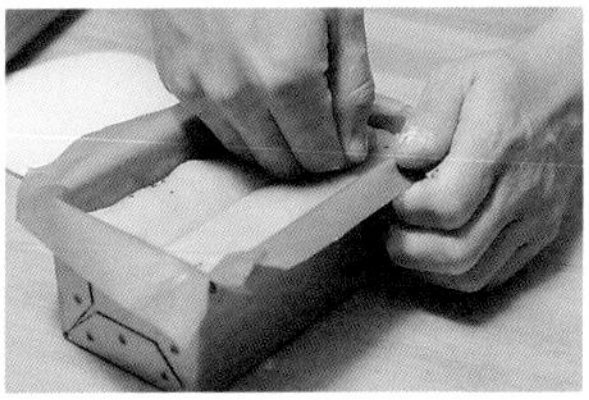

12 01の型に入れて押し込む。この状態でホイロをとる。

13 残りの生地をめん棒で縦約40cm×横20cmにのばし生地の上端は少し残しながら09を塗る。

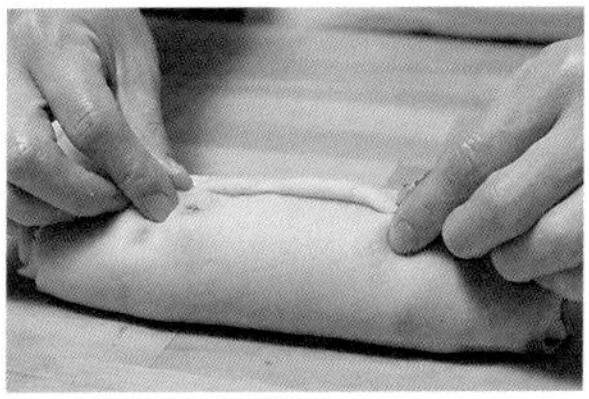

14 上端から巻いていく。最後まで巻いたら、とじしろを使って離れないように指でつまんでおく。

15 とじ目を上にして、縦に包丁で切り込みを入れる。切り離さないように両端2～3cmずつ残しておく。

16 これを手で2つに分けるように開き、切り込みを入れていない部分から生地をねじる。

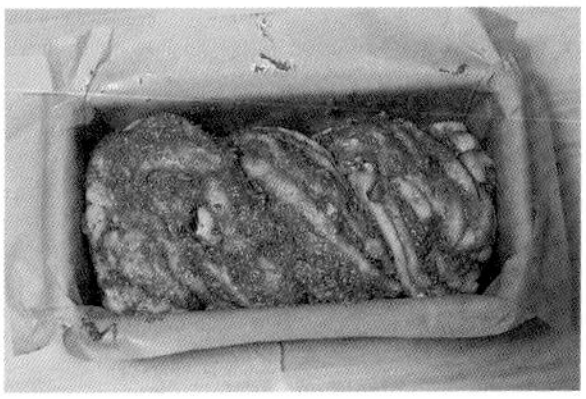

17 残りの型に入れホイロをとり、12と一緒にオーブン板に並べ、約190℃のオーブンで約50分間焼く。

18 モーンが焼き上がったらバターを全体に塗り、グラニュー糖の上で転がし、冷めたら粉砂糖をふる。

19 ヌスシュトーレンはハケで表面にアプリコットジャムを塗り、最後にフォンダンを表面に塗る。

クグロフ

Kouglof

パン DATA　製法・ストレート法／グルテン膜・薄くて弱め／こね時間・約30分／発酵・28～30℃で約90分／ベンチタイム・約15分／ホイロ・約32℃で60～70分／焼成・190℃で約40分／※外寸約16cmのものを使用

01　型を2個用意し、バターを塗る。一方にはアーモンドを、もう一方にアーモンドスライスをつける。

02　Ⓐを入れたボウルに、水で溶いた生イーストに卵黄と全卵を入れたものを混ぜたら、台に移す。

03　押しつけるように混ぜ、均等の固さになったら約20分間こねる。バターを入れ再びこねる。

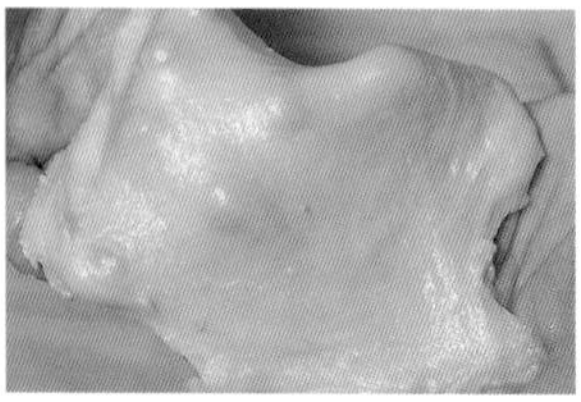

04　約10分間こねたらグルテン膜チェックをする。写真のような膜が張っていたらつぎの工程に移る。

材料（約2個分）

Ⓐ
- 強力粉（カメリヤ）…250g
- 砂糖…63g
- 塩…4g
- 脱脂粉乳…13g

水…80g
生イースト…10g（インスタントドライイーストの場合は4g）
卵…75g
卵黄…20g
バター…88g

Ⓑ
- リキュール（グランマルニエ）…15mℓ
- サルタナレーズン…125g
- オレンジピール…13g
- レモンピール…13g

アーモンド（仕上げ用）…15粒
アーモンドスライス（仕上げ用）…適量
粉砂糖（仕上げ用）…適量

所要時間 4時間30分
難易度 ★★★

05 ボウルに、Ⓑを入れて混ぜる。前もってリキュールに漬けておくと風味がよくなる。これを生地の上にのせる。

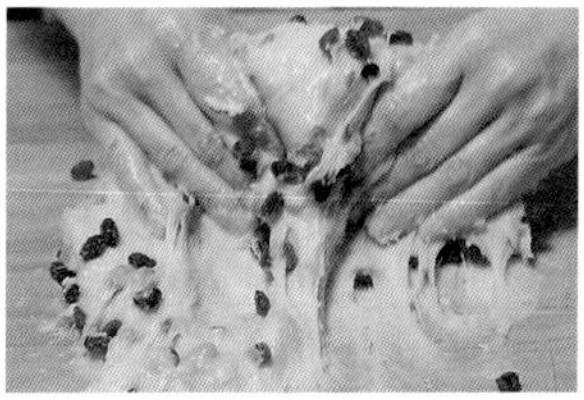

06 生地の中にⒷを混ぜ込む。生地がベタつくが、粉類は足さずに根気よくこねていく。

07 生地に均等に混ざったら、ボウルに入れラップして発酵をとる。発酵後約250gに分割する。

08 分割した生地を丸めて、台の上でベンチタイムをとる。その後一度手で平たくして、丸め直しをする。

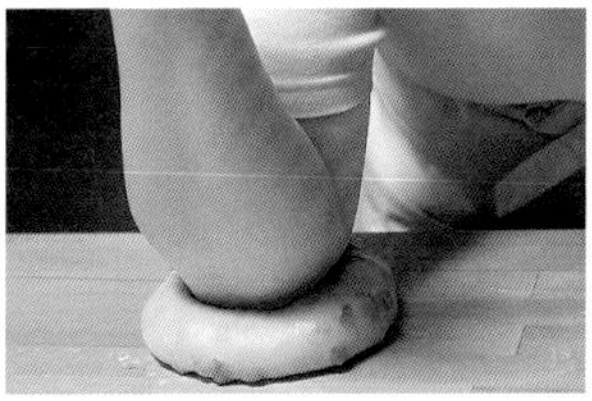

09 とじ目を上にし、ひじを使ってパン生地の中央に穴を開ける。

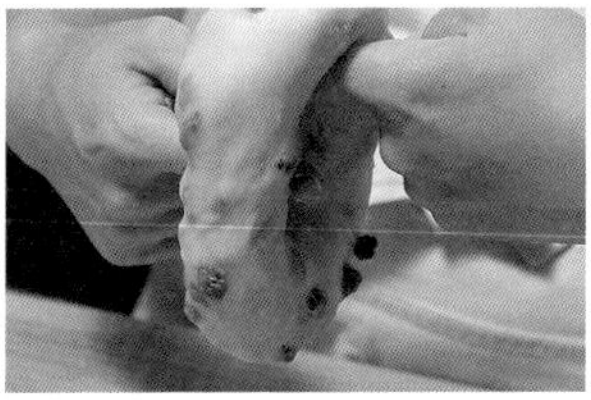

10 穴に指を通し、回しながらドーナツ状に生地を成形していく。

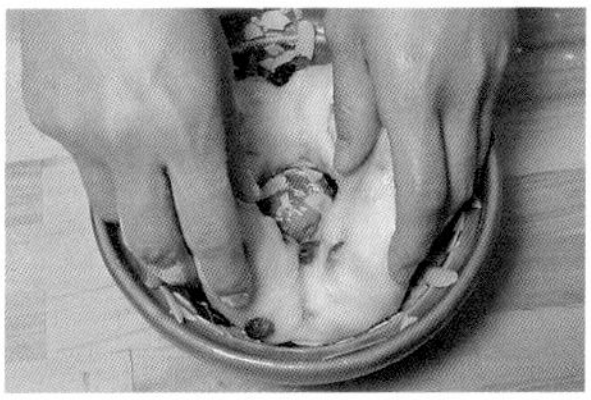

11 アーモンドスライスを入れた型に生地を入れ、中心に近い所から同じ高さになるように押さえておく。

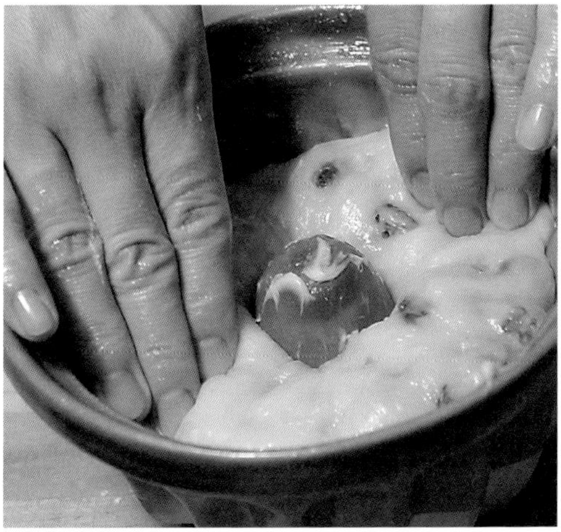

12 アーモンドをしいたクグロフ型には、霧吹きをしてアーモンドを湿らせてから、10の要領で生地を入れる。こうすると、アーモンドが生地から離れずに焼き上がる。

13 オーブン板にのせホイロをとる。霧吹きをして、190℃のオーブンで約40分間焼き上げる。

14 焼き上がったら、両方とも網に移して冷ましておく。

15 アーモンドをしいたタイプには、焼き上がりに粉砂糖をふりかける。

パン作りの用語集

グルテン

小麦を水と練ると粘りのある膜のような網目状の組織ができるが、これをグルテン(膜)という。グルテンがないとふっくらとしたパンができあがらない。

酵母

イーストのこと。菌類の一種。自然界のいたるところに存在し、この菌を工業的ではなく純粋に培養したものが天然酵母である。

2番生地

1度、型抜きや他の成形で使って余った生地のこと。2番生地は1番生地よりも風味が多少落ちるので、成形で形を変えたりして1番生地と区別する。

発酵

パン生地内にある糖やデンプンを分解したイーストが、炭酸ガスや有機酸、エタノールなどを出すこと。パン作りにおいて、もっとも大事な工程。

発酵種

主に材料の粉の一部と水、イーストで発酵させたもの。他の材料が入らない状態で一度発酵をさせると、イーストがのびのびと発酵でき、生

イースト菌

粉や砂糖に含まれる糖を栄養分に、炭酸ガスとアルコール、そのほかの副産物を発する、真核菌類の微生物。そのなかでもパン用酵母を純粋に培養したのが市販のイースト。

折り込み

クロワッサンやデニッシュペストリーの生地の層を作るために、バターと生地を重ねて折りたたみ、また重ねるという作業を繰り返すこと。これによりバターと生地の層ができあがる。

乾燥オニオン

タマネギのみじん切りを乾燥させ、素揚げにしたもの。本書ではフォカッチャなどに使用している。

クープ

ホイロ(最終発酵)後の生地の表面に入れる切り込みのこと。専用のナイフを使って行う。クープを入れることにより、パンにバリエーションが生まれ、火も均一に通りやすくなる。

クラム&クラスト

クラムはパンの内側の中身のこと。クラストはパンの外側の皮のこと。クラストとクラムは互いに支え合ってパンの形状を整えている。

用語集

ベーカーズパーセント

各材料の分量を、重量ではなく粉を100％として百分率にしたもの。

ホイロ

漢字では「焙炉」と書く。成形後に行う発酵のことで、最終発酵ともいう。発酵させる機械のこともホイロと呼ぶこともある。ホイロをすることで生地を最大限までふくらませ、焼き上がりをふっくらとさせるため。

マジパン

粉末アーモンドと砂糖を加えた、アーモンドの飴のようなもので、市販もされている。パンやお菓子にそのまま使えるローマジパンと、細工用に使用されるマジパンがある。

ライ押し麦

ライ麦をつぶして平たくした押し麦のこと。ライフレークともいう。ハード系パンやブロート類にトッピングしたり生地に混ぜ込んだりして使う。

地の管理がしやすくなる。このようにして作る方法を発酵種法という。

パンチ

発酵の途中で生地内にたまった炭酸ガスを押し出し、そのあと折りたたんでもとの発酵容器に戻す作業のこと。こうすることでパンの内側の気泡が細かくなり、グルテンも強化される。

ピケ

生地の表面に指やフォーク、ピケローラーなどで跡をつけること。こうすることで生地を焼いたとき、浮き上がらなくなる。

フォンダン

砂糖や水飴、水などを煮詰めてから練って、結晶状にしたもの。デニッシュやスイートロールの仕上げに使う。手で柔らかくしてからシロップで戻し、湯せんで温かくして柔らかくする。

副材料

粉、イースト、塩、水の基本材料以外の材料のこと。副材料が多いとそれだけリッチな生地になるが、イーストの活性が悪くなるので、作業に工夫をすることが必要になる。

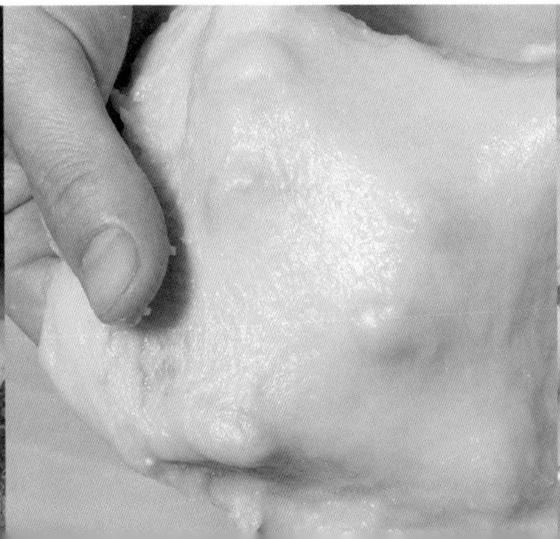

［著者］
坂本りか
RIKA SAKAMOTO

大阪あべの辻製菓専門学校卒業、同校職員として4年間勤務。エコールキュリネール国立製菓専門カレッジで開校より助教授として12年間勤務。主に製パンを担当。2003年パン教室Bread&Sweetsを東京都府中市に開校。その後、2007年世田谷区成城、2016年千歳台へと移転。現在、昭和学院短期大学、南青山のエミーズに製菓製パン講師として勤務。

パン教室　Bread & Sweets
東京都世田谷区千歳台
http://www.pan-to-okashi.jp/

本書は2006年11月に小社より出版した『イチバン親切なパンの教科書』の新版です。

本書の内容に関するお問い合わせは、**書名**、**発行年月日**、**該当ページを明記**の上、書面、FAX、お問い合わせフォームにて、当社編集部宛にお送りください。**電話によるお問い合わせはお受けしておりません。**
また、本書の範囲を超えるご質問等にもお答えできませんので、あらかじめご了承ください。
　FAX：03－3831－0902
　お問い合わせフォーム：http://www.shin-sei.co.jp/np/contact-form3.html

落丁·乱丁のあった場合は、送料当社負担でお取替えいたします。当社営業部宛にお送りください。

新版 イチバン親切な パンの教科書

2020年10月5日　初版発行

著　者　坂本りか
発行者　富永靖弘
印刷所　株式会社新藤慶昌堂

発行所　東京都台東区台東２丁目24　株式会社 新星出版社
〒110-0016　☎03(3831)0743

ISBN978-4-405-09390-4